마담의크스와 함께하는
일러스트레이터를 마스터하는

43가지 방법

마담의크스
일러스트레이터
CC

저자 | 마담의크스 카페 · 네모 기획 | ▼

YoungJin.com Y.
영진닷컴

마담의크스와 함께하는
일러스트레이터를 마스터하는 **43가지 방법**

마담의크스 일러스트레이터 CC

ISBN 978-89-314-6355-2

독자님의 의견을 받습니다

이 책을 구입한 독자님은 영진닷컴의 가장 중요한 비평가이자 조언가입니다. 저희 책의 장점과 문제점이 무엇인지, 어떤 책이 출판되기를 바라는지, 책을 더욱 알차게 꾸밀 수 있는 아이디어가 있으면 이메일, 또는 우편으로 연락주시기 바랍니다. 의견을 주실 때에는 책 제목 및 독자님의 성함과 연락처(전화번호나 이메일)를 꼭 남겨 주시기 바랍니다. 독자님의 의견에 대해 바로 답변을 드리고, 또 독자님의 의견을 다음 책에 충분히 반영하도록 늘 노력하겠습니다.

파본이나 잘못된 도서는 구입처에서 교환 및 환불해 드립니다.

이메일 : support@youngjin.com

주 소 : (우)08507 서울시 금천구 가산디지털1로 128 STX-V타워 4층

STAFF

저자 마담의크스 카페, 네모 기획 | **책임** 김태경 | **진행** 성민 | **디자인·편집** 김소연 | **영업** 박준용, 임용수, 김도현
마케팅 이승희, 김근주, 조민영, 이은정, 김예진, 채승희, 김민지 | **제작** 황장협 | **인쇄** 제이엠 인쇄

벡터 이미지의 최강자! 일러스트레이터를 소개합니다.

일러스트레이터는 시각 디자인, 산업 디자인, 상업 디자인, 건축 및 인테리어, 편집 디자인 등 전문 분야에서뿐만 아니라 실생활에 있어서도 두루두루 사용하는 프로그램입니다. 일러스트레이터는 벡터 이미지를 대표하는 프로그램으로 대체할 수 있는 프로그램이 포토샵과 비교하여 선택폭이 넓지 않기 때문에 오히려 더 많이 사용되고 있는지도 모릅니다.

특히 디자인 분야에서 매우 중요한 프로그램 중 하나로서 다양한 분야에서 디자이너로 활약을 꿈꾸는 분들이라면 무조건 마스터해야 하는 필수 프로그램이라고 할 수 있습니다.

이 책은 일러스트레이터를 이제 입문하는 사용자나 시작한 지 얼마 안 돼서 꾸준한 학습이 필요한 초보자, 예제를 통해 일러스트레이터 다양한 기능을 숙지하고 활용하고 싶은 사용자 등 초보자를 위한 서적입니다.

초보자들 눈높이에 맞추기 위해서 난이도별, 단계별 과정으로 초보자가 이해하는 데 어려움이 없도록 구성하였으며 일러스트레이터의 기능을 자연스럽게 익힐 수 있도록 예제 따라 하기 위주로 설명을 전개하고 있습니다.

마담의크스 카페가 개설된 이후로 다양한 종류의 그래픽 서적이 출간되었습니다. 늘 많은 관심과 사랑을 받아왔으며 출간 때마다 저희 책을 선택해 주신 모든 구독자에게 항상 감사한 마음을 가지고 있습니다. 이번에 출간되는 일러스트레이터 CC 2021 책도 최선을 다해 작성하였습니다. 초보자 및 디자이너를 꿈꾸는 모든 사용자들에게 도움이 되는 책이 되었으면 좋겠습니다.

마지막으로 책 집필을 하는 동안 아낌없이 격려해준 가족과 지인에게 고마움을 전달하며 오랜 기간 동안 인내심과 함께 물심양면 도와주신 네모기획 실장님과 영진닷컴 관계자분께도 깊은 감사를 전해 드립니다.

저자   마담의크스 카페 ▼

마담의크스 일러스트레이터 CC는 최신 버전의 일러스트레이터 CC 2021을 기준으로 초보자들의 눈높이에 맞게 총 4개의 PART(기초반, 도구반, 기능반, 종합반)로 구성되어 있습니다. 반드시 알아야 하는 일러스트레이터의 기초부터 다양한 디자인 작업 및 응용력을 키울 수 있는 종합반까지 적절한 예제를 활용한 따라하기 형식으로 친절히 소개합니다. 그럼 미리 보기 내용을 통해 마담의크스 일러스트레이터 CC의 도서 구성을 간략하게 소개합니다.

교시

총 4개의 PART로 구성하여 일러스트레이터의 기초부터, 핵심 기능, 디자인 작업에 특화된 기능을 복합적으로 써먹을 수 있는 용용법 등을 세분화하여 알려줍니다.

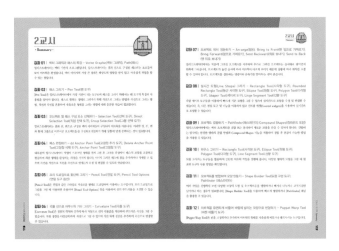

SUMMARY

각 PART별 마지막 부분에서 어떤 내용을 학습했었는지 한 번 더 짚고 넘어갈 수 있도록 만들었습니다.

강좌

실전 예제를 이용하여 다양한 기능들을 제대로 써먹을 수 있는 따라하기 형식으로 학습을 진행합니다.

난이도

강좌별 난이도를 알려줍니다.

예제 파일

본문의 따라하기에 필요한 예제 파일의 경로를 알려줍니다.

미리 보기

강좌에서 배우게 될 기능의 핵심 이미지나 완성 파일을 보여줍니다.

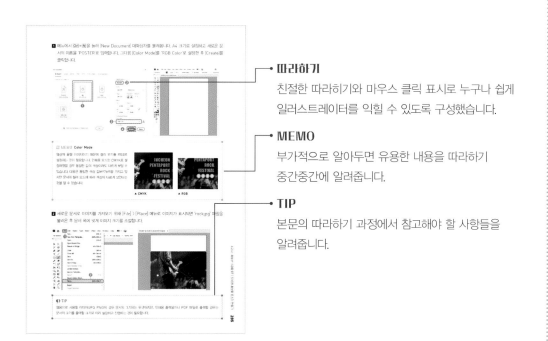

따라하기

친절한 따라하기와 마우스 클릭 표시로 누구나 쉽게 일러스트레이터를 익힐 수 있도록 구성했습니다.

MEMO

부가적으로 알아두면 유용한 내용을 따라하기 중간중간에 알려줍니다.

TIP

본문의 따라하기 과정에서 참고해야 할 사항들을 알려줍니다.

📖 이 책의 구성

대한민국 대표 디자인 카페 '마담의크스'가 알려주는 프로페셔널 디자인의 모든 것을 이 책에 담았습니다. 그럼 일러스트레이터 CC의 핵심 내용을 확실히 마스터할 수 있는 이 책의 구성을 간단히 소개합니다.

1교시 일러스트레이터 기초반

일러스트레이터를 처음 배우는 사용자라면 일러스트레이터가 어떤 프로그램이며, 어떤 작업을 할 수 있는지에 대해 기본적인 지식이 있어야 합니다. 1교시에서는 다양한 디자인 작업에 특화된 일러스트레이터가 무엇인지 간단히 알아보는 시간을 갖습니다.

2교시 일러스트레이터 도구반

일러스트 작업을 원활하게 진행하기 위해서는 일러스트레이터 도구들을 자유자재로 다룰 줄 알아야 합니다. 도구를 어떻게 이용하느냐에 따라 결론적으로 작업 이미지의 완성도가 달라지기 때문입니다. 이번 학습을 통해 일러스트레이터 핵심 도구들의 기능에 대한 이해와 사용 방법에 대해 알아보겠습니다.

3교시 일러스트레이터 기능반

벡터 이미지를 다루는 프로그램 중 최고의 자리를 유지하고 있는 일러스트레이터는 출시 이후로 많은 발전이 있었으며 해가 거듭할 때마다 새로운 놀라운 기능들을 끊임없이 업데이트 해 주고 있습니다. 일러스트레이터만이 가지고 있는 편리하고 특별한 최고의 기능들을 습득한다면 효율적이고 능률을 높이는 작업을 진행할 수 있습니다.

4교시 일러스트레이터 종합반

상상하고 있는 생각 그대로를 작업 화면에 옮기려면 일러스트레이터의 기능들을 능숙히 다룰 수 있어야 합니다. 실력 향상을 위해 가장 좋고 빠른 방법은 많이 그려보고 많이 사용해보는 것입니다. 이번 과정에서는 예제 따라하기를 통해 일러스트레이터 기능에 대한 이해와 활용도를 더욱 높여보도록 합니다.

🎬 예제 파일 다운로드

이 책의 학습에 필요한 예제 파일은 영진닷컴 홈페이지(www.youngjin.com)의 [고객센터]–[부록 CD 다운로드]–[IT도서/교재]에서 도서명으로 검색한 후 압축 파일을 다운로드하여 사용하면 됩니다.

▲ youngjin.com 홈페이지

▲ 다운로드 후 압축을 해체한 모습

목차

1교시 기초반

2교시 **도구반**

마담의크스 일러스트레이터 CC

4교시 종합반

마담의크스 일러스트레이터 CC

⊕ 아트웍 색상 변경(Recolor Artwork)

백터 또는 래스터 이미지에서 색상 팔레트를 자동으로 추출하여 디자인에 쉽게 적용할 수 있습니다. 일러스트레이터에서는 색상 균형 조정 휠, 조정된 색상 라이브러리 또는 색상 테마 선택기(Color Theme Picker)를 사용하여 색상 변경을 무제한으로 적용할 수 있습니다.

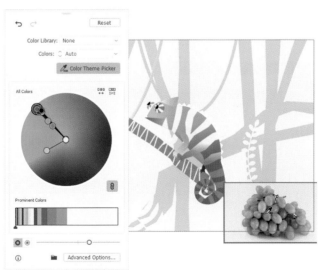

🔍 클라우드 문서 작업(Cloud documents)

일러스트레이터는 작업하고 있는 컴퓨터 외에도 작업한 프로젝트를 클라우드에 저장하고 컴퓨터, 노트북, 아이패드 등 일러스트레이터가 설치된 어느 곳에서든 즉시 사용할 수 있습니다. 업무 때문에 자주 출장을 가거나 이동 중에도 창의적인 작업을 계속 진행할 때 간편하며 효율적으로 사용할 수 있습니다.

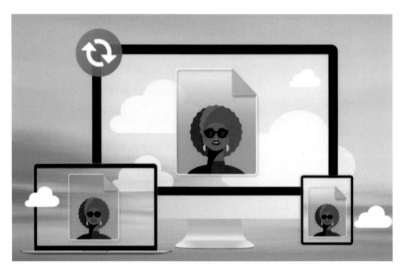

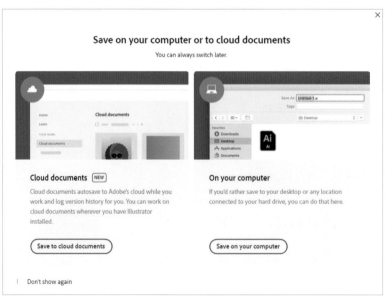

스마트 글리프 물리기(Smart glyph snapping)

글리프에 물리기(Snap to Glyph)는 아트웍 구성 요소들을 글자 모양 또는, 글리프 테두리와 정밀하게 물릴 수 있는 기능입니다. 글자 주위에서 오브젝트를 이동할 때 간단하게 물리기 선 옵션을 선택하면 안내선이 표시되며 이 안내선에 따라 오브젝트가 물리게 됩니다. 오브젝트를 드래그하여 문자의 고정점과 정밀하게 물릴 수도 있습니다.

새로운 문자 편집 기능

문자를 정렬하고 다른 아트웍 구성 요소와 정밀하게 맞출 수 있는 기능들이 추가되었습니다.

❶ 문자 세로 맞춤(Align text veritically)

문자 상자에서 프레임을 기준으로 위쪽, 아래쪽, 가운데 또는 양쪽 정렬로 세로 방향으로 문자를 맞출 수 있습니다.

❷ 글리프 테두리에 맞춤(Aling to glyph bounds)

오브젝트를 시각적 글리프 테두리와 정밀하게 맞출 수 있습니다.

❸ 글꼴 높이 변경(Font height variations)

[Character] 패널에서 실제 글꼴 높이 참조를 설정하여 적용할 수 있습니다. 오브젝트를 문자
와 정밀하게 맞출 때 유용하게 사용됩니다.

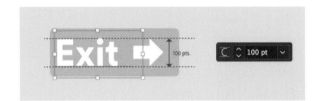

🔍 iPad용 일러스트레이터

이제 아이패드에서도 애플 펜슬과 함께 일러스트레이터를 사용할 수 있습니다. 어느 장소든 이동하면서 캔버스에서 마법과도 같은 작업을 진행할 수 있습니다.

1교시

기초반

일러스트레이터를 처음 배우는 사용자라면 일러스트레이터가 어떤 프로그램이며, 어떤 작업을 할 수 있는지에 대해 기본적인 지식이 있어야 합니다. 1교시에서는 다양한 디자인 작업에 특화된 일러스트레이터가 무엇인지 간단히 알아보는 시간을 갖습니다.

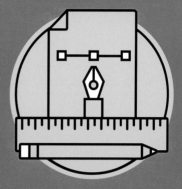

강좌

일러스트레이터 설치하기
Adobe Creative Cloud

일러스트레이터는 한국어도비시스템즈(www.adobe.com/kr) 사이트에서 유료 또는, 무료 체험판을 다운받아 사용할 수 있습니다. 무료 체험판은 1주일 동안만 사용할 수 있으며 유료 버전은 다양한 패키지 상품이 제공됩니다. 기본 설치 시 일러스트레이터 한글 버전으로 설치되며, 영문 버전으로 설치해야 할 경우는 반드시 설치 전에 영문 버전으로 변경해야 합니다.

설치 구분	Windows	Mac OS
운영체제	• Windows 10(64 비트) 버전은 V1809, V1903, V1909 및 V2004입니다. • Windows Server 버전은 V1607 (2017) 및 V1809 (2019)입니다. • 참고 : Windows 10 버전 1507, 1511, 1607, 1703, 1709 및 1803에서는 지원되지 않습니다.	• macOS 버전 11.0(Big Sur) • macOS 버전 10.15(Catalina) • macOS 버전 10.14(Mojave)
프로세서	멀티코어 Intel 프로세서(32/64비트 지원) 또는 AMD Athlon 64 프로세서	멀티코어 Intel 프로세서(64비트 지원)
저장장치	설치를 위한 2GB의 하드 디스크 여유 공간 : 설치 시 추가 여유 공간 필요; SSD 권장	설치를 위한 2GB의 하드 디스크 여유 공간 : 설치 시 추가 여유 공간 필요; SSD 권장
메모리	8GB RAM(16GB 권장)	8GB RAM(16GB 권장)
그래픽카드	OpenGL 4.x 선택 사항 : GPU 성능을 사용하려는 경우 – Windows에 최소 1GB VRAM(4GB 권장)이 있어야 하고 컴퓨터에서 OpenGL 버전 4.0 이상을 지원해야 합니다.	선택 사항 : GPU 성능을 사용하려는 경우 – Mac에 최소 1GB VRAM(2GB 권장)이 있어야 하고 컴퓨터에서 OpenGL 버전 4.0 이상을 지원해야 합니다. • eGPU의 경우 Mac OS 10.13.5 이상에서 지원됩니다. • VRAM 값을 확인하려면 Mac 〉 Mac 정보(그래픽 정보)를 선택합니다. • 컴퓨터가 필요한 OpenGL 버전(4.0 이상)을 지원하는 지를 알려면 이 Apple 지원 문서를 확인하십시오.
디스플레이	1024×768 디스플레이(1920×1080 권장) Illustrator에서 [터치] 작업 영역을 사용하려면, 터치 화면이 활성화된 태블릿/모니터에서 Windows 10을 실행해야 합니다(Microsoft Surface Pro 3 이상 권장).	1024×768 디스플레이(1920×1080 권장)
기타 사항	소프트웨어를 활성화하거나 구독을 확인하고 온라인 서비스를 이용하려면 인터넷 연결 및 등록이 필요합니다.	소프트웨어를 활성화하거나 구독을 확인하고 온라인 서비스를 이용하려면 인터넷 연결 및 등록이 필요합니다.

1 일러스트레이터 설치 파일을 다운로드하기 위해 한국어도비시스템즈(www.adobe.com/kr) 사이트에 접속합니다. 홈페이지 상단의 [지원] 〉 [다운로드 및 설치]를 클릭합니다.

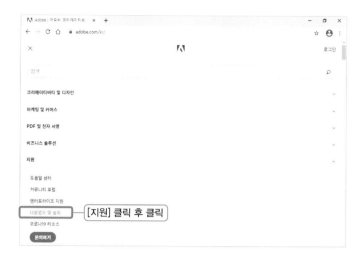

2 무료 체험판 화면으로 변경되면 'Illustrator'를 선택하고 [무료 체험판 시작]을 클릭합니다.

3 7일간 무료 체험을 할 수 있으며 신규 사용자의 경우 계정을 만든 후 로그인해야 합니다.

4 결재 방법을 선택한 후 안내에 따라 Creative Cloud 및 Illustrator 설치를 진행합니다.

5 Creative Cloud Desktop이 설치가 되었으면 [파일] > [환경 설정]을 클릭하고 [앱] 탭을 선택합니다. 영문 버전을 설치하기 위해 기본 설치 언어를 'English (International)'로 선택합니다.

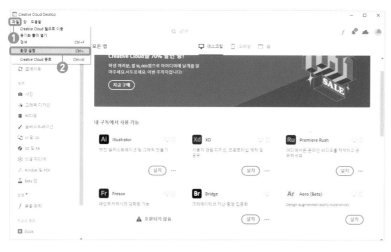

6 새 문서를 선택하여 시작하면 다음과 같은 일러스트레이터의 작업 영역을 확인할 수 있습니다.

📋 **MEMO** 일러스트레이터 화면 색상 변경하기

일러스트레이터의 기본 배색은 진한 회색이며 사용자에 따라 배색 밝기를 변경할 수 있습니다. [Edit] 〉 [Preference] 〉 [User Interface] 메뉴를 클릭하고 작업자가 필요한 밝기로 설정합니다.

벡터 이미지와 해상도
Vector(벡터), Bitmap(비트맵), Resolution(해상도)

강좌
02
난이도
● ○ ○

일러스트레이터에서 작업한 이미지를 흔히 벡터 이미지라고 합니다. 벡터 이미지는 특성상 로고, 캐릭터, 아이콘, CI, BI 등에 적합한 이미지 방식입니다.

학습목표

일러스트레이터에서 사용하고 있는 벡터 방식 이미지에 대해 확인해보고 특징이 무엇이며 어떠한 장점이 있는지 살펴봅니다.

▲ 일러스트레이터 벡터 기반의 이미지는 화면의 확대 축소와 상관없이 항상 같은 해상도로 유지하여 보여줍니다.

01 : 벡터(Vector) 이미지

벡터 이미지는 수학적 공식에 의해 처리되는 이미지로 정점과 베지어 곡선을 통해 외곽선이 만들어지고 그 내부에 색상이나 패턴을 적용해 표현합니다.

파일의 크기는 비트맵(Bitmap) 이미지에 비해 작고 이미지의 퀄리티를 손상시키지 않으면서 확대 및 축소 또는, 회전 등 다양한 방법으로 조작할 수 있다는 장점이 있습니다. 또한 스크린 화면상에서나 프린트할 때도 모두 깨끗하게 출력됩니다.

▲ 확대된 모습

02 : 비트맵(Bitmap) 이미지

래스터(Raster) 이미지라고도 하는 비트맵 이미지는 픽셀(Pixel) 단위의 점으로 구성된 이미지를 말합니다. 이미지 파일은 각 픽셀의 위치 및 색상에 대한 정보를 담고 있습니다. 각 픽셀의 크기는 모두 같으며 픽셀의 수에 따라 이미지의 해상도가 결정됩니다. 포토샵에서 작업한 파일이거나 스캔한 이미지 및 디지털 카메라로 촬영한 사진은 모두 비트맵 이미지입니다.

03 : 해상도(Resolution)

일반적으로 해상도란 단위 면적당 이미지를 구성하고 있는 점들의 개수를 말합니다. 즉 이미지를 구성하는 점의 밀집도에 따라 이미지의 해상도가 정해집니다. 색상 정보를 가지고 있는 하나하나의 점들이 모여 그림 또는, 사진처럼 우리 눈에 보이는 것입니다. 포토샵에서는 이 점들을 바로 '픽셀'이라고 합니다. 그러나 점과 베지어 곡선으로 이루어진 일러스트레이터의 이미지는 픽셀 단위로 이루어진 포토샵 방식의 이미지들과는 태생적으로 성격이 다릅니다.

일러스트레이터의 이미지는 확대 및 축소하더라도 외곽선 형태가 그대로 유지되는 형식이기 때문에 작업하는 대지(Artboard) 크기 및 출력 형식에 따라 이미지 해상도가 영향을 받는다고 볼 수 있습니다. 프린트 출력 시 일반적으로 비트맵 이미지보다 벡터 이미지의 결과물이 깨끗하게 인쇄되는 것을 확인할 수 있습니다.

모니터 및 인쇄용 프린트 등에서 해상도는 이미지를 표현하는 픽셀의 밀도를 의미하며 단위는 ppi(pixel per inch)로 표현합니다. 예로 일반적인 모니터의 기본 해상도인 72ppi는 가로세로 1인치 면적에 72개의 픽셀, 300ppi는 300개의 픽셀로 출력한다는 것입니다. 즉, 300ppi 이미지는 72ppi 이미지보다 밀도가 높아 더 세밀하게 보이며 해상도가 더 높다고 말할 수 있습니다. ppi는 이미지 파일에 스캐너와 모니터의 해상도를 표현할 때도 사용됩니다. 인쇄의 경우 망점의 밀도로 해상도를 표현하기 때문에 dpi(dot per inch)로 사용됩니다. 또한 상업 인쇄의 경우 망점의 병렬 수로 해상도를 나타내기 때문에 lpi(line per inch=선의 수)로 사용합니다.

ppi와 dpi는 같은 개념으로 생각해도 무방합니다. ppi는 디지털 매체에서, dpi는 인쇄와 같은 매체에서 사용되는 기준일뿐 같은 해상도를 의미합니다.

▲ 모니터 해상도 표기 예

▲ 레이저 프린트 해상도 표기 예

📖 MEMO **모니터 및 TV 해상도**

다음은 모니터 및 TV 해상도에 대한 규격 표시로 업체마다 다를 수 있습니다.

규격	해상도	화소수
SD	720×480	약 35만 화소
HD	1366×768	약 100만 화소 or 720P
FHD	1920×1080	약 200만 화소 or 1080P
QHD	2560×1440	약 360만 화소 or 1440P
UHD	3840×2160	약 800만 화소 or 4K

일러스트레이터의
작업 공간 살펴보기

Interface(작업 공간), Tool(도구), Menu(메뉴), Panel(패널), Document(문서)

일러스트레이터를 사용하는 것이 처음이라면 가장 먼저 확인할 것으로 주로 사용하는 도구 및 기능들이 어디에 위치하고 있는지 파악하는 것이 중요합니다. 또한 사용 목적에 따라 일러스트레이터를 구성하고 있는 다양한 인터페이스의 위치를 알아두는 것이 필요합니다.

✏ 학습과제

다음은 초기 실행 시 일러스트레이터 기본 화면의 모습입니다. 일러스트레이터의 화면 구성에 대해 알아봅니다.

❶ Home   ❹ Toolbar   ❻ Panel
❷ Main Menu Bar ❺ Artboard   ❼ Status bar
❸ Control panel

❶ Home

[Home]을 클릭하면 홈 화면으로 전환됩니다.

❷ Main Menu

메인 메뉴는 File, Edit, Object, Type, Select, Effect, View, Window, Help로 구성되어 있습니다.

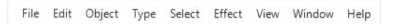

❸ Control panel

기본적으로 컨트롤 패널은 작업 영역의 맨 위쪽에 고정되어 있으며, 선택한 오브젝트와 관련한 옵션을 빠르게 설정할 수 있습니다.

❹ Toolbar

각종 도구들이 특성별로 모여 있는 곳입니다. 필요한 도구를 클릭하거나 단축키를 이용하여 빠르게 사용할 수 있으며 사용자가 많이 사용하는 도구 위주로 편집할 수도 있습니다.

❺ Artboard

작업이 이루어지는 공간으로 종이 영역과 배경 영역으로 구성되어 있습니다. 회색의 배경 영역에서도 그림을 그릴 수 있지만 출력 시에는 제외되는 영역입니다.

종이 영역

배경 영역

❻ [Properties] 패널 및 기타 다양한 패널

각종 패널들은 기본적으로 오른쪽에 위치하고 있으며, 필요한 기능 및 옵션 값을 빠르게 확인하고 적용할 수 있습니다. [Properties] 패널은 현재 작업에 대한 특성 및 오브젝트의 상태를 확인하거나 다양한 옵션을 설정할 수 있습니다.

❼ Status bar

Status bar는 왼쪽 아래에 위치하고 있으며 확대/축소 비율 및 사용 중인 도구, 사용 중인 아트보드 등을
확인할 수 있습니다.

---

02 : 툴바의 유형

툴바의 구성은 기본 모드와 고급 모드로 나눠지며 사용자 정의로 편집 구성하여 사용할 수 있습니다.

❶ Basic(기본) : 최초 일러스트레이터를 설치 시 초기 툴바의 구성입니다.

❷ Advanced(고급) : 일러스트레이터의 모든 도구들을 포함한 툴바의 구성입니다. [Window] 〉 [Toolbars] 〉
[Advanced]를 클릭하면 변경할 수 있습니다.

❸ All Tools 창 : 툴바에서 [Edit Toolbar]를 클릭하면 [All Tools] 패널이 표시됩니다. 이곳에서 사용자만의
툴바를 편집할 수 있습니다.

❹ Toolbar Menu : Basic 또는 Advanced로 변경할 수 있으며 [New Toolbar]를 선택하여 사용자 정의의
새로운 툴바를 추가할 수 있습니다.

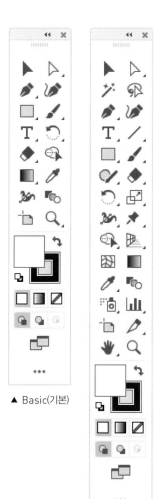

▲ Basic(기본)

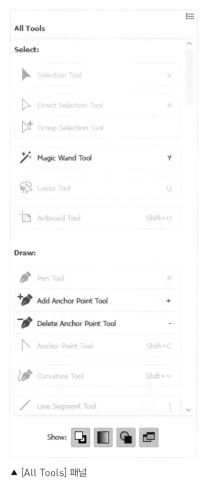

▲ Advanced(고급)

▲ [All Tools] 패널

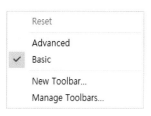

▲ Toolbar Menu

03 : 툴바에 도구 추가하고 제거하기

도구를 독립적 또는, 그룹으로 툴바에 추가할 수 있습니다.

❶ 선택한 도구를 툴바로 드래그하여 도구 위로 이동하면 파란색 사각형이 표시되며 기존에 위치한 도구와 그 룹으로 추가할 수 있습니다.

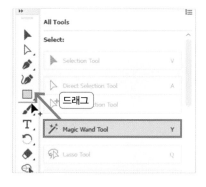

❷ Shift 를 누른 채 도구를 클릭하면 여러 개를 동시에 선택할 수 있습니다. 마찬가지로 드래그하여 도구와 도구 사이에 위치하면 파란색 선이 표시되며 새로운 위치에 도구 그룹이 추가되어 생성됩니다.

❸ [Toolbar] 메뉴에서 [Reset]을 선택하면 툴바를 초기화하여 추가된 도구들을 제거할 수 있습니다.

04 : 새로운 툴바 만들고 관리하기

사용자가 많이 사용하는 도구로 구성된 사용자 정의 툴바를 만들어 사용 및 관리할 수 있습니다.

❶ [Toolbar] 메뉴에서 [New Toolbar]를 선택합니다.

❷ [New Toolbar] 대화상자가 나타나면 새로 만들 툴바의 이름을 입력하고 [OK]를 클릭합니다. 그러면 새로운 툴바가 생성됩니다.

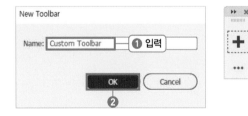

마담 이쁘스 일러스트레이터 CC

❸ [Toolbar] 메뉴에서 [Manage Toolbars]를 선택하면 [Manage Toolbar] 대화상자가 표시되며 이름을 변경하거나 복사, 삭제 등 툴바를 관리할 수 있습니다.

📖 **MEMO** **다양한 작업 공간**

기본적으로 제공되는 작업 공간의 유형을 작업 스타일에 따라 선택하여 사용할 수 있습니다. 기본 작업 영역은 'Essentials'입니다.

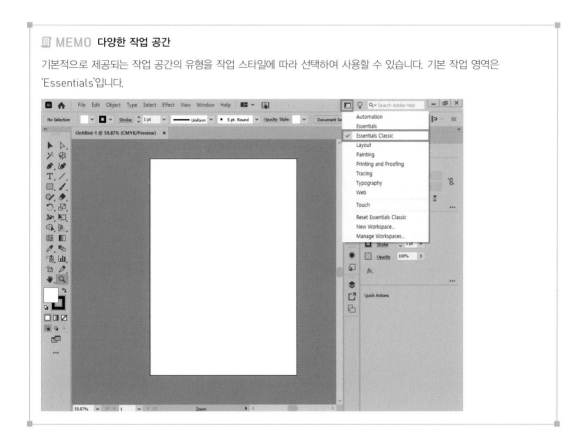

다양한 도구 및 툴바 살펴보기
Toolbar(툴바)

강좌
04
난이도
● ○ ○

툴바는 각종 그리는 도구 및 편집 도구들이 모여 있는 곳입니다. 어떠한 기능의 도구들이 있으며 단축키 및 편집 방법에 대해 간략히 확인해 봅니다.

✏️ **학습과제**

숨겨진 도구들을 포함하여 어떠한 도구들이 있는지 하나하나 확인해 봅니다.

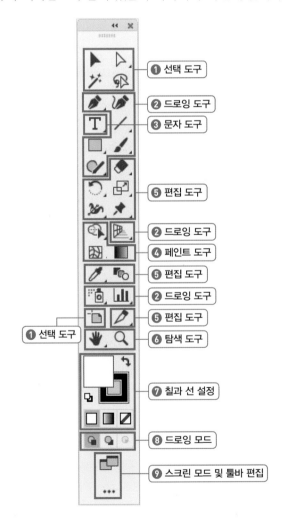

❶ **Selection Tool(선택 도구)(Ⅴ)** : 점과 선으로 이루어진 전체 오브젝트를 선택합니다.

❷ **Direct Selection Tool(직접 선택 도구)(Ⓐ)** : 오브젝트의 점이나 선을 선택합니다.

❸ **Group Selection Tool(그룹 선택 도구)** : 그룹으로 묶여 있는 오브젝트 및 그룹을 선택합니다.

❹ **Magic Wand Tool(자동 선택 도구)(Ⓨ)** : 특성이 비슷한 오브젝트를 선택합니다.

❺ **Lasso Tool(올가미 도구)(Ⓠ)** : 자유롭게 드래그한 영역에 포함된 점이나 선을 선택합니다.

❻ **Artboard Tool(대지 도구)(Shift+Ⓠ)** : 새로운 대지를 추가합니다.

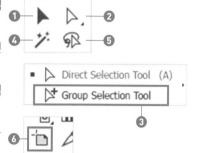

❶ **Pen Tool(펜 도구)(Ⓟ)** : 직선과 곡선의 패스를 그려주는 도구입니다.

❷ **Add Anchor Point Tool(고정점 추가 도구)(+)** : 패스에 정점을 추가합니다.

❸ **Delete Anchor Point Tool(고정점 삭제 도구)(-)** : 패스에서 정점을 삭제합니다.

❹ **Anchor Point Tool(고정점 도구)(Shift+Ⓒ)** : 패스 정점의 방향성을 변경합니다.

❺ **Curvature Tool(곡률 도구)(Shift+~)** : 곡선의 패스를 그려줍니다.

❻ **Line Segment Tool(선분 도구)(Ⅰ)** : 선 오브젝트를 그려줍니다.

❼ **Arc Tool(호 도구)** : 호 오브젝트를 그려줍니다.

❽ **Spiral Tool(나선형 도구)** : 나선형의 패스를 그려줍니다.

❾ **Rectangular Grid Tool(사각형 격자 도구)** : 그물망과 같은 사각형 격자를 그려줍니다.

❿ **Polar Grid Tool(극좌표 격자 도구)** : 레이더망과 같은 원형 격자를 그려줍니다.

⓫ **Rectangle Tool(사각형 도구)(Ⓜ)** : 정사각형 또는 직사각형의 오브젝트를 그려줍니다.

⓬ **Rounded Rectangle Tool(둥근 사각형 도구)** : 둥근 사각형의 오브젝트를 그려줍니다.

⓭ **Ellipse Tool(원형 도구)(Ⓛ)** : 정원 또는 타원의 오브젝트를 그려줍니다.

⓮ **Polygon Tool(다각형 도구)** : 다각형 오브젝트를 그려줍니다.

⑮ **Star Tool(별모양 도구)** : 별모양의 오브젝트를 그려줍니다.

⑯ **Flare Tool(플레어 도구)** : 태양빛의 섬광 효과를 그려줍니다.

⑰ **Paintbrush Tool(페인트 브러쉬 도구)(B)** : 패스에 브러쉬 효과를 적용할 수 있습니다. 자유 형태의 패스나 붓글씨 형태의 패스를 그려줍니다.

⑱ **Blob Brush Tool(물방울 브러쉬 도구)(Shift+B)** : 패스 선으로 그려지는 페인트 브러쉬와 달리 색상이 채워진 면으로 패스를 그려줍니다.

⑲ **Shaper Tool(셰이퍼 도구)(Shift+N)** : 원이나 삼각형 등 도형을 대략적으로 그리면 형태를 자동으로 인식하여 규격화된 모양으로 그려줍니다.

⑳ **Pencil Tool(연필 도구)(N)** : 자유로운 형태의 선을 그리고 편집합니다.

㉑ **Smooth Tool(매끄럽게 도구)** : 패스를 매끄럽게 만들어줍니다.

㉒ **Path Eraser Tool(패스 지우개 도구)** : 패스와 정점을 지웁니다.

㉓ **Join Tool(연결 도구)** : 끊어져 있는 패스를 연결합니다.

㉔ **Symbol Sprayer Tool(심볼 분무기 도구)(Shift+S)** : 선택한 심볼을 분무기처럼 사용하여 대지에 동일한 오브젝트를 연속적으로 추가합니다.

㉕ **Symbol Shifter Tool(심볼 이동기 도구)** : 심볼을 이동하고 누적 순서를 변경합니다.

㉖ **Symbol Scruncher Tool(심볼 분쇄기 도구)** : 심볼의 위치를 조밀하게 하거나 Alt를 눌러 분산시킵니다.

㉗ **Symbol Sizer Tool(심볼 크기 조절기 도구)** : 심볼의 크기를 조절합니다.

㉘ **Symbol Spinner Tool(심볼 회전기 도구)** : 심볼을 회전시킵니다.

㉙ **Symbol Stainer Tool(심볼 염색기 도구)** : 심볼의 색상을 입힙니다.

㉚ **Symbol Screener Tool(심볼 투명기 도구)** : 심볼에 투명도를 적용합니다.

㉛ **Symbol Styler Tool(심볼 스타일기 도구)** : 심볼에 선택한 스타일을 적용합니다.

㉜ **Column Graph Tool(막대 그래프 도구)(J)** : 세로 방향의 막대 그래프를 만듭니다.

㉝ **Stacked Column Graph Tool(누적 막대 그래프 도구)** : 세로 방향의 누적 막대 그래프를 만듭니다.

㉞ **Bar Graph Tool(가로 막대 그래프 도구)** : 가로 방향의 막대 그래프를 만듭니다.

㉟ **Stacked Bar Graph Tool(가로 누적 막대 그래프 도구)** : 가로 방향의 누적 막대 그래를 만듭니다.

㊱ **Line Graph Tool(선 그래프 도구)** : 선 그래프를 만듭니다.

㊲ **Area Graph Tool(영역 그래프 도구)** : 선 모양의 영역 그래프를 만듭니다.

㊳ **Scatter Graph Tool(산포 그래프 도구)** : 점이 표시되는 그래프를 만듭니다.

㊴ Pie Graph Tool(파이 그래프 도구) : 파이 모양의 그래프를 만듭니다.

㊵ Radar Graph Tool(레이더 그래프 도구) : 거미줄 모양의 그래프를 만듭니다.

㊶ Slice Tool(분할 영역 도구)(Shift+K) : 아트웍을 웹 이미지로 분할합니다.

㊷ Slice Selection Tool(분할 영역 선택 도구) : 웹 이미지로 분할된 영역을 선택합니다.

㊸ Perspective Grid Tool(원근감 격자 도구)(Shift+P) : 원근감 격자를 만들어줍니다.

㊹ Perspective Selection Tool(원근감 선택 도구)(Shift+V) : 원근 오브젝트를 선택하여 이동하며 평면의 오브젝트를 원근감 평면으로 이동시킬 수 있습니다.

03 : 문자 도구들

❶ Type Tool(문자 도구)(T) : 가로 문자를 입력하거나 편집합니다.

❷ Area Type Tool(영역 문자 도구) : 닫혀 있는 패스 영역에서 문자를 입력하고 편집합니다.

❸ Type on a Path Tool(패스 상의 문자 도구) : 패스 모양으로 문자를 입력하고 편집합니다.

❹ Vertical Type Tool(세로 문자 도구) : 세로 문자를 입력하거나 편집합니다.

❺ Vertical Area Type Tool(세로 영역 문자 도구) : 닫혀 있는 패스 영역에서 세로 문자를 입력하고 편집합니다.

❻ Vertical Type on a Path Tool(패스 상의 세로 문자 도구) : 패스 모양으로 세로 문자를 입력하고 편집합니다.

❼ Touch Type Tool(문자 손질 도구)(Shift+T) : 문자별로 크기 및 방향을 편집합니다.

04 : 페인트 도구들

❶ Gradient Tool(그라디언트 도구)(G) : 오브젝트에 그라데이션을 적용합니다.

❷ Mesh Tool(망 도구)(U) : 오브젝트에 망점과 망선을 추가하여 메쉬 오브젝트를 만들어줍니다.

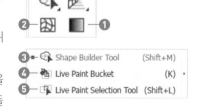

❸ Shape Builder Tool(도형 구성 도구)(Shift+M) : 오브젝트들을 병합하고 지워줍니다. 간단한 모양을 병합하여 복잡한 형태를 만들 수 있습니다.

❹ Live Paint Bucket(라이브 페인트 통)(K) : 그룹 오브젝트의 면과 선에 색상을 채워줍니다.

❺ Live Paint Selection Tool(라이브 페인트 선택 도구)(Shift+L) : 그룹 오브젝트의 면과 선을 선택합니다.

1교시 : 기초반 [강좌 04] 다양한 도구 및 툴바 살펴보기

❶ **Rotate Tool(회전 도구)(R)** : 선택한 오브젝트를 회전시킵니다.

❷ **Reflect Tool(반사 도구)(O)** : 선택한 오브젝트를 고정 축을 기준으로 뒤집기 합니다.

❸ **Scale Tool(크기 조절 도구)(S)** : 선택한 오브젝트의 크기를 조절합니다.

❹ **Shear Tool(기울이기 도구)** : 선택한 오브젝트를 기울입니다.

❺ **Reshape Tool(모양 변경 도구)** : 패스 일부분의 정점을 조정합니다.

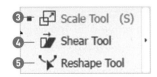

❻ **Width Tool(폭 도구)(Shift+W)** : 패스 선에 두께를 조정합니다.

❼ **Warp Tool(변형 도구)(Shift+R)** : 손가락으로 문지른 것과 같은 효과를 적용합니다.

❽ **Twirl Tool(돌리기 도구)** : 패스 선을 소용돌이 모양으로 변형합니다.

❾ **Pucker Tool(오목 도구)** : 패스 선을 오목하게 변형합니다.

❿ **Bloat Tool(볼록 도구)** : 패스 선을 볼록하게 변형합니다.

⓫ **Scallop Tool(조개 도구)** : 오브젝트 외곽선에 임의의 곡선을 추가합니다.

⓬ **Crystallize Tool(수정화 도구)** : 오브젝트 외곽선에 뾰족한 모양을 추가합니다.

⓭ **Wrinkle Tool(주름 도구)** : 오브젝트 외곽선에 위아래 방향으로 주름 모양을 추가합니다.

⓮ **Free Transform Tool(자유 변형 도구)(E)** : 오브젝트의 크기를 조절하거나 회전 및 기울기를 적용합니다.

⓯ **Puppet Warp Tool(퍼펫 뒤틀기 도구)** : 핀을 추가하여 이동 및 회전하여 오브젝트를 변형합니다.

⓰ **Eyedropper Tool(스포이드 도구)(I)** : 오브젝트가 가지고 있는 색상 및 특성을 샘플링합니다.

⓱ **Measure Tool(측정 도구)** : 두 점간의 거리를 측정합니다.

⓲ **Blend Tool(블렌드 도구)(W)** : 오브젝트간의 색상과 모양을 혼합하여 적용합니다.

⓳ **Eraser Tool(지우개 도구)(Shift+E)** : 오브젝트를 지웁니다.

⓴ **Scissors Tool(가위 도구)(C)** : 패스를 오려냅니다.

㉑ **Knife(칼)** : 오브젝트를 잘라냅니다.

06 : 탐색 도구들

❶ **Hand Tool(손 도구)(H)** : 화면에서 대지 전체를 이동하여 보여줍니다.

❷ **Print Tiling Tool(타일링 인쇄 도구)** : 격자를 조정하여 인쇄되는 영역의 위치를 조정합니다.

❸ **Zoom Tool(돋보기 도구)(Z)** : 작업 화면을 확대/축소합니다.

07 : 칠과 선 설정

❶ **Fill(칠)** : 오브젝트 면의 색상, 패턴, 그라데이션을 채워줍니다. 더블클릭하면 [Color Picker] 창이 표시되며 Fill 색상을 선택합니다.

❷ **Stroke(선)** : 패스 및 오브젝트를 구성하는 외곽선을 말하며 색상 및 두께를 조절할 수 있습니다. 더블클릭하면 [Color Picker] 창이 표시되며 Stroke 색상을 선택합니다.

❸ **Swap Fill And Stroke(칠과 선 교체)** : Fill과 Stroke의 색상을 서로 교체합니다.

❹ **Default Fill And Stroke(초기값 칠과 선)** : 초기 설정값인 흰색과 검은색으로 변경합니다.

❺ **Color(색상)** : Fill과 Stroke에 색상을 채워줍니다.

❻ **Gradient(그라디언트)** : Fill과 Stroke에 색상에 그라데이션을 적용합니다.

❼ **None(없음)** : Fill과 Stroke에 색상을 제거합니다.

08 : 드로잉 모드

❶ **Draw Normal(표준 그리기)** : 일반적인 드로잉 모드로 오브젝트의 위치가 위쪽 순서대로 그려집니다.

❷ **Draw Behind(배경 그리기)** : 오브젝트의 위치가 맨 아래쪽에서 그려집니다.

❸ **Draw Inside(내부 그리기)** : 오브젝트 안쪽 면에 그림이 그려집니다.

❶ **Change Screen Mode(화면 모드 변경)** : 스크린 모드를 변경합니다.

❷ **Edit Toolbar(도구 모음 편집)** : 툴바를 새로 만들거나 편집할 수 있습니다.

📋 MEMO **Edit Toolbar**

[Edit Toolbar]를 활용하여 사용자가 많이 사용하는 도구별로 툴바를 구성하여 사용할 수 있습니다.

메뉴 기능 살펴보기
Main Menu(메인 메뉴)

메인 메뉴에 속해 있는 기능들은 매우 다양하고 도구들로 표현하기 힘든 고급 기능들이 포함되어 있습니다.
각각의 메뉴의 특징과 기능에 대해 간략히 알아봅니다.

학습목표

메뉴별 기능들에 대해 간략히 파악하고 확인해 봅니다.

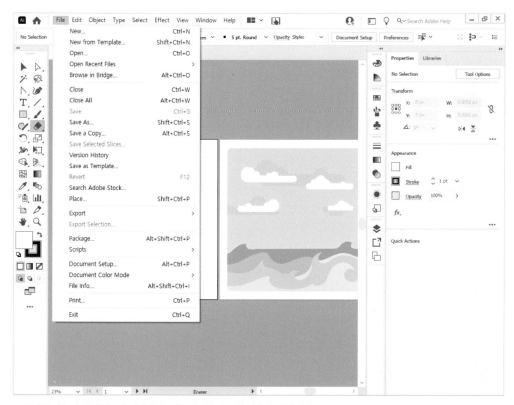

▲ 풀다운 메뉴가 펼쳐진 모습이며 주요 기능의 단축키로 확인할 수 있습니다.

File 메뉴는 새로운 아트보드를 만들거나 작업한 이미지 불러오기, 작업한 파일들을 다양한 방식으로 저장, 인쇄 및 출력 등 문서와 작업 파일과 관련된 기능들이 모여 있습니다.

❶ **New(새로 만들기)** : 새로운 문서(도큐먼트)를 만들어줍니다.

❷ **New from Template(템플릿으로 새로 만들기)** : 템플릿 파일을 불러와 새롭게 시작합니다. 템플릿 파일이란 미리 만들어 놓은 디자인 양식을 말합니다.

❸ **Open(열기)** : 저장되어 있는 작업 파일을 불러옵니다.

❹ **Open Recent Files(최근 파일 열기)** : 최근 작업한 목록에서 선택하여 불러옵니다. 최근에 작업한 리스트를 보여줍니다.

❺ **Browse In Bridge(Bridge에서 찾아보기)** : 어도비 브릿지를 실행하여 이미지 파일을 검색하고 불러올 수 있습니다.

❻ **Close(닫기)** : 현재 선택되어 작업 중인 파일만 종료합니다.

❼ **Save(저장)** : 작업 파일을 저장합니다.

❽ **Save As(다른 이름으로 저장)** : 파일명이나 저장 포맷을 변경하여 저장합니다.

❾ **Save a Copy(사본 저장)** : 작업 중인 파일을 복사본으로 저장합니다. 원본 및 데이터 백업용으로 저장 시 사용합니다.

❿ **Save as Template(템플릿으로 저장)** : 작업 파일을 템플릿 이미지로 저장합니다.

⓫ **Place(가져오기)** : 작업 중인 문서로 이미지 파일을 가져옵니다.

⓬ **Export(내보내기)** : 작업 이미지를 다양한 외부 포맷(JPG, PNG, BMP 등)으로 저장하여 내보냅니다.

⓭ **Package(패키지)** : 작업 중인 파일의 문서 내용, 필요한 모든 글꼴, 연결된 그래픽 등이 패키지 보고서가 포함된 폴더를 생성합니다.

⓮ **Document Setup(문서 설정)** : 문서를 설정합니다.

⓯ **Document Color Mode(문서 색상 모드)** : 문서의 색상 모드를 설정합니다.

⓰ **Print(인쇄)** : 작업 이미지를 인쇄합니다.

⓱ **Exit(종료)** : 일러스트레이터 프로그램을 종료합니다.

02 : Edit(편집) 메뉴

Edit 메뉴는 기본적으로 복사 및 붙여넣기 기능이 있으며 작업 이미지의 색상을 변경하고 배합할 수 있는 기능들이 포함되어 있습니다. 또한 Preferences에서 일러스트레이터의 기본적인 작업 환경을 설정할 수 있습니다.

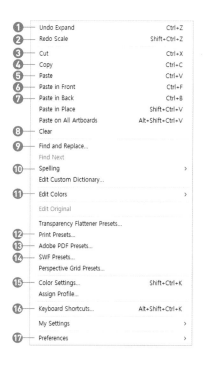

❶ **Undo(실행 취소)** : 바로 전에 실행된 명령어를 취소합니다.

❷ **Redo(재실행)** : Undo로 취소된 명령을 원래 실행 상태로 복귀시켜줍니다.

❸ **Cut(오리기)** : 오브젝트를 삭제합니다. Paste 기능으로 삭제된 이미지를 다시 붙여줄 수 있습니다.

❹ **Copy(복사)** : 오브젝트를 복사합니다.

❺ **Paste(붙이기)** : Cut, Copy 명령으로 복사한 이미지를 붙여넣기 합니다.

❻ **Paste in Front(앞에 붙이기)** : Cut, Copy 명령으로 복사한 이미지를 오브젝트 앞으로 붙여넣기하며 또한 동일한 위치로 복사됩니다.

❼ **Paste in Back(뒤에 붙이기)** : Cut, Copy 명령으로 복사한 이미지를 오브젝트 뒤로 붙여넣기하며 또한 동일한 위치로 복사됩니다.

❽ **Clear(지우기)** : 선택한 오브젝트를 제거합니다.

❾ **Find and Replace(찾기 및 바꾸기)** : 필요한 문자를 찾아 다른 문자로 변경할 수 있습니다.

❿ **Spelling(맞춤법)** : 잘못된 스펠링을 체크합니다.

⓫ **Edit Colors(색상 편집)** : 색상을 편집합니다.

⓬ **Print Presets(인쇄 사전 설정)** : 프린트 프리셋을 설정합니다.

⓭ **Adobe PDF Presets(Adobe PDF 사전 설정)** : PDF 파일의 프리셋을 설정합니다.

⓮ **SWF Presets(SWF 사전 설정)** : 플래쉬 파일(SWF)의 프리셋을 설정합니다.

⓯ **Color Settings(색상 설정)** : 다양한 색상 설정값을 선택할 수 있습니다.

⓰ **Keyboard Shortcuts(키보드 단축키)** : 단축키를 설정합니다.

⓱ **Preferences(환경 설정)** : 일러스트레이터의 전반적인 작업 환경을 설정합니다.

오브젝트들을 변형시킬 수 있습니다. 또한 오브젝트를 관리하기 쉽도록 그룹으로 지정하거나 고정시키거나 잠시 숨길 수 있는 기능들이 제공됩니다. 그리고 오브젝트들을 편집할 수 있는 기능들을 다양하게 제공합니다.

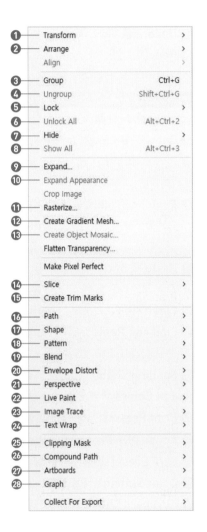

❶ **Transform(변형)** : 오브젝트 및 문자 등을 모양을 변형하는 기능입니다.

❷ **Arrange(정돈)** : 겹쳐 있는 오브젝트들의 순서를 조정합니다.

❸ **Group(그룹)** : 선택한 오브젝트들을 그룹으로 지정합니다.

❹ **Ungroup(그룹 풀기)** : 선택한 그룹 오브젝트들을 그룹에서 해제합니다.

❺ **Lock(잠금)** : 오브젝트를 잠가줍니다.

❻ **Unlock All(모든 잠금 풀기)** : 잠긴 오브젝트들 모두 해제합니다.

❼ **Hide(숨기기)** : 오브젝트를 숨겨줍니다.

❽ **Show All(모두 표시)** : 숨겨진 오브젝트 모두를 다시 보여줍니다.

❾ **Expand(확장)** : 문자나 심볼, 브러쉬 등의 오브젝트를 면 또는 선으로 만들어줍니다.

❿ **Expand Appearance(모양 확장)** : 브러쉬나 특수 효과를 준 오브젝트를 원 상태로 만들어줍니다.

⓫ **Rasterize(래스터화)** : 벡터 이미지를 래스터(비트맵) 이미지로 변환시켜줍니다.

⓬ **Create Gradient Mesh(그라디언트 망 만들기)** : 메쉬 포인트와 라인을 설정한 값만큼 등간격으로 나눠줍니다.

⓭ **Create Object Mosaic(오브젝트 모자이크 만들기)** : 오브젝트를 모자이크로 처리합니다.

⓮ **Slice(분할 영역)** : 홈페이지 작업 시 필요한 기능으로 이미지를 잘라줍니다.

⓯ **Create Trim Marks(재단 보기 만들기)** : 이미지의 재단선을 만들어줍니다.

⓰ **Path(패스)** : 패스를 편집할 수 있는 기능들이 모여있습니다.

⓱ **Shape(모양)** : 세이프로 전환하거나 확장할 수 있습니다.

⓲ **Pattern(패턴)** : 패턴을 만들거나 수정합니다.

⓳ **Blend(블렌드)** : 두 개 이상의 오브젝트에 혼합 효과를 적용합니다.

⓴ **Envelope Distort(둘러싸기 왜곡)** : 오브젝트를 다양한 모양으로 변형하는 기능입니다.

㉑ **Perspective(원근감)** : 오브젝트에 원근감 효과를 적용할 때 사용합니다.

㉒ **Live Paint(라이브 페인트)** : Live Paint Bucket과 함께 사용되는 기능입니다.

㉓ **Image Trace(이미지 추적)** : 비트맵 이미지를 벡터 이미지로 만들어줍니다.

㉔ **Text Warp(텍스트 흐름)** : 문자가 오브젝트 모양에 맞게 흐르도록 만들어줍니다.

㉕ **Clipping Mask(클리핑 마스크)** : 클리핑 마스크 효과를 적용합니다.

㉖ **Compound Path(컴파운드 패스)** : 오브젝트를 혼합하여 겹쳐진 부분에 투명한 효과를 적용합니다.

㉗ **Artboards(대지)** : 선택한 사각형 오브젝트를 아트보드로 만들어줍니다.

㉘ **Graph(그래프)** : 그래프를 설정합니다.

04 : Type(문자) 메뉴

문자와 관련된 기능들이 모여 있는 메뉴입니다.

❶ **More from Adobe Fonts(Adobe Fonts에서 추가)** : 어도비에서 제공하는 서체들을 추가할 수 있습니다.

❷ **Font(글꼴)** : 사용할 수 있는 모든 서체를 선택할 수 있습니다.

❸ **Recent Fonts(최근 글꼴)** : 최근 사용한 서체를 보여줍니다.

❹ **Size(크기)** : 서체의 크기를 선택합니다.

❺ **Glyphs(글리프)** : [Glyphs] 패널이 표시되며 특수 문자를 선택할 수 있습니다.

❻ **Type Conversion(문자 변환)** : 문자의 유형을 변경합니다. 영역 문자를 독립된 문자로 변경하거나 그 반대로 변경할 수 있습니다.

❼ **Area Type Option(영역 문자 옵션)** : 영역 문자의 옵션을 설정합니다.

❽ **Type on a Path(패스 상의 문자)** : 패스 모양에 따라 입력된 문자를 좀 더 다양한 형태로 변경할 수 있습니다.

❾ **Threaded Text(스레드된 텍스트)** : 문자 영역 상자를 연결하거나 해제할 수 있습니다.

❿ **Find Font(글꼴 찾기)** : 원하는 문자를 찾고 교체합니다.

⓫ **Create Outlines(윤곽선 만들기)** : 문자를 외곽선 모양의 오브젝트로 변경시켜줍니다.

⓬ **Optical Margin Alignment(시각적 여백 정렬)** : 문자들의 간격을 자동으로 조정합니다.

⓭ **Show Hidden Characters(가려진 문자 표시)** : 문장의 띄어쓰기, 줄 바꿈, 엔터 등 문자의 흐름 부호를 보여주거나 숨깁니다.

⓮ **Type Orientation(문자 방향)** : 문자의 방향을 설정합니다.

05 : Select(선택) 메뉴

오브젝트 선택과 관련하여 추가 기능들이 모여 있습니다.

06 : Effect(효과) 메뉴

포토샵에 필터 기능과 같이 오브젝트 모양에 다양한 효과를 적용할 수 있는 기능들이 모여 있는 메뉴입니다.

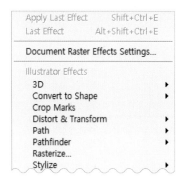

07 : View(보기) 메뉴

화면을 제어하는 기능 및 그리드 및 안내선 등 작업에 대한 보조 기능들이 포함되어 있습니다.

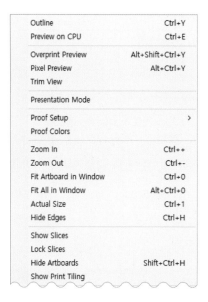
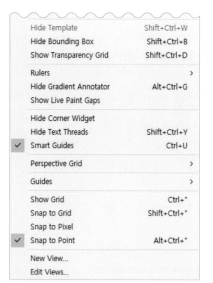

08 : Window(윈도우) 메뉴

일러스트레이터에서 제공하는 다양한 패널들이 모여 있는 메뉴입니다.

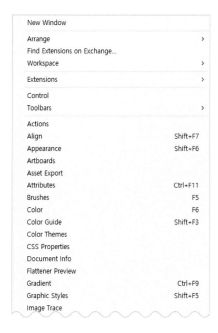

09 : Help(도움말) 메뉴

일러스트레이터에 대한 정보를 제공합니다.

치수 단위 Millimeters로 설정하기

Preferences(환경 설정), Units(단위)

진행하는 프로젝트에 따라 사용자의 편의를 위해 작업 환경으로 다양하게 구성할 수 있습니다. 또한 국내 환경에 맞게 자주 사용하는 치수 단위로 변경하는 것이 필요합니다. 다음 과정에서 확인해 봅니다.

학습과제

프로그램의 환경 설정은 원활한 작업 진행을 위해 꼭 필요한 과정이라 할 수 있습니다. 주로 사용하는 단위에 맞추고 기타 표시되는 정보를 조정해 봅니다.

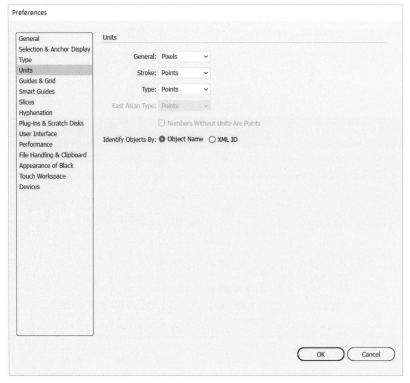

▲ 일러스트레이터의 기본 단위로 길이 측정 단위는 'mm', Stroke와 Type 단위는 'Points'로 설정합니다.

1 일러스트레이터의 전반적인 환경을 설정하기 위해서 [Edit] 〉[Preferences] 〉[General] 메뉴를 클릭합니다.

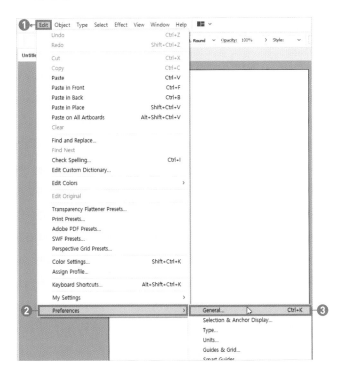

2 [Preferences] 대화상자가 나타나면 일러스트레이터의 환경을 설정할 수 있는 다양한 기능이 표시됩니다.

1교시 : 기초편 [강좌 06] 치수 단위 Millimeters로 설정하기

3 대부분의 옵션들은 기본값으로 사용해도 무방하지만 치수 단위만큼은 국내에서 사용하는 단위로 변경하는 것이 좋습니다. 치수 단위를 변경하기 위해 [Units]를 선택합니다. 그리고 일반적인 치수 단위를 의미하는 [General]을 'Millimeters'로 변경합니다.

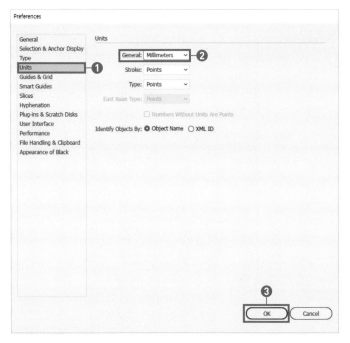

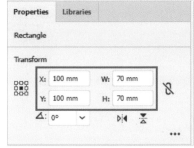

📢 **TIP**

작업 단위가 큰 경우 Centimeters로 변경하여 사용할 수 있습니다.

📋 **MEMO 많이 사용하는 기본 단위**

우리나라에서 길이 측정 단위로 사용하는 일반적인 단위는 mm 또는 cm(출력용)입니다. 또한 인터넷용의 측정 단위는 'Pixels'를 사용합니다. Stroke와 Type 단위는 보통 'Points'를 사용합니다.

새로운 아트보드 만들고 저장하기

New(새로 만들기), Save(저장), Open(열기), Save As(다른 이름으로 저장)

아트웍 작업을 위해서는 아트보드(문서)가 필요합니다. 즉 새로운 아트보드를 만들어 시작하거나 저장된 파일을 연 후 작업을 진행할 수 있습니다. 또한 작업이 완료되면 파일을 저장합니다. 원본 이미지 또는 파일을 보존하려면 Save As 명령을 통해 다른 이름으로 저장합니다.

 학습과제

작업을 진행하기 위해서는 새로운 아트보드(문서)를 만들고, 저장하고, 저장되어 있는 파일을 불러오고, 기타 외부 파일들을 가져올 수 있어야 합니다.

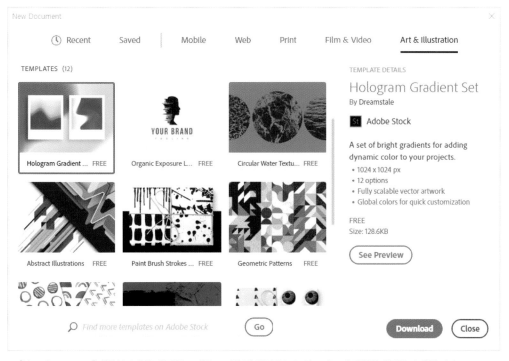

▲ [New Document] 대화상자에서 제공하는 기본 프리셋 및 템플릿으로 쉽고 빠르게 작업을 시작할 수 있습니다.

1 홈 화면에서 [Create New]를 클릭하거나 [File] 〉 [New]([Ctrl]+[N]) 메뉴를 클릭하면 [New Document] 대화상자가 표시됩니다.

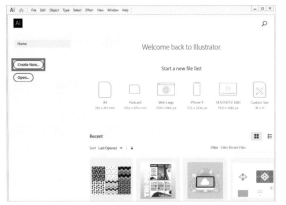

▲ [New Document] 대화상자

2 화면 상단에서 용도별로 구분해 놓은 프리셋을 선택하여 만들거나 우측 패널에서 사용자가 직접 크기 및 해상도를 설정하여 만들 수 있습니다.

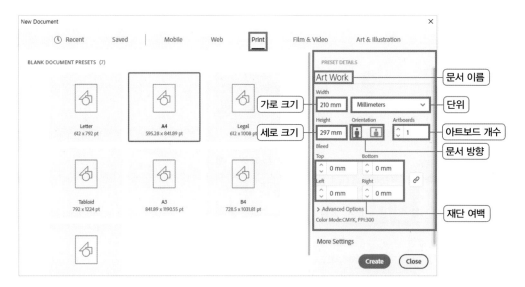

🔊 **TIP**

[New Document] 대화상자 우측 아래에 있는 [Advanced Options] 또는 [More Settings]를 클릭하면 좀 더 상세하게 새로 만들 아트보드(문서)를 설정할 수 있습니다.

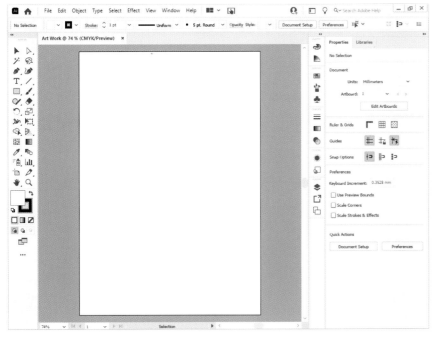

▲ 새로운 아트보드(문서)가 생성된 모습

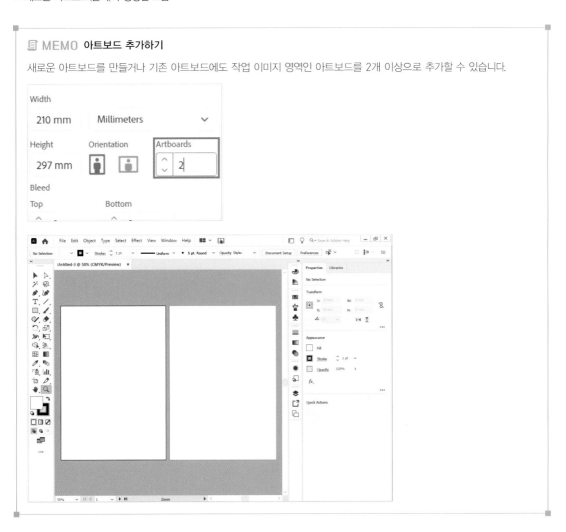

📋 MEMO 아트보드 추가하기

새로운 아트보드를 만들거나 기존 아트보드에도 작업 이미지 영역인 아트보드를 2개 이상으로 추가할 수 있습니다.

02 : 작업 파일 저장하기

1 작업한 파일을 저장하기 위해서 [File] 〉 [Save](Ctrl+S) 메뉴를 클릭합니다.

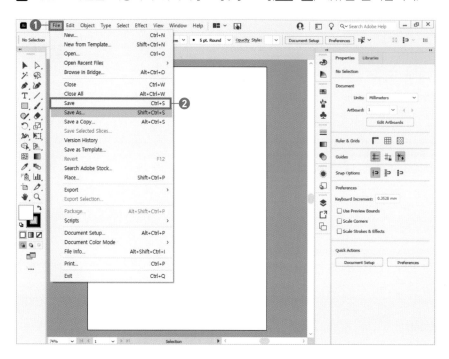

2 한 번 저장한 파일이라면 바로 저장되지만 한 번도 저장하지 않은 파일이라면 [Save As] 대화상자가 표시됩니다. 저장할 경로와 저장할 파일명을 설정하고 [저장]을 클릭합니다.

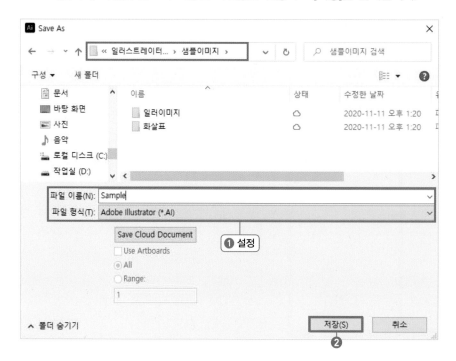

이미지 이동 및 복사하기

Selection Tool(선택 도구), Copy(복사), Paste(붙여넣기)

강좌
08
난이도
● ○ ○

오브젝트를 선택하고 이동도 하고, 복사하는 기능은 가장 기초 기능이라고 말할 수 있습니다. 이번 과정에서 일러스트레이터에서 사용하는 이동 또는, 복사 방법에 대해 알아봅니다.

[예제 파일] : Sample/1교시/star.ai chick.ai

 학습과제

오브젝트를 이동하고 복사하기 위해서는 먼저 선택이 이루어져야 합니다. 기본적으로 [Selection Tool], [Direct Selection Tool], [Group Selection Tool]을 이용하여 상황에 맞게 선택할 수 있습니다.

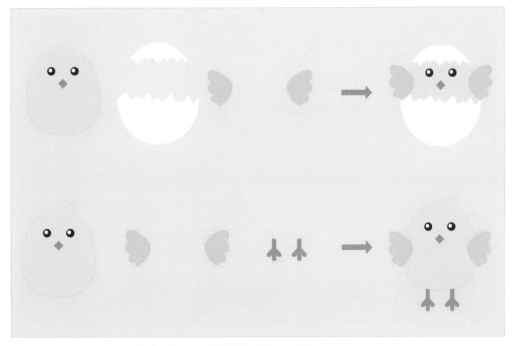

▲ 이동 및 복사는 매우 많이 사용하는 기능으로 단축키를 알아두는 것이 좋습니다.

1 툴바에서 [Selection Tool](▶)을 선택한 후 오브젝트를 클릭하고 드래그하면 이동할 수 있습니다. Shift 를 누른 채 이동하면 수평수직 또는 설정된 각도로 이동을 제한할 수 있습니다.

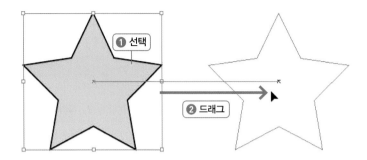

TIP
오브젝트가 선택된 상황이라면 키보드의 방향키로도 이동이 가능하며, 이때 섬세하게 위치를 조정할 수도 있습니다.

2 이동 시 Alt 를 누른 채 드래그하면 커서의 모양이 변경되면서 오브젝트가 복사 이동됩니다.

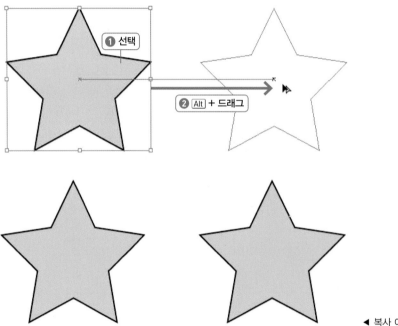

◀ 복사 이동된 모습

3 일반적으로 많이 사용하는 복사 방법으로는 [Edit] 〉 [Copy] 명령으로 복사할 영역을 기억하고 [Edit] 〉 [Paste] 명령으로 붙여넣는 방법을 가장 많이 사용합니다. 사용 빈도수가 높기 때문에 대부분 단축키를 이용합니다. Copy는 Ctrl+C, Paste는 Ctrl+V입니다. 윈도우를 사용하는 프로그램 대부분이 공통으로 적용되기 때문에 다른 프로그램과도 호환이 가능한 경우가 있습니다. 일러스트레이터에서 Ctrl +C, Ctrl+V로 복사할 경우 복사되는 오브젝트의 위치는 작업 화면 중앙에 위치하게 됩니다. 만약에 오브젝트와 동일한 자리에 복사하기 위해서는 Paste in Front 또는 Paste in Back, Paste in Place를 사용합니다.

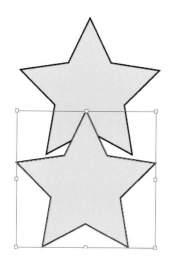

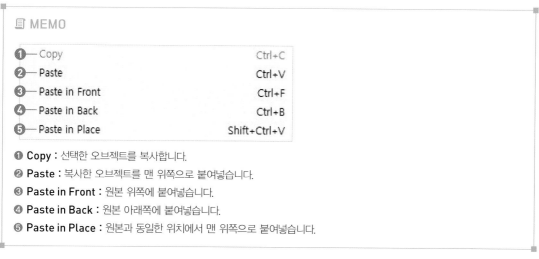

📖 MEMO

① — Copy	Ctrl+C
② — Paste	Ctrl+V
③ — Paste in Front	Ctrl+F
④ — Paste in Back	Ctrl+B
⑤ — Paste in Place	Shift+Ctrl+V

❶ **Copy** : 선택한 오브젝트를 복사합니다.
❷ **Paste** : 복사한 오브젝트를 맨 위쪽으로 붙여넣습니다.
❸ **Paste in Front** : 원본 위쪽에 붙여넣습니다.
❹ **Paste in Back** : 원본 아래쪽에 붙여넣습니다.
❺ **Paste in Place** : 원본과 동일한 위치에서 맨 위쪽으로 붙여넣습니다.

1교시

• Summary •

강좌 01 | 일러스트레이터 설치하기 – Adobe Creative Cloud
일러스트레이터는 한국어도비시스템즈(www.adobe.com/kr) 사이트에서 유료 또는 무료 체험판을 다운로드 받아 설치할 수 있습니다. Adobe Creative Cloud를 먼저 설치한 후 일러스트레이터 설치가 가능하며 한글과 영문 버전으로 고려한 후 진행합니다.

강좌 02 | 벡터 이미지와 해상도 – Vector(벡터), Bitmap(비트맵), Resolution(해상도)
일러스트레이터에서 작업한 이미지를 흔히 벡터 이미지라고 합니다. 벡터 이미지는 정점의 방향성에 따라 특성상 로고, 캐릭터, 아이콘, CI, BI 등에 적합한 이미지 방식입니다.

강좌 03 | 일러스트레이터의 작업 공간 살펴보기 – Interface(작업 공간), Tool(도구),
Menu(메뉴), Panel(패널), Document(문서)
일러스트레이터가 처음이라면 주로 사용하는 도구 및 기능들의 위치를 파악하고 시작하는 것이 중요합니다. 또한 사용자 목적에 맞게 일러스트레이터 작업 화면을 효율적으로 꾸미고 구성할 수 있습니다.

강좌 04 | 다양한 도구 및 툴바 살펴보기 – Toolbar(툴바)
각종 그리는 도구 및 편집 도구들이 모여 있는 곳입니다. 기능 특성별로, 선택 영역을 설정하는 도구들, 그림을 그리거나 생성하는 도구들, 이미지 편집을 위한 도구들, 문자를 입력하기 위한 도구들, 등 다양한 종류의 도구들을 익혀보도록 합니다.

강좌 05 | 메뉴 기능 살펴보기 – Main Menu(메인 메뉴)
메인 메뉴에 속해 있는 기능들은 매우 다양하고 도구들에서 표현하기 힘든 고급 기능들이 포함되어 있습니다. 그중 Edit, Object, Window는 핵심 메뉴라고 할 수 있습니다.

강좌 06 | 치수 단위 Millimeters로 설정하기 – Preferences(환경 설정), Units(단위)
정확한 크기의 이미지를 제작하기 위해서 수치를 입력해야 합니다. 국내 규격에 맞게 치수 단위로 변경하여 사용합니다.

강좌 07 | 새로운 아트보드 만들고 저장하기 – New(새로 만들기), Save(저장), Open(열기),
Save As(다른 이름으로 저장)

새로운 작업을 시작하기 위해 새로운 아트보드(문서)를 만들고 저장하는 것은 데이터를 보관하고 어느 장소에든 사용하기 위해 필요한 과정입니다. 데이터를 보관하고 원본 이미지 또는, 파일을 보존하며 다른 프로그램과 호환 작업을 위해 다양한 저장 포맷을 알아둘 필요가 있습니다.

강좌 08 | 이미지 이동 및 복사하기 – Selection Tool(선택 도구), Copy(복사),
Paste(붙여넣기)

오브젝트를 선택하고 이동도 하고, 복사하는 기능은 가장 많이 사용하는 핵심 기능 중의 하나입니다. 특히 벡터 이미지의 패스를 구성하고 있는 정점과 방향점, 방향선 등을 세부적으로 선택하는 기능은 꼭 알아두도록 합니다.

2교시

도구반

일러스트 작업을 원활하게 진행하기 위해서는 일러스트레이터 도구들을 자유자재로 다룰 줄 알아야 합니다. 도구를 어떻게 이용하느냐에 따라 결론적으로 작업 이미지의 완성도가 달라지기 때문입니다. 이번 학습을 통해 일러스트레이터 핵심 도구들의 기능에 대한 이해와 사용 방법에 대해 알아보겠습니다.

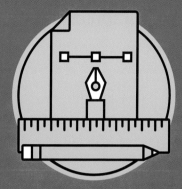

강좌

벡터 그래픽과 패스의 특징
Vector Graphic(벡터 그래픽), Path(패스)

일러스트레이터는 벡터 기반의 프로그램입니다. 일러스트레이터는 점과 선으로 구성된 패스라는 요소들이 모여 아트웍을 완성합니다. 벡터 이미지의 가장 큰 장점은 해상도의 영향을 받지 않고 자유롭게 작업을 할 수 있다는 것입니다. 이번 과정에서 벡터 이미지의 특성과 패스를 구성하고 있는 구조에 관해 확인하는 시간을 가져보겠습니다.

01 : 벡터 그래픽(Vector Graphic)

벡터 그래픽은 수학적으로 정의된 선과 곡선으로 구성된 기하학적 특성의 오브젝트를 말합니다. 벡터 이미지는 해상도의 영향을 받지 않기 때문에 크기를 조정하거나, 포스트스크립트 프린터 인쇄, PDF 파일로 저장, 벡터 기반의 응용 프로그램으로 가져오는 경우에도 외곽선의 선명도를 유지할 수 있어 자유롭게 이동하거나 수정할 수 있습니다. 그래서 로고, 포스터, 광고 이미지, 캐릭터 디자인, 패키지 디자인, 브로슈어, 명함 등 각종 그래픽 디자인 아트웍 작업에 가장 적합한 프로그램이라 할 수 있습니다.

▲ 일러스트레이터로 작업한 다양한 아트웍

일러스트레이터에서 그리는 작업은 패스라는 선으로 이미지를 그려가는 과정입니다. 패스는 점과 점을 연결하는 하나 이상의 직선 또는 곡선으로 구성된 선분을 말하며 각 선분의 시작과 끝은 정점(기준점)으로 표시됩니다. 이 정점들은 핀과 같은 역할을 하는 기준점으로 방향선과 방향점을 이용하여 패스의 모양을 수정하고 추가하거나 삭제할 수 있습니다. 또한 선분 자체를 이동하여 패스의 모양을 변경할 수 있습니다.

1 패스를 구성하는 요소는 3가지로 정점(Anchor Point)과 방향선(Direction Line), 방향점(Direction Point)이 있습니다. 이 3가지 구성 요소를 조절하여 다양한 패스의 모양을 만들 수 있습니다.

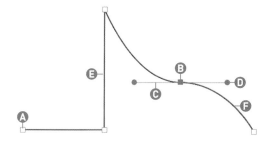

A. 정점 B. 선택한 정점 C. 방향선 D. 방향점 E. 직선 패스 F. 곡선 패스

> 📢 TIP
> 선택된 정점은 기본적으로 색상이 채워진 사각형으로 표시됩니다.

2 패스는 모퉁이점(Coner Point)과 둥근점(Smooth Point)이라는 2가지 형태의 기준점(정점)을 가지고 있습니다. 모퉁이점에서는 패스를 각진 모양으로 방향을 변경하여 그릴 수 있습니다. 둥근점에 경우 패스를 곡선으로 연결하는 역할을 합니다. 두 개의 모퉁이점 즉, 방향성이 없는 정점을 연결하면 직선이 되며 방향성이 있는 둥근점일 경우는 곡선의 패스가 연결됩니다. 모퉁이점과 둥근점을 함께 사용할 수 있으며 잘못된 점은 언제든지 변경 및 수정 가능합니다.

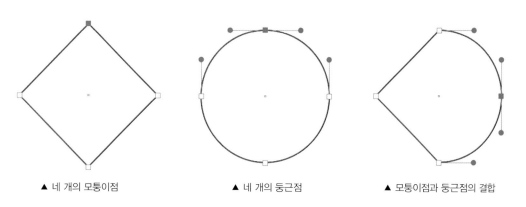

▲ 네 개의 모퉁이점   ▲ 네 개의 둥근점   ▲ 모퉁이점과 둥근점의 결합

3 정점이 가지고 있는 방향성에 따라 두 개의 직선이나 곡선을 연결할 수 있습니다.

03 : 방향선과 방향점

패스 곡선을 연결하는 정점을 선택하거나 패스 곡선 자체를 선택하면 연결되는 정점에 방향점과 방향선으로 구성된 방향 핸들이 표시됩니다.

1 곡선 패스의 정점(기준점)을 선택하면 방향 핸들이 표시됩니다. 방향선의 각도와 길이에 따라 패스 곡선의 모양과 크기가 결정됩니다.

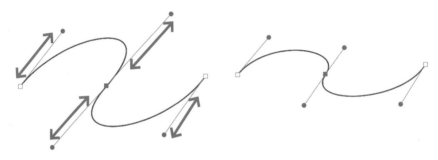

2 부드러운 곡선으로 연결된 정점은 기본적으로 양쪽으로 방향선이 표시되는데 한쪽의 방향 핸들을 조정하면 다른 쪽도 수평을 유지하면서 동시에 움직입니다. 또한 방향선은 항상 곡선에 접하기 때문에 그 특성을 확인하여 곡선의 형태를 다양하게 그릴 수 있습니다.

3 툴바에서 [Anchor Point Tool]( )을 이용하여 양쪽의 방향 핸들을 독립적으로 조정할 수 있습니다.

패스 그리기
Pen Tool(펜 도구)

강좌
02
난이도
●●○

패스를 그리기 위해서는 [Pen Tool]의 특징과 사용법을 알아야 합니다. 다음 과정에서 직선 패스 및 곡선 패스를 자유롭게 그리는 방법을 알아봅니다.

[예제 파일 : Sample/2교시/path.ai]

 학습과제

일러스트레이터 사용자라면 패스의 형태를 의도한 대로 자유롭게 그릴 수 있어야 합니다. 패스의 특성을 파악하고 원하는 모양을 마음껏 그릴 수 있도록 연습해 봅니다.

▲ 예제 파일을 불러온 후 모양 그대로 따라해 봅니다.

1 [File] 〉 [New] 메뉴를 클릭하고 [New Document] 대화상자에서 A4 사이즈의 새로운 문서를 생성합니다. 그리고 툴바에서 [Pen Tool]( )을 선택합니다.

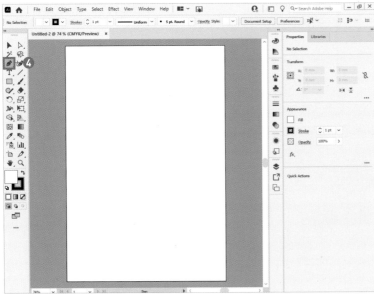

2 커서의 별 표시( )는 시작전 모습이며 패스의 시작점과 끝점을 클릭하면 정점과 정점을 연결하는 패스가 그려집니다. 다음 지점을 클릭하여 연속적인 직선의 패스를 그릴 수 있습니다.

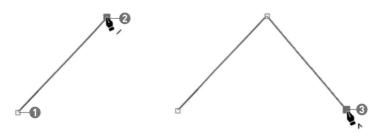

3 Shift 를 이용하면 수직 또는 수평 방향으로 패스를 제어하면서 그릴 수 있습니다.

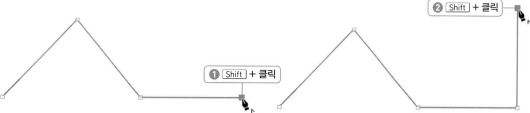

02 : 곡선 패스 그리기

1 다음은 곡선을 그려보겠습니다. 시작점을 클릭하고 그림과 같이 다음 지점을 클릭한 후 곧바로 드래 그합니다. 그러면 정점 양쪽으로 방향선과 방향점으로 구성된 방향 핸들이 표시되며 방향선의 길이와 방향점에 위치에 영향을 받아 곡선의 모양과 크기가 변하는 것을 확인할 수 있습니다.

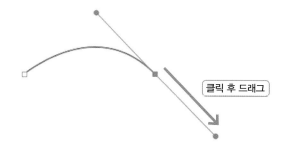

클릭 후 드래그

2 다음 지점을 클릭하고 마찬가지로 드래그해 봅니다. 그러면 마찬가지로 방향 핸들이 표시되며 바로 전에 클릭한 정점의 방향 핸들과 함께 영향을 받은 곡선이 그려지게 됩니다.

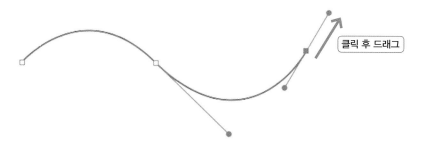

클릭 후 드래그

📋 **MEMO 곡선을 그릴 때 필요한 정점의 개수**

원을 선택해보면 4개의 정점으로 구성되어 있는 것을 확인할 수 있습니다. 즉 원을 그리는 데 4개의 정점만으로도 충분하다는 의미입니다. 불필요하게 많은 정점으로 그려진 곡선은 오히려 매끄럽게 연결되지 못하는 결과를 초래할 수 있으니 최소한의 정점을 사용하여 그려가는 것이 곡선 패스 그리기의 포인트입니다.

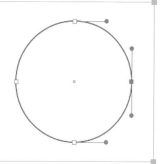

1 직선 패스에서 곡선 패스로 바로 전환하여 그려나갈 수 있습니다. 직선으로 그려진 패스 다음 선분의 끝점을 클릭 후 드래그하여 곡선의 형태를 만들어 줍니다.

2 곡선 패스에서 바로 직선 패스로 전환 또한 가능합니다. 곡선 패스의 끝점에 커서를 위치하고 꺾쇠 괄호 모양(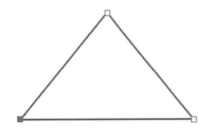)이 표시될 때 클릭합니다. 그러면 방향 핸들 한쪽이 삭제되면서 바로 직선 패스로 전환하여 그려 나갈 수 있습니다.

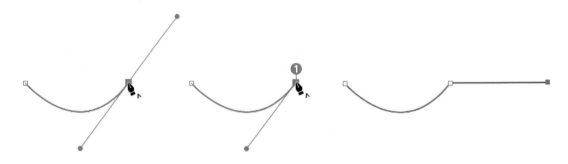

1 패스로 도형 및 그림을 그린 후 시작 지점으로 돌아가면 [Pen Tool](✏️)에 동그라미 모양(🖊️)이 표시되는데, 클릭하면 그리기가 완료되며 닫힌 패스가 완성됩니다.

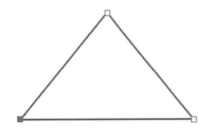

패스 및 구성 요소 선택하기

Selection Tool(선택 도구), Direct Selection Tool(직접 선택 도구), Group Selection Tool(그룹 선택 도구)

강좌
03

난이도
● ○ ○

일러스트레이터는 점과 선, 면으로 구성된 벡터 이미지들이 구성되어 아트웍을 이룹니다. 이러한 점, 선, 면과 함께 그룹으로 이루어진 오브젝트를 수정하고 편집하기 위해 상황에 맞게 선택하는 것이 필요합니다. 다음 과정에서 다양한 선택 도구에 관해 확인해보겠습니다.

[예제 파일 : Sample/2교시/Tea.ai]

 학습과제

다양한 선택 도구의 특징을 확인합니다.

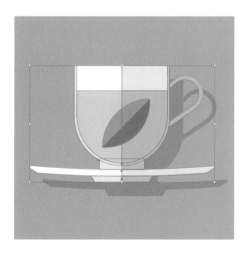
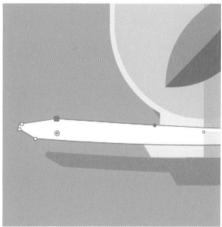

▲ Ctrl 을 활용하면 다른 도구 사용 중에도 선택 기능을 바로 사용할 수 있습니다.

01 : Selection Tool(▶)(선택 도구)

오브젝트와 그룹을 클릭하거나 그 위로 드래그하여 오
브젝트와 그룹을 선택할 수 있습니다. 또한 그룹 내의
그룹과 그룹 내의 오브젝트를 선택할 수 있습니다.

02 : Direct Selection Tool(▷)(직접 선택 도구)

오브젝트의 개별 고정점이나 패스 선을 클릭하여 선택하
거나 드래그하여 영역을 지정하면 그 안에 포함된 정점,
선, 오브젝트, 그룹 오브젝트 등을 선택할 수 있습니다.

03 : Group Selection Tool(▷+)(그룹 선택 도구)

한 그룹 내의 단일 오브젝트, 여러 그룹 내의 단일 그룹
또는 아트웍 내의 그룹 세트를 선택할 수 있습니다.

04 : Lasso Tool(🔍)(올가미 도구)

오브젝트의 전체 또는 일부를 드래그하여 오브젝트, 정점, 패스 선을 선택할 수 있습니다.

05 : Magic Wand Tool(🪄)(자동 선택 도구)

오브젝트를 클릭하면 색상, 두께, 색상, 불투명도 또는 혼합 모드가 비슷한 오브젝트를 선택할 수 있습니다.

패스 편집하기

Add Anchor Point Tool(고정점 추가 도구), Delete Anchor Point Tool(고정점 삭제 도구), Anchor Point Tool(고정점 도구)

강좌 04

난이도 ●●○

이미 그려진 패스에 정점을 추가하거나 삭제할 수 있으며 곡선을 직선으로, 직선을 곡선으로 언제든지 수정 및 편집할 수 있습니다.

학습과제

이미 그려진 패스 모양을 자유롭게 편집할 수 있어야 합니다. 패스의 편집은 패스를 구성하고 있는 정점 조절에서 시작되며 정점의 특성을 잘 이해하고 있어야 원하는 형태의 패스를 완성할 수 있습니다.

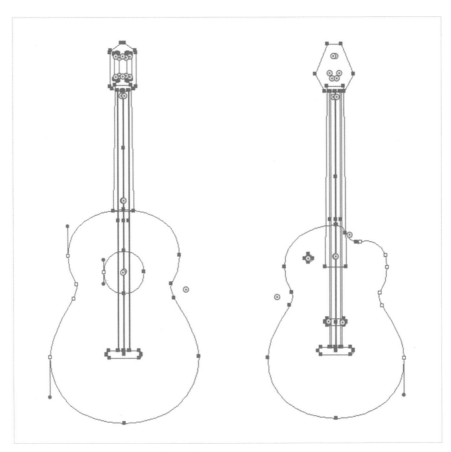

▲ 패스는 정점의 위치와 개수에 따라 형태가 완성됩니다.

01 : 정점 추가하기

1 툴바에서 [Add Anchor Point Tool](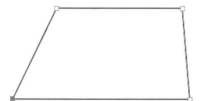)을 선택하고 패스를 클릭하면 정점이 추가됩니다. 정점을 추가한 후 이동 또는, 편집하여 패스의 모양을 변경할 수 있습니다.

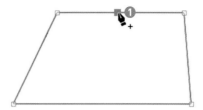

02 : 정점 삭제하기

1 툴바에서 [Delete Anchor Point Tool]()을 선택하고 삭제할 정점을 클릭하면 삭제됩니다. 형태를 변경하거나 불필요하게 정점이 많을 때 사용합니다.

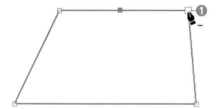
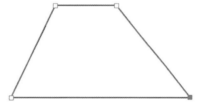

03 : 정점의 방향성 변경하기

1 [Anchor Point Tool](N)은 정점의 방향성을 추가하거나 제거할 수 있는 도구입니다. 직선인 패스의 정점을 클릭한 후 드래그하면 방향 핸들이 표시되며 방향 핸들의 방향과 크기에 따라 곡선의 모양을 다양하게 변경할 수 있습니다.

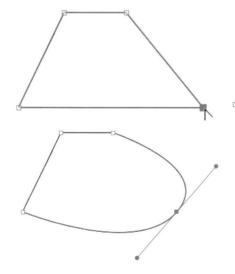
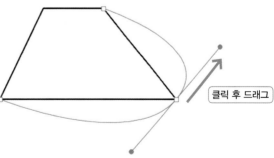

클릭 후 드래그

2 그리고 [Anchor Point Tool](⊾)은 곡선을 이루고 있는 정점의 방향성을 제거할 수 있으며 곡선의 패스를 직선으로 변경할 수 있습니다. 곡선 위에 정점을 한 번 클릭합니다. 그러면 클릭한 정점의 방향 핸들이 사라지는 것을 확인할 수 있습니다.

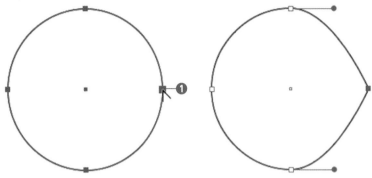

3 또한, [Anchor Point Tool](⊾)은 양쪽의 방향 핸들을 독립적으로 편집할 수 있도록 해줍니다. 방향 점을 클릭한 후 드래그하면 수평이였던 방향선이 개별적으로 이동하여 꺾인 곡선의 모양으로 편집할 수 있습니다.

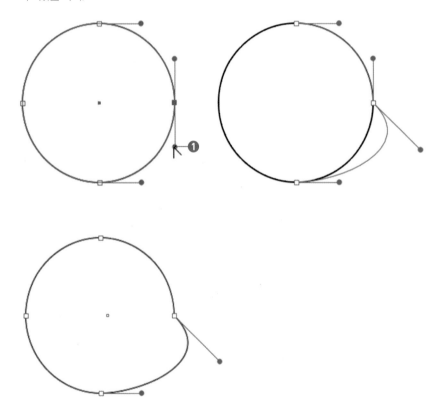

프리 드로잉으로 돛단배 그리기

Pencil Tool(연필 도구),
Pencil Tool Options(연필 도구 옵션)

강좌
05
난이도
● ○ ○

자유로운 형태의 벡터 이미지를 그릴 때 부드러운 곡선으로 표현하는 것이 필요합니다. 자유롭게 드로잉하는
[Pencil Tool]로 부드러운 곡선을 그려봅니다.

[예제 파일 : Sample/2교시/ship.ai]

 학습과제

[Pencil Tool]을 사용하여 자유로운 형태의 곡선을 그려봅니다.

▲ [Pencil Tool]로 프리 드로잉이 가능하며 [Pencil Tool Options] 창에서 부드러움을 조절할 수 있습니다.

1 예제 파일을 불러온 후 배의 돛 부분을 [Pencil Tool](✏️)을 사용하여 완성해 봅시다.

2 툴바에서 [Pencil Tool](✏️)을 선택합니다. 그다음 툴바에서 [Pencil Tool]을 더블클릭하여 [Pencil Tool Options] 창을 활성화시키고 [Fidelity](정확도)를 [Smooth](매끄럽게) 오른쪽 최대값으로 설정합니다.

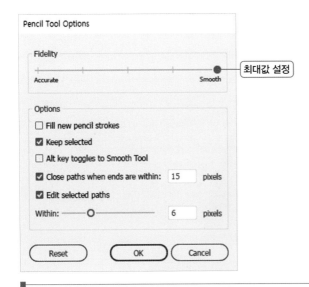

최대값 설정

📢 TIP

[Fidelity]는 선의 부드러움을 조절하는 옵션으로 [Accurate]가 최대값일수록 선의 정점이 많이 추가되며 반대로 [Smooth]가 최대값일수록 선의 정점을 최소화합니다.

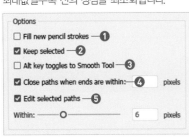

❶ **Fill new pencil strokes** : 지정된 면의 색상이 브러쉬에 적용됩니다.

❷ **Keep Selected** : 드로잉 직후 선택된 상태를 유지합니다.

❸ **Alt key toggles to Smooth Tool** : 체크가 해제된 경우 Alt 를 누르면 단일 직선 패스로 변환하여 그릴 수 있으며 체크가 된 경우는 [Smooth Tool] 기능처럼 패스를 부드럽게 변형시킵니다.

❹ **Close paths when ends are within** : 선이 자동 연결되는 범위를 지정합니다.

❺ **Edit selected paths** : 체크가 되면 끊어졌던 선을 다시 이어줍니다.

3 먼저 큰 돛의 왼쪽 아래쪽에서부터 시계 방향으로 가
이드 선을 따라 드로잉합니다.

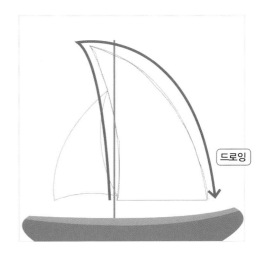

4 다음은 [Pencil Tool](✏️)로 직선을 그리는 방법입
니다. 오른쪽 아래 부분에서는 Alt 를 누르고 시작점
으로 연결합니다.

📢 **TIP**

[Pencil Tool] 사용 중 Alt 를 누르면 직선으로 고정하여 그릴 수 있습니다. 또한 Shift 를 누르면 45° 단위로 직선의 방향을
제어할 수 있습니다.

---

5 시작점까지 연결하면 드로잉하였을 때 모양과는 달리
부드러운 곡선으로 그려진 것을 알 수 있습니다.

6 작은 돛 부분도 동일한 방법으로 드로잉하여 완성합니다.

📖 **MEMO** 패스 선의 수정

[Pencil Tool]을 사용하여 뾰족한 모양으로 드로잉하는 경우 코너 부분이 둥글게 그려질 수 있습니다. 그런 경우 [Pencil Tool]을 선택하고 다시 드로잉하면 모양을 수정할 수 있습니다.

① 다음 그림과 같이 코너 부분이 둥글게 그려지는 경우가 있습니다.

② [Pencil Tool]로 선 위에 위치하고 수정할 모양으로 다시 드로잉하면 선이 자동으로 연결되면서 수정됩니다.

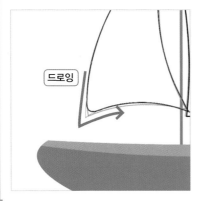 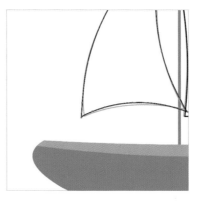

곡률 선으로
어쿠스틱 기타 그리기
Curvature Tool(곡률 도구)

[Curvature Tool]은 정점의 위치와 간격에 따라 자동으로 선의 곡률값을 계산하여 부드러운 곡선을 그려줍니다.
또한 정점을 더블클릭하여 직선으로 그릴 수 있으며 직선 위에 정점을 추가하여 곡선으로 변경할 수 있습니다.

[예제 파일 : Sample/2교시/Guitar.ai]

 학습과제

[Curvature Tool]을 사용하여 기타의 바디 및 넥, 브릿지를 그려봅니다.

▲ [Curvature Tool]을 이용하면 자유 곡선을 쉽게 그릴 수 있습니다.

1 예제 파일을 불러온 후 [Zoom Tool](🔍)을 선택하고 가이드 선이 그려진 이미지의 바디 부분을 확대합니다.

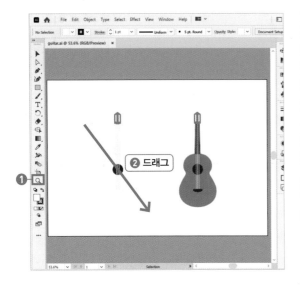 

2 툴바에서 [Curvature Tool](✏️)을 선택한 후 [Properties] 패널에서 선의 특성을 설정합니다. [Fill]은 'None', [Stroke]는 '0.5pt' 두께로 조정합니다.

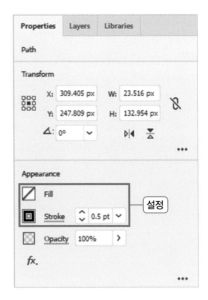

3 바디 상단의 중간 지점부터 그림과 같이 가이드 선 위에 정점을 클릭해가며 그립니다. 그러면 정점을 연결하는 곡선이 위치에 맞게 자동으로 생성됩니다.

4 곡선이 가이드 선에 맞도록 정점을 추가하며 그립니다.

 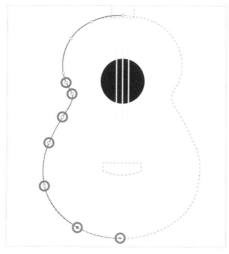

📣 TIP

정점의 간격과 위치에 따라 곡률의 모양이 달라지므로 가이드 선과 일치하도록 간격을 조절하며 그려야 합니다.

---

5 시작점으로 연결하여 기타의 바디를 완성합니다.

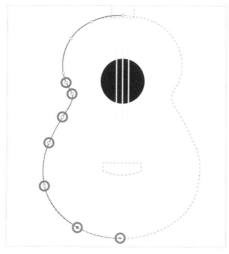

6 다음은 넥 부분을 그려봅시다. 긴 사다리꼴 모양의 넥 부분을 직선으로 그리기 위해 모서리 부분의 정점을 더블클릭하여 추가합니다.

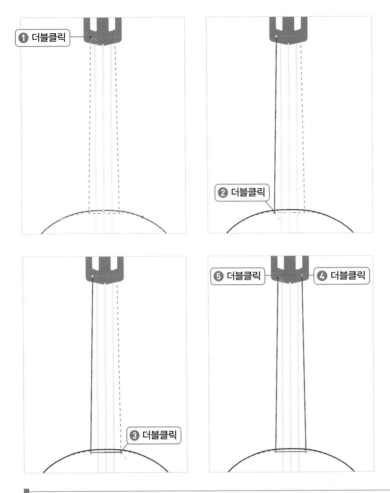

📢 TIP

[Curvature Tool]은 기본적으로 방향성이 적용된 정점이 추가되어 곡선으로 그려지지만 정점을 더블클릭하면 방향성이 삭제되기 때문에 직선으로 그려지게 됩니다.

7 다음은 기타의 브릿지를 그려봅니다. 먼저 툴바에서 [Rectangle Tool](▢)을 선택하고 그림과 같이
브릿지 가이드 선 양쪽 모서리 맞게 사각형 이미지를 그려줍니다. 그다음 [Curvature Tool](🖋)을 선
택하고 사각형 아래 변에 중간 지점을 클릭하여 정점을 추가한 후, 아래 방향으로 드래그하여 직선을
곡선으로 변경하여 완성합니다.

▲ 사각형 추가   ▲ 드래그하여 정점 이동

오브젝트 위치 정돈하기

Arrange(정돈), Bring to Front(맨 앞으로 가져오기), Bring Forward(앞으로 가져오기), Send Backward (뒤로 보내기), Send to Back(맨 뒤로 보내기)

일러스트레이터에서는 처음에 그려진 오브젝트를 시작하여 추가로 그려진 오브젝트는 위쪽 방향으로 순서대로 쌓이면서 그려집니다. 오브젝트가 쌓이는 순서에 따라 표시 방식이 달라지기 때문에 상황에 따라 위치를 조절할 수 있어야 합니다. 다음 과정에서 오브젝트를 정돈하는 방법에 관해 알아보겠습니다.

[예제 파일 : Sample/2교시/boat.ai]

✎ 학습과제

Arrange 기능으로 오브젝트의 위치를 조절해 봅니다.

▲ 오브젝트의 위치 조정은 많이 활용하기 때문에 단축키 사용은 필수입니다.

1 예제 파일을 불러옵니다.

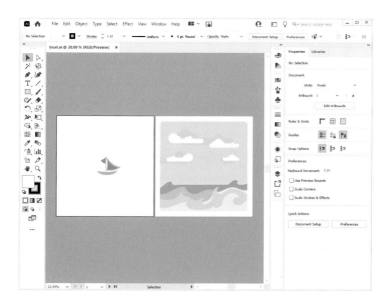

2 왼쪽 아트보드에 있는 돛단배를 선택하고 오른쪽 아트보드 중앙으로 이동시킨 후 배 전체의 크기를 키웁니다.

Shift + 드래그

3 배에 위치가 파도 위쪽에 위치하고 있어 모양이 어색합니다. 오브젝트의 위치를 조정하기 위해 [Object] 〉 [Arrange] 〉 [Send Backward] 메뉴를 클릭하여 배의 위치를 한 칸 아래쪽으로 내려보냅니다.

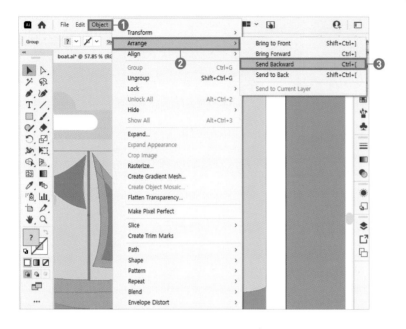

4 [Send Backward]를 반복 적용하여 배의 아래 부분이 파도 뒤쪽에 위치하도록 조절합니다.

📢 TIP

Arrange는 자주 사용하는 기능으로 단축키를 사용하는 것이 작업 효율에 매우 좋습니다.

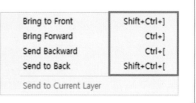

실시간 도형(Live Shape) 그리기

Rectangle Tool(사각형 도구), Rounded Rectangle Tool(둥근 사각형 도구), Ellipse Tool(원형 도구), Polygon Tool(다각형 도구), Shaper Tool(셰이퍼 도구), Line Segment Tool(선분 도구)

각종 셰이프 도구들을 이용하여 빠르게 기본 도형을 그릴 수 있으며 실시간으로 모양을 수정 및 편집할 수 있습니다. 즉, 다른 편집 도구 및 기능을 이용하지 않고 컨트롤 위젯(Control widgets)을 사용하여 실시간으로 조정할 수 있습니다.

학습과제

셰이프 도구들의 특징 및 실시간 조절 방법을 확인해 봅니다.

▲ 실시간 도형은 생성 후에도 편집을 자유롭게 적용할 수 있습니다.

1 코너의 시작점을 클릭하고 드래그하면 대각선 방향으로 드래그한 거리만큼 사각형 도형이 그려집니다. 또한 작업 화면을 클릭하면 [Rectangle] 창이 표시되며 수치를 입력하여 정확한 크기로 사각형을 그릴 수 있습니다.

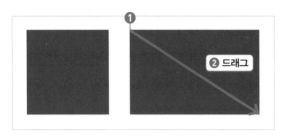

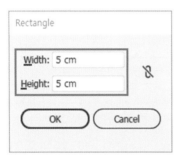

◀ [Rectangle] 창

📢 TIP

Shift 를 누른 채 드래그하면 정사각형을 그릴 수 있습니다. 또한 Alt 를 누른 채 드래그하면 클릭한 지점을 중심점으로 하는 사각형이 그려집니다. 그리고 Shift 와 Alt 를 동시에 사용할 수도 있습니다.

---

2 사각형을 선택하면 사각형 주위로 바운딩 박스(Bounding Box)와 코너 안쪽으로는 컨트롤 위젯이 표시됩니다.

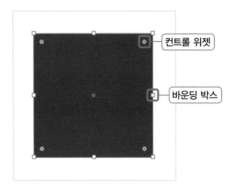

📢 TIP

오브젝트를 선택할 때 바운딩 박스가 보이지 않는 경우 [View] > [Show Bounding Box] 메뉴를 클릭합니다.

---

3 그려진 사각형은 실시간으로 언제든지 모양을 수정할 수 있습니다. 바운딩 박스의 핸들 중 하나를 선택하여 드래그하면 크기를 조절할 수 있습니다.

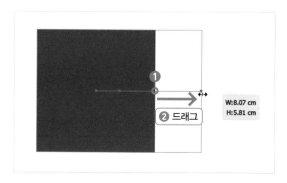

> **📢 TIP**
> 컨트롤 위젯을 조절하면 사각형 코너를 둥글게 변경할 수도 있습니다.

4 또한 바운딩 박스의 핸들 근처에 커서를 위치하고 회전 아이콘이 표시될 때 드래그하면 오브젝트를 회전시킬 수 있습니다.

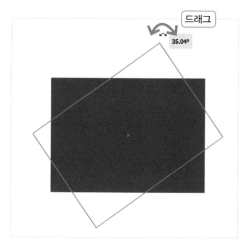

5 드래그하여 임의의 사각형을 그린 후에도 정확한 수치로 수정이 가능합니다. [Properties] 패널의 [Transform]에서 X, Y 좌표 및 폭과 높이 등을 수치로 입력하여 사각형의 정보를 변경할 수 있습니다.

🗐 MEMO Transform 확장 옵션과 패널

[Properties] 〉 [Transform]에서 [More Options](···)를 클릭하면 [Transform]의 확장 옵션이 표시되며 크기 및 회전,
모서리 등 사각형의 특징을 정교하게 수정할 수 있습니다. 또한 [Window] 〉 [Transform] 패널을 활성화하여 동일하게 사
용할 수 있습니다. 기본 셰이프 도형들은 언제든지 수정 및 편집이 가능합니다.

▲ Transform의 More Options 실행 화면   ▲ [Transform] 패널 모습

02 : 둥근 사각형 그리기 – Rounded Rectangle Tool

1 모서리가 둥근 사각형을 그려주는 도구입니다. 사용 방법은 [Rectangle Tool](■)과 동일하게 드래
그하거나 작업 화면을 클릭하고 수치를 입력하여 그릴 수 있습니다.

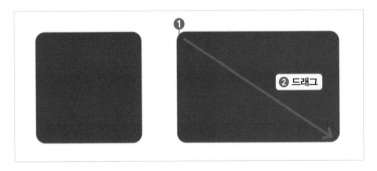

❷ 드래그

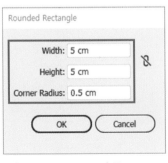

▲ [Rounded Rectangle] 창

2 둥근 사각형 코너 쪽에 있는 컨트롤 위젯을 드래그합니다. 그러면 라운드의 크기를 실시간으로 변경할 수 있습니다.

 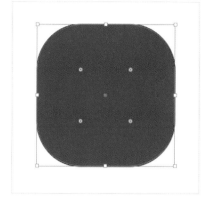

3 마찬가지로 [Transform] 패널에서 크기의 확인 및 수정이 가능합니다.

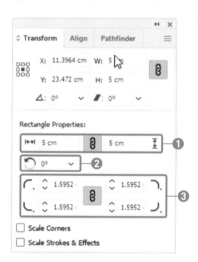

📢 TIP
① Rectangle Width/Height : 사각형의 가로와 세로 길이를 설정합니다.
② Rectangle Angle : 회전 각도를 설정합니다.
③ Corner Type : 사각형 코너의 모양과 크기를 설정합니다.

03 : 원형 그리기 – Ellipse Tool

1 원 및 타원을 그리는 도구로 Shift 를 누르고 드래그하면 정원을 그릴 수 있으며, Alt 를 누르면 클릭한 지점을 원점으로 하는 원을 그려줍니다.

2 작업 화면을 한 번 클릭하면 [Ellipse] 창이 표시되며 수치를 입력하여 정확한 크기의 원 또는 타원을 그릴 수 있습니다.

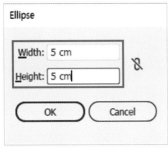

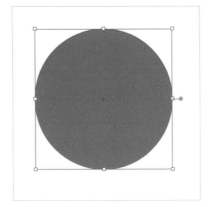

▲ [Ellipse] 창

3 3시 방향에 있는 컨트롤 위젯을 드래그하면 파이 모양과 같이 변경할 수 있습니다.

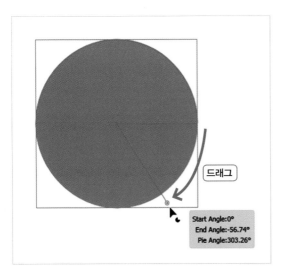

드래그

Start Angle:0°
End Angle:-56.74°
Pie Angle:303.26°

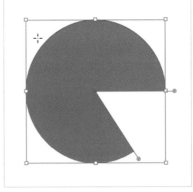

4 [Transform] 패널의 모습은 다음과 같습니다.

📢 TIP
① Ellipse Width/Height : 타원형의 가로와 세로 길이를 설정합니다.
② Ellipse Angle : 회전 각도를 설정합니다.
③ Pie Start Angle : 파이 모양의 시작점과 끝점을 설정합니다.

1 [Polygon Tool](◯)은 다각형을 그려주는 도구입니다. [Polygon] 창을 통해 변의 개수를 지정할 수 있습니다.

◀ [Polygon] 창

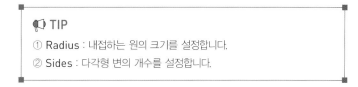

📢 TIP
① Radius : 내접하는 원의 크기를 설정합니다.
② Sides : 다각형 변의 개수를 설정합니다.

2 다각형의 경우 컨트롤 위젯이 2가지 형태로 표시됩니다.

3 동그라미 형태의 컨트롤 위젯은 다각형의 모퉁이를 둥글게 만들거나 다른 유형으로 변경할 수 있습니다.

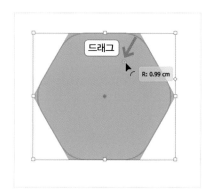

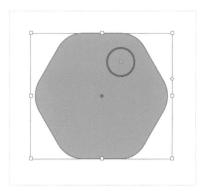

4 또한 바운딩 박스에 마름모 형태의 컨트롤 위젯은 다각형 변의 개수를 실시간으로 조절할 수 있습니다.

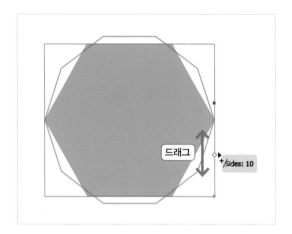
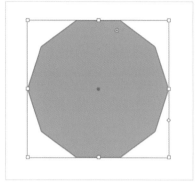

5 다른 도형들과 마찬가지로 [Properties] 패널 또는 [Transform] 패널에서 다각형의 모양을 수정 및 편집할 수 있습니다.

📢 TIP
① **Polygon Side Count** : 다각형 변의 개수를 설정합니다.
② **Polygon Angle** : 회전 각도를 설정합니다.
③ **Coner Type** : 다각형 코너의 모양과 크기를 설정합니다.
④ **Polygon Radius** : 다각형의 반지름값을 설정합니다.
⑤ **Polygon Side Length** : 다각형의 변의 길이를 설정합니다.

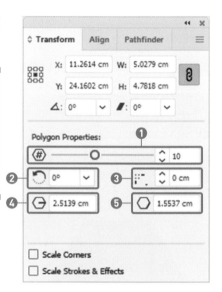

---

05 : 별 그리기 – Star Tool

1 다양한 형태의 별을 그려주는 도구입니다.

마담인쿠스 일러스트레이터 CC

2 별 도형의 경우 한 번 그리면 별에 날개 숫자를 변경할 수 없으며 크기의 변경만 가능합니다.

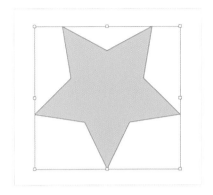

> 📢 **TIP**
>
> [Radius 1]은 안쪽 코너의 반지름이며, [Radius 2]는 바깥쪽 코너의 반지름을 의미합니다.

06 : 셰이퍼 도구 – Shaper Tool

1 [Shaper Tool]()은 자유롭게 드로잉한 형태를 자동으로 인식하여 기본 도형으로 만들어 줍니다.

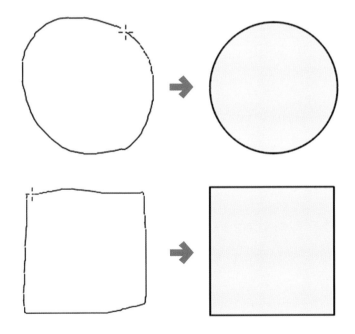

2 [Shaper Tool]()로 그린 그림들도 기본 도형들과 동일하게 실시간으로 수정 및 편집이 가능합니다.

07 : 선 그리기 – Line Segment Tool

1 [Line Segment Tool](✏)을 선택하고 작업 공간의 빈 곳을 클릭하면 [Line Segment Tool Options] 창이 표시됩니다. 선의 길이와 각도 값을 입력합니다.

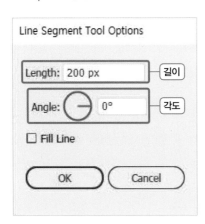

◀ [Line Segment Tool Option] 창

2 [Line Segment Tool Options] 창을 이용하거나 자유롭게 드래그하여 선을 그릴 수 있습니다.

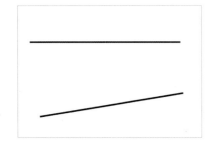

오브젝트 결합하기

Pathfinder(패스파인더)
Compound Shapes(컴파운드 모양)

일러스트레이터에서는 벡터 오브젝트를 다양한 방법으로 결합 또는 분리하여 새로운 모양을 만들어 낼 수 있습니다. 결합하는 방식에는 오브젝트 형태를 완전하게 결정하거나 또는 결합 후에도 편집이 가능한 Compound Shapes 기능을 적용하여 융통성 있는 작업을 진행할 수 있습니다.

 학습과제

직접 명령어를 사용하여 오브젝트와 오브젝트 간에 상호 작용 시 어떤 영향을 미치는지 확인해 봅니다.

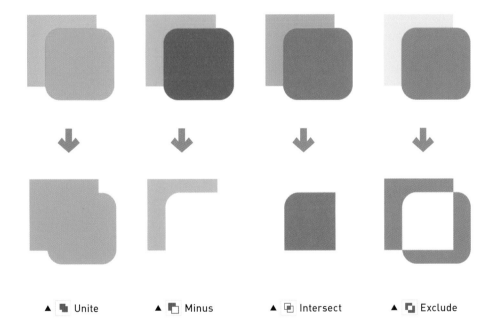

▲ 🔲 Unite　　　▲ 🔲 Minus　　　▲ 🔲 Intersect　　　▲ 🔲 Exclude

01 : [Pathfinder](패스파인더) 패널

[Pathfinder] 패널을 보기 위해서는 [Window] > [Pathfinder] 메뉴를 클릭합니다. 또한 [Properties] 패널을 사용하는 사용자라면 2개 이상의 오브젝트를 선택하면 바로 [Pathfinder] 옵션 항목이 표시됩니다.

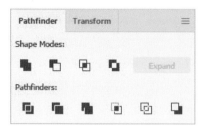

▲ [Pathfinder] 패널

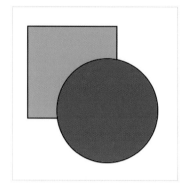

02 : Shape Modes

완전한 모양으로 만들어지는 일반적인 방법과 컴파운드(Compound) 세이프를 이용하여 편집이 가능한 방법으로 오브젝트를 결합할 수 있습니다.

1 Unite(▪) : 선택된 오브젝트를 하나의 오브젝트로 합쳐줍니다. 가장 최상위에 위치하고 있는 오브젝트의 [Fill] 및 [Stroke] 정보가 적용됩니다.

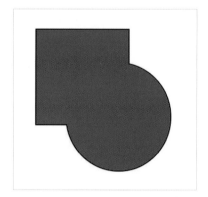

2 Minus Front(▪) : 위쪽에 위치한 오브젝트 모양으로 아래쪽 오브젝트를 잘라냅니다. 가장 최하위에 위치하고 있는 오브젝트의 [Fill] 및 [Stroke] 정보가 적용됩니다.

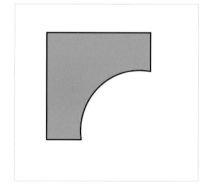

마담이크스 일러스트레이터 CC

3 Intersect( ) : 오브젝트가 서로 교차되는 영역만 남게 됩니다. 상위에 위치하고 있는 오브젝트의 [Fill] 및 [Stroke] 정보가 적용됩니다.

4 Exclude( ) : 오브젝트가 서로 교차되는 영역이 제외됩니다. 상위에 위치하고 있는 오브젝트의 [Fill] 및 [Stroke] 정보가 적용됩니다.

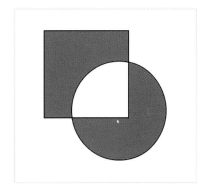

📋 MEMO **컴파운드 셰이프(Compound Shape)**

Alt를 누른 채 Shape Modes에 있는 기능들을 클릭하면 병합되는 오브젝트들이 컴파운드 셰이프로 변환되어 그룹화된 오브젝트처럼 이동이 가능합니다. 즉 패스파인더가 적용된 적용된 오브젝트의 모양을 융통성 있게 편집할 수 있습니다.

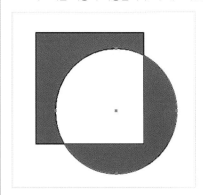
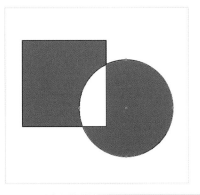

다양한 결합 방식이 추가되어 있으며 컴파운드 셰이프를 적용할 수 없습니다.

1 Divide(▣) : 겹쳐진 모양대로 오브젝트를 나눠줍니다. 기본적으로 그룹화되어 있으며 분리하기 위해서는 그룹을 해제하거나 툴바에서 [Group Selection Tool](▷)을 선택하여 사용할 수 있습니다.

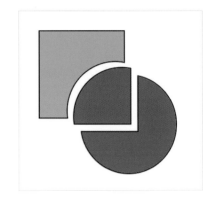

2 Trim(▣) : 가려진 있는 오브젝트 부분이 제거됩니다. 또한 [Stroke]가 'None'으로 변경되고 [Fill]은 그대로 유지됩니다.

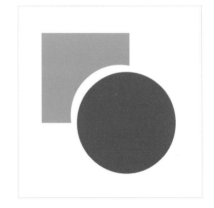

3 Merge(▣) : 오브젝트의 가려진 부분이 제거됩니다. 또한 [Stroke]가 'None'으로 변경되고 [Fill]은 그대로 유지됩니다. 그리고 오브젝트가 같은 색상일 경우 하나의 오브젝트로 합쳐집니다.

4 Crop(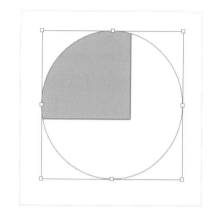) : 맨 위 오브젝트를 기준으로 겹쳐진 부분에 색상
이 채워진 채 다른 부분은 다 삭제됩니다. 즉 교집합 영역만
남게 됩니다. 또한 색상은 아래 위치한 오브젝트 색상이 채워
지며 형태는 위쪽 오브젝트 모양으로 그대로 남게 됩니다.

5 Outline(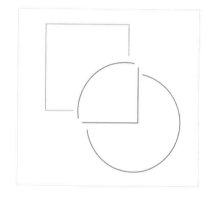) : 겹쳐진 오브젝트 모양으로 외곽선을 분리하여
나눠줍니다.

6 Minus Back(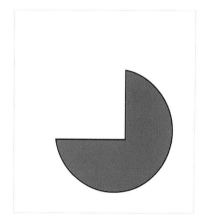) : 위쪽에 있는 오브젝트가 아래쪽에 있는
오브젝트 모양으로 빼줍니다.

하우스 그리기
Rectangle Tool(사각형 도구), Ellipse Tool(타원 도구), Polygon Tool(다각형 도구), Line Segment Tool (선분 도구)

강좌
10

난이도
● ○ ○

도형 관련 도구를 활용하여 간략한 아트웍 작업을 진행해 봅니다. 각각 도형 도구의 사용과 편집에 관해 확인해보겠습니다.

[예제 파일 : Sample/2교시/house.ai]

학습과제

다양한 도형 그리기 도구로 하우스 아트웍 작품을 완성해 봅니다.

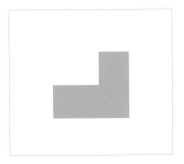

▲ 건물 벽 그리기

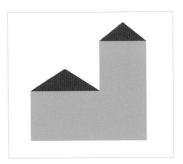

▲ 지붕 그리기

▲ 문과 창문 그리기

1 'house.ai' 예제 파일을 불러옵니다.

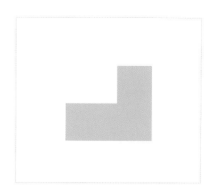

2 지붕 모양을 그리기 위해 툴바에서 [Polygon Tool]( )을 선택하고 그려질 곳을 클릭합니다. 그러면 [Polygon] 창이 표시되며 [Sides]를 '3'으로 설정하고 [OK]를 클릭하여 삼각형을 그려줍니다.

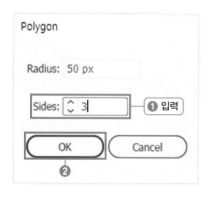

① 입력

②

📣 MEMO

Fill/Stroke 색상 설정에 관한 자세한 내용은 158P 를 참고하세요.

🔊 TIP

[Polygon Tool]로 다각형을 그린 경우 바운딩 박스에 마름모꼴이 표시되어 있는데 이 점을 드래그하면 다각형 변의 개수를 수정할 수 있습니다.

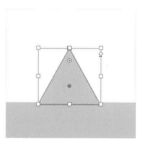

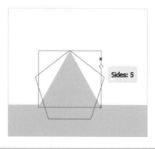

---

3 그다음 스마트 안내선을 활성화시킨 후, 그림과 같이 바운딩 박스의 정점을 이동하여 상단 끝부분에 일치하도록 지붕 모양으로 편집합니다.

📣 MEMO

스마트 안내선에 관한 자세한 내용은 146P를 참고하세요.

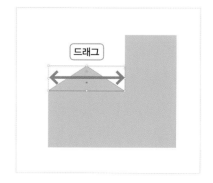

드래그

4 색상을 변경하기 위해 [Properties] 〉 [Appearance] 패널에서 [Fill]을 클릭합니다. 그림과 같이 브라운색을 선택하고 [Stroke]는 'None'으로 적용합니다.

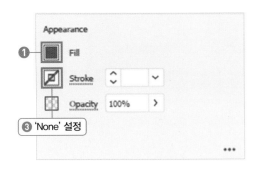

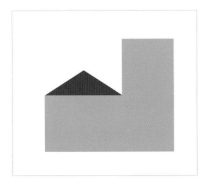

5 다음은 건물의 탑 위쪽도 동일한 방법으로 그려줍니다.

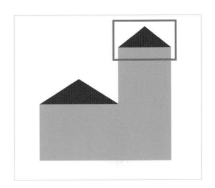

6 문을 만들기 위해 툴바에서 [Rectangle Tool](▢)을 선택하고 그림과 같은 위치에 드래그하여 그립니다.

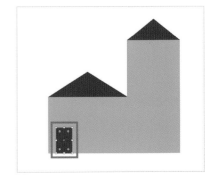

7 다음은 창문 모양을 만들어 봅니다. 툴바에서 [Rectangle Tool](▢)을 선택하고 그림과 같은 위치에 사각형을 그린 후, [Fill] 색상은 '하늘색', [Stroke] 색상은 '흰색'으로 설정합니다.

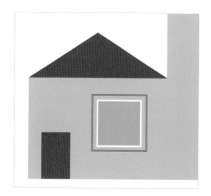

8 창문의 창살을 그리기 위해 [Line Segment Tool](╱)을 선택합니다. 그다음 Shift 를 누른 채 창의 중간 지점에서 수평/수직 방향으로 선을 각각 그려줍니다.

> 📢 **TIP**
>
> Shift 를 활용하면 선의 방향을 45° 각도로 제어할 수 있습니다.

9 다음은 탑 쪽에 원형 창을 만들기 위해 툴바에서 [Ellipse Tool](◯)을 선택합니다. 스마트 안내선을 활용하여 그림과 같이 탑 중앙 부분에 클릭하고 Shift + Alt 를 눌러 정원을 그려줍니다.

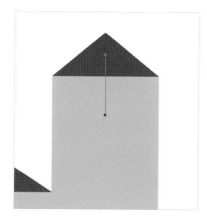

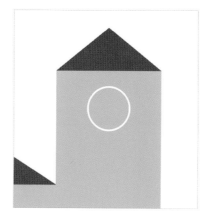

🔟 그다음 창의 색상으로 [Fill]은 '하늘색', [Stroke]는 '흰색'으로 설정합니다. 원형 창에도 사각형 창살과
같은 방법으로 창살을 그려줍니다.

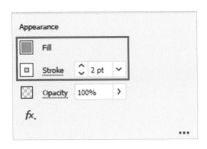 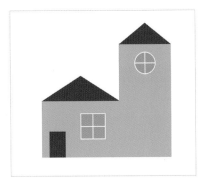

1️⃣1️⃣ 다음은 문 쪽 옆에 나무를 하나 그려봅시다. 툴바에서 [Ellipse Tool]( )을 선택합니다. Shift 를 그
림과 같이 적당한 크기로 정원을 그립니다. 그다음 원의 색상으로 [Fill]은 '초록색', [Stroke]는 'None'
으로 설정합니다.

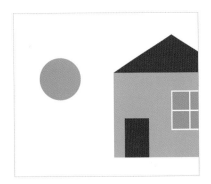 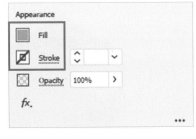

1️⃣2️⃣ 그다음 원을 두 번 복사하여 그림과 같이 나무 모양으로 만들어 줍니다.

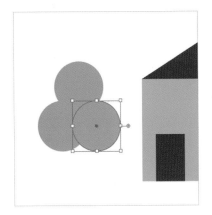

📢 TIP

복사하는 방법으로 [Selection Tool]을 선택한 후 Alt 를 누른 채 이동하거나, 복사하기(Ctrl + C) 한 후 붙여넣기(Ctrl + V)
합니다.

13 다음은 나뭇가지를 그려봅시다. 툴바에서 [Line Segment Tool](✏️)을 선택하고 그림과 같이 수직 방향으로 나무 기둥을 그려줍니다. 색상은 '브라운 톤'으로 선택하고 [Stroke]는 '5pt'로 설정합니다.

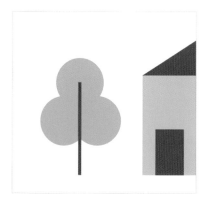

14 그다음 나뭇가지를 그려 나무 그림을 완성합니다.

15 마지막으로 땅바닥을 표현하기 위해 툴바에서 [Line Segment Tool](✏️)을 선택한 후, 그림과 같이 나무부터 집까지 포함되도록 수평 방향으로 선을 그려줍니다. 색상은 오렌지, 두께는 16pt 정도로 설정하여 완료합니다.

오브젝트를 병합하여
모양 만들기

Shape Builder Tool(도형 구성 도구),
Pathfinder(패스파인더)

병합할 오브젝트 또는 패스들을 선택하고 [Shape Builder Tool]로 드래그하면 하나의 오브젝트로 합쳐진 모양이거나 빠진 모양으로 만들 수 있습니다. 이와 같은 방법으로 다양한 아트웍의 모양을 표현할 수 있습니다.

[예제 파일 : Sample/2교시/moon.ai]

✎ 학습과제

오브젝트들을 합치거나 겹쳐진 부분을 제거하여 모양을 완성해 봅니다.

▲ 오브젝트 병합으로 새로운 모양을 만들어 하우스를 완성합니다.

1 예제 파일을 불러온 후 툴바에서 [Selection Tool](▶)을 선택합니다. 건물 벽으로 이루어진 두 개의 사각형을 함께 선택합니다.

📢 TIP

[Selection Tool] 사용 시 Shift 를 누른 채 선택하면 오브젝트가 추가됩니다. 반대로 Alt 를 누른 채 선택하면 선택이 제외됩니다.

2 두 개의 사각형을 하나로 합치기 위해 툴바에서 [Shape Builder Tool](⊕)을 선택합니다. 선택된 오브젝트 위로 커서를 이동하면 오브젝트의 모양이 도트 이미지로 변경되며 그때 합칠 영역을 드래그하면 드래그 영역에 포함된 오브젝트들이 하나로 합쳐지게 됩니다.

 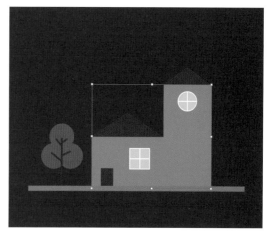

3 다음은 동일한 방법으로 나무 이미지를 합쳐봅니다. 나무 오브젝트의 3개의 원을 선택하고 [Shape Builder Tool]( )로 합칠 영역을 드래그하여 완료합니다.

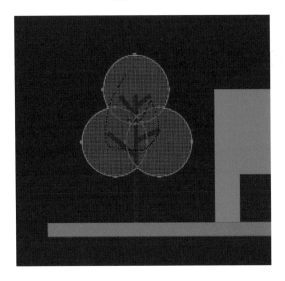 

📋 MEMO **오브젝트를 병합하여 다양한 모양으로 만들기**

[Shape Builder Tool]을 사용하는 방법 외에도 [Properties or Window] 〉 [Pathfinder] 패널을 이용하여 모양을 더하거나 뺄 수도 있으며 또한 겹쳐진 모양으로 오브젝트를 나누거나 분리할 수도 있습니다. 또한 Alt를 누른 채 기능을 적용하면 원본 오브젝트의 모양이 유지되어 적용 후에도 병합된 오브젝트의 위치를 편집할 수 있습니다.

▲ [Properties] 〉 [Pathfinder] 패널 　　　▲ [Window] 〉 [Pathfinder] 패널

❶ **Unite** : 오브젝트를 합쳐줍니다.

❷ **Minus Front** : 위쪽 오브젝트 모양으로 제거합니다.

❸ **Intersect** : 교차되는 영역만 남깁니다.

❹ **Exclude** : 겹쳐진 영역만 제외합니다.

❺ **Divide** : 겹쳐진 부분을 중심으로 오브젝트를 나눕니다.

❻ **Trim** : 가려져 있는 오브젝트 부분을 제거합니다. 같은 색상의 오브젝트는 병합하지 않습니다.

❼ **Merge** : 가려져 있는 오브젝트 부분을 제거합니다. 같은 색상으로 채워진 오브젝트는 병합합니다.

❽ **Crop** : 오브젝트를 면 구성으로 나눈 다음 맨 위 오브젝트의 테두리 밖에 있는 오브젝트를 제거합니다.

❾ **Outline** : 오브젝트를 선분 모양으로 나눕니다.

❿ **Minus Back** : 맨 앞 오브젝트에서 뒤쪽의 오브젝트를 제거합니다.

4 다음은 초승달을 그려봅니다. 원을 그리고 복사하여 그림과 같이 겹치도록 이동합니다.

5 두 개의 원을 선택한 후 툴바에서 [Shape Builder Tool]( )을 선택합니다. Alt 를 누른 채 오른쪽 원 영역을 드래그하여 제거합니다.

📢 **TIP**

[Shape Builder Tool] 사용 시 Alt 를 누르면 커서에 마이너스가 표시되어 오브젝트의 면을 삭제하는 기능으로 변경됩니다.

6 마지막으로 [Fill]의 색상을 '노란색'으로 변경하여 작업을 완료합니다.

📢 TIP

[Alt]를 누른 채 [Shape Modes]의 병합 기능을 사용할 경우 컴파운드 셰이프(Compound Shape)로 적용되어 병합된 면적을 자유롭게 편집할 수 있습니다.

아트웍을 유연하게 비틀어 바람에 날리는 모양으로 변형하기
Puppet Warp Tool(퍼펫 비틀기 도구)

강좌
12
난이도
● ○ ○

[Puppet Warp Tool]은 핀을 고정하거나 추가하여 아트웍의 형태를 자유롭게 비틀거나 왜곡시키는 도구입니다. 다음 예제를 통해 사용 방법에 관해 알아보겠습니다.

[예제 파일 : Sample/2교시/bike.ai]

학습과제

예제 파일은 목을 감싸고 있는 머플러가 곧게 뻗은 모습입니다. 이 모양을 바람에 휘날리는 모양으로 변경해 봅니다.

▲ [Puppet Warp Tool]을 사용하여 패스의 웨이브를 적용해 봅니다.

113

1 예제 파일을 불러온 후 목을 감싸고 있는 머플러를 [Selection Tool](▶)로 선택합니다.

2 그다음 툴바에서 [Puppet Warp Tool](📌)을 선택합니다. 그러면 동그란 모양의 핀과 그물 모양이 오브젝트에 표시됩니다. 그물 모양을 작업 화면에서 사라지도록 [Properties] 〉[Puppet Warp] 패널 에서 [Show Mesh]의 체크를 해제합니다.

3 핀이 개수는 오브젝트 형태에 따라 자동으로 생성되며 [Puppet Warp Tool](📌)로 추가하거나 선택한 후 삭제할 수 있습니다.

4 아트웍을 좀 더 유연하게 변형하기 위해 핀을 중간 지점에 추가합니다.

5 변형이 적용되었을 때 목 부근의 유격이 발생하는 것을 막기 위해 핀을 추가하여 고정합니다.

6 머플러가 바람에 날리는 모양으로 변경하기 위해 먼저 가운데 핀을 선택한 후 위아래로 이동해 봅니다. 직선이었던 선들이 핀을 기준으로 유연하게 변경되는 것을 확인할 수 있습니다.

7 그림과 같이 오른쪽 위에 있는 핀을 선택하고 회전 모양의 아이콘이 표시되면 핀을 회전시켜 그림과 같이 아트웍을 변경해 봅니다.

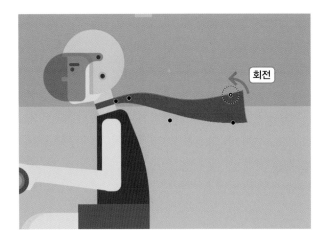

8 다음 그림과 같이 바람에 날리는 모양이 완성되었다면 작업한 파일을 저장하고 변형 작업을 완료합니다.

· MEMO ·

2교시

· Summary ·

강좌 01 | 벡터 그래픽과 패스의 특징 – Vector Graphic(벡터 그래픽), Path(패스)
일러스트레이터는 벡터 기반의 프로그램입니다. 일러스트레이터는 점과 선으로 구성된 패스라는 요소들이 모여 아트웍을 완성합니다. 벡터 이미지의 가장 큰 장점은 해상도의 영향을 받지 않고 자유롭게 작업을 할 수 있는 점입니다.

강좌 02 | 패스 그리기 – Pen Tool(펜 도구)
[Pen Tool]은 일러스트레이터에서 가장 기본이 되는 도구로써 패스를 그리기 위해서는 [Pen Tool]의 특징과 사용법을 알아야 합니다. 원하는 형태로 그려가기 위해 직선으로 그리는 방법과 곡선으로 그리는 방법, 직선과 곡선을 혼용하여 자유로운 형태를 그리는 방법에 대해 충분한 연습이 필요합니다.

강좌 03 | 패스 및 구성 요소 선택하기 – Selection Tool(선택 도구), Direct Selection Tool(직접 선택 도구), Group Selection Tool(그룹 선택 도구)
일러스트레이터는 점과 선, 면으로 구성된 벡터 이미지들이 구성되어 아트웍을 이룹니다. 이러한 점, 선, 면과 함께 그룹으로 이루어진 오브젝트들을 수정하고 편집하기 위해 상황에 맞게 선택하는 것이 필요합니다.

강좌 04 | 패스 편집하기 – Anchor Point Tool(고정점 추가 도구), Delete Anchor Point Tool(고정점 삭제 도구), Anchor Point Tool(고정점 도구)
대부분의 일러스트레이터 작업이 기초적인 형태를 먼저 그린 후 그다음 과정에서 패스의 모양을 조절하고 편집하여 최종 형태를 완성하는 과정을 거치게 됩니다. 이미 그려진 패스에 점을 추가하거나 삭제할 수 있으며 곡선을 직선으로 직선을 곡선으로 언제든지 수정 및 편집할 수 있도록 연습합니다.

강좌 05 | 프리 드로잉으로 돛단배 그리기 – Pencil Tool(연필 도구), Pencil Tool Options (연필 도구 옵션)
[Pencil Tool]은 연필과 같은 스타일로 자유롭게 드로잉하는 도구입니다. 프리 드로잉으로 그림을 그릴 때 사용하면 유용하며 [Pencil Tool Options] 창을 이용하여 선의 부드러움을 조절할 수 있습니다.

강좌 06 | 곡률 선으로 어쿠스틱 기타 그리기 – Curvature Tool(곡률 도구)
[Curvature Tool]은 정점의 위치와 간격에 따라 자동으로 선의 곡률값을 계산하여 부드러운 곡선을 그릴 수 있습니다. 또한 정점을 더블클릭하여 직선을 그릴 수 있으며 직선 위에 정점을 추가하여 곡선으로 변경할 수 있습니다.

강좌 07 | 오브젝트 위치 정돈하기 − Arrange(정돈), Bring to Front(맨 앞으로 가져오기), Bring Forward(앞으로 가져오기), Send Backward(뒤로 보내기), Send to Back (맨 뒤로 보내기)

일러스트레이터에서는 처음에 그려진 오브젝트를 시작하여 추가로 그려진 오브젝트는 순서대로 쌓이면서 위쪽에 그려집니다. 오브젝트가 놓인 순서에 따라 아트웍이 다르게 보이기 때문에 상황에 따라 위치를 조절할 수 있어야 합니다. 오브젝트를 정돈하는 명령어와 단축키를 알아두는 것이 좋습니다.

강좌 08 | 실시간 도형(Live Shape) 그리기 − Rectangle Tool(사각형 도구), Rounded Rectangle Tool(둥근 사각형 도구), Ellipse Tool(원형 도구), Polygon Tool(다각형 도구), Shaper Tool(셰이퍼 도구), Linge Segment Tool(선분 도구)

각종 셰이프 도구들을 이용하여 빠르게 기본 도형을 그릴 수 있으며 실시간으로 모양을 수정 및 편집할 수 있습니다. 즉, 다른 편집 도구 및 기능을 이용하지 않고 컨트롤 위젯(Control widgets)을 사용하여 실시간으로 조정할 수 있습니다.

강좌 09 | 오브젝트 결합하기 − Pathfinder(패스파인더) Compound Shapes(컴파운드 모양)

일러스트레이터에서는 벡터 오브젝트를 결합 또는 분리하여 새로운 모양을 만들 수 있어야 합니다. 결합하는 방식에는 완전한 형태의 결합 방법과 Compound Shapes 기능을 적용하여 결합 후 편집이 가능한 방법을 사용할 수 있습니다.

강좌 10 | 하우스 그리기 − Rectangle Tool(사각형 도구), Ellipse Tool(원형 도구), Polygon Tool(다각형 도구), Line Segment Tool(선분 도구)

도형 그려주는 도구들을 활용하여 간단한 아트웍 작업을 진행해 봅니다. 다양한 형태의 도형을 그릴 때 필요한 도구의 사용 방법을 확인합니다.

강좌 11 | 오브젝트를 병합하여 모양 만들기 − Shape Builder Tool(도형 구성 도구), Pathfinder (패스파인더)

여러 작업을 진행하다 보면 다양한 모양의 오브젝트들을 병합하거나 빼거나 나누거나 교차지점만 남기거나 하는 경우가 필요합니다. [Shape Builder Tool]을 사용하여 빠르게 병합하거나 [Pathfinder] 패널을 활용할 수 있습니다.

강좌 12 | 아트웍을 유연하게 비틀어 바람에 날리는 모양으로 변형하기 − Puppet Warp Tool (퍼펫 비틀기 도구)

[Puppet Warp Tool]은 핀을 고정하거나 추가하여 아트웍의 형태를 자유롭게 비틀거나 왜곡시키는 도구입니다.

3교시

기능반

벡터 이미지를 다루는 프로그램 중 최고의 자리를 유지하고 있는 일러스트레이터는 출시 이후로 많은 발전이 있었으며 해를 거듭할 때마다 새로운 놀라운 기능들을 끊임없이 업데 이트해주고 있습니다. 일러스트레이터만이 가지고 있는 편리하고 특별한 최고의 기능들을 습득한다면 효율적이고 능률을 높이는 작업을 진행할 수 있습니다.

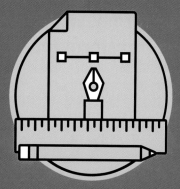

강좌

오브젝트 변형하기

Transform(변형), Transform 패널(변형 패널), Free Transform Tool(자유 변형 도구)

변형이란 오브젝트의 이동, 회전, 반사, 크기 변경, 기울이기 등 형태를 변경하는 것을 의미합니다. 일러스트레이터에서 좋은 결과물을 만들기 위해서는 오브젝트의 형태를 자유롭게 변형할 수 있어야 합니다.

학습과제

일러스트레이터에서는 오브젝트 변형을 수월하게 진행하기 위해 다양한 방법과 위치에서 기능을 적용할 수 있습니다.

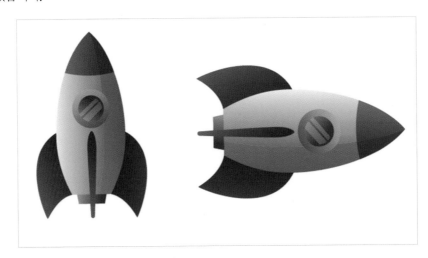

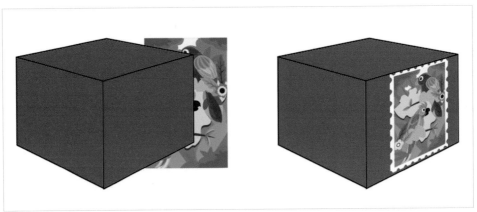

▲ Transform은 오브젝트를 다양한 모양으로 변형할 때 핵심이 되는 기능입니다.

01 : 바운딩 박스(Bounding Box)를 이용한 변형

간편하게 바운딩 박스를 이용하여 오브젝트를 변형할 수 있습니다. [Selection Tool](▶)로 하나 이상의 오브젝트를 선택하면 오브젝트 외곽으로 바운딩 박스가 표시됩니다. 이때 바운딩 박스의 핸들을 드래그하여 오브젝트의 크기를 조절하거나 회전, 이동 등 기본적인 변형 기능을 적용할 수 있습니다.

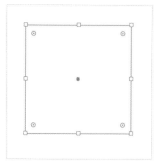

▲ 오브젝트 선택 시 바운딩 박스 모습

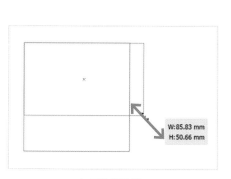

▲ 크기 조절 기능

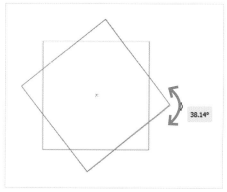

▲ 회전 기능

02 : Free Transform Tool을 이용한 변형

[Free Transform Tool]( ) 을 이용하면 좀 더 추가된 변형 기능을 사용할 수 있습니다. 또한 [Free Transform Tool]( ) 을 선택하면 확장 툴바가 표시되며 [Constrain]( )(제한), [Free Transform]( )(자유 변형), [Perspective Distort]( )(원근 왜곡), [Free Distort]( )(자유 왜곡) 기능을 차례대로 사용할 수 있습니다. 즉, [Selection Tool](▶) 대비 기울기 및 원근감, 자유 왜곡 효과를 추가로 사용할 수 있습니다.

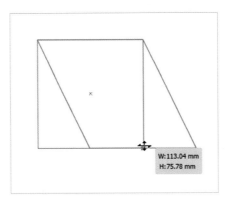

▲ [Free Transform Tool] 확장 툴바

▲ Free Transform

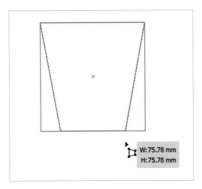

▲ Perspective Distort

03 : Transform 메뉴 기능으로 변형

03 : Transform 메뉴 기능으로 변형

[Object] 〉 [Transform] 메뉴에서도 오브젝트를 변형할 수 있습니다. 메뉴를 이용한 변형은 수치를 입력하여 사용하기 때문에 정확하게 계산된 값으로 변형시킬 수 있는 장점이 있습니다. 또한 [Transform Again] 기능으로 바로 전에 적용하였던 변형 값으로 연속 적용할 수 있습니다. 그리고 [Transform Each] 기능으로 각각의 변형 명령어를 동시에 적용할 수 있습니다.

Transform Again	Ctrl+D
Move...	Shift+Ctrl+M
Rotate...	
Reflect...	
Scale...	
Shear...	
Transform Each...	Alt+Shift+Ctrl+D
Reset Bounding Box	

▲ Transform 메뉴

마담인크스 일러스트레이터 CC

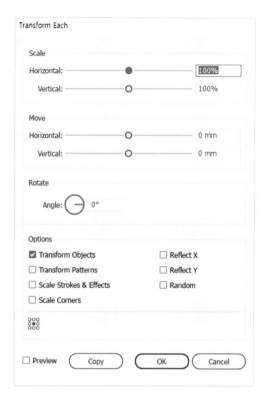

▲ [Move] 대화상자　　　　　　　　▲ [Transform Each] 대화상자

04 : [Transform] 패널을 이용한 변형

[Transform] 패널은 [Window] 〉 [Transform] 메뉴를 클릭하거나 [Properties] 패널에서 확인할 수 있습니다. [Transform] 패널에서는 하나 이상의 선택된 오브젝트에 위치, 크기, 기울기, 방향 등 다양한 정보가 표시되며 바로 수치를 입력하여 오브젝트의 형태를 변경할 수 있습니다.

▲ [Transform] 패널　　　　　　▲ [Properties] 〉 [Transform] 패널

오브젝트 정렬하기
Arrange(정돈), Align(정렬)

강좌
02
난이도
● ○ ○

새로운 오브젝트가 그려질 때마다 순서대로 포개지면서 생성됩니다. 겹쳐진 순서를 조정할 수 있는 기능이 바로 Arrange 기능입니다. 또한 여러 개의 오브젝트를 선택하고 일정한 간격으로 나열 및 배분할 수 있는데 이때 사용하는 명령이 Align 기능입니다.

[예제 파일 : Sample/3교시/arrange.ai]

 학습과제

많은 수의 오브젝트를 일정한 간격으로 나열하거나 이미지가 겹치는 순서를 변경하고자 할 때 어떤 기능을 이용해야 하는지 확인해 봅니다.

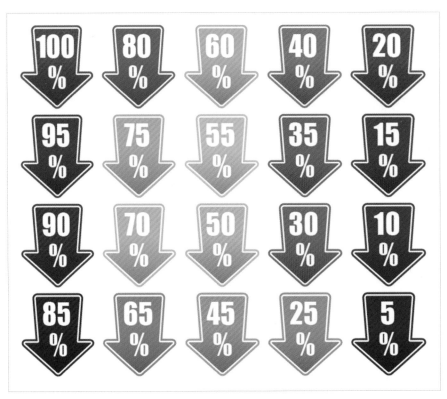

▲ Align 기능으로 오브젝트를 쉽고 빠르게 나열할 수 있습니다.

기본적으로 동일한 레이어에서 오브젝트를 그릴 경우 순서대로 맨 위쪽에 그려집니다. 누적 순서를 변경할 필요가 있으면 Arrange 기능을 사용하면 조정할 수 있습니다.

1 다음은 [Object] 〉 [Arrange] 메뉴의 모습입니다. [Bring to Front](맨 앞으로 보내기), [Bring Forward] (앞으로 가져오기), [Send Backward](뒤로 보내기), [Send to Back](맨 뒤로 보내기)의 총 4가지로 구분됩니다.

Bring to Front	Shift+Ctrl+]
Bring Forward	Ctrl+]
Send Backward	Ctrl+[
Send to Back	Shift+Ctrl+[
Send to Current Layer	

2 다음 그림과 같이 맨 위쪽에 오브젝트를 맨 아래로 이동해야 할 경우 [Object] 〉 [Arrange] 〉 [Send to Back] 메뉴를 클릭합니다.

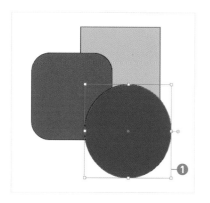

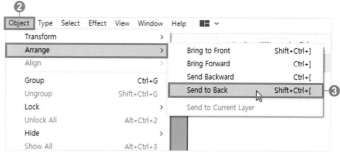

3 그러면 노란색 사각형 아래 위치로 변경되는 것을 확인할 수 있습니다.

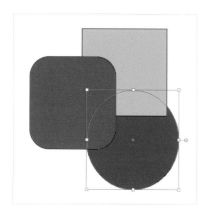

[Object] 〉 [Align] 메뉴를 이용하거나 오브젝트들을 수평 또는 수직 방향으로 정렬할 수 있습니다. 또한 [Align] 패널에서 [Distribute](분포)를 적용할 수 있는 기능을 추가로 사용할 수 있습니다.

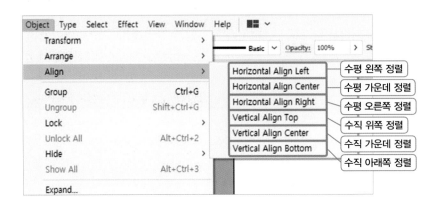

❶ 다음과 같이 오브젝트 중심을 기준으로 수평하게 정렬하기 위해서는 [Object] 〉 [Align] 〉 [Vertical Align Center](수직 가운데 정렬) 메뉴를 클릭합니다. 그러면 그림과 같이 오브젝트의 중심점을 기준으로 세로 높이가 수평하게 정렬됩니다.

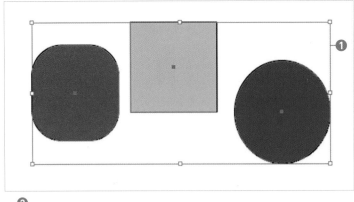

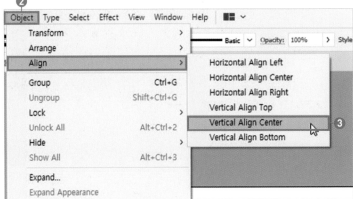

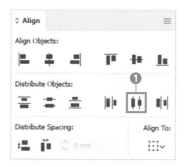

❷ [Align] 패널에서는 오브젝트들의 간격을 일정하게 유지될 수 있도록 조정하는 [Distribute](분포) 기능을 적용할 수 있습니다. 오브젝트의 중심 또는 측면을 기준으로 일정한 간격을 유지할 수 있습니다.

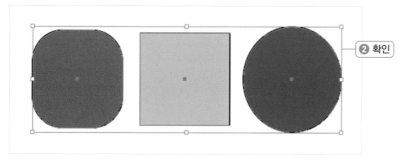

2 확인

🔊 TIP

• **Align Objects(오브젝트 정렬)** : 오브젝트의 기준점을 기준으로 정렬하는 방식입니다.
• **Distribute Objects(오브젝트 분포)** : 오브젝트 간의 간격을 중심으로 나열하는 방식입니다.
• **Distribute Spacting(분포 간격)** : 오브젝트의 간격을 수치로 입력하여 적용합니다.

곰돌이 캐릭터 얼굴 그리기

Curvature Tool(곡률 도구), Arrange(정렬), Transform(변형)

캐릭터의 둥근 얼굴형의 경우 일반적으로 원을 그리고 앵커 포인트를 편집하는 방법을 많이 이용하지만, 다음 예제에서는 [Curvature Tool]을 활용하여 비대칭의 자연스러운 형태를 신속하게 만드는 방법에 대해 알아보겠습니다.

[예제 파일] : Sample/3교시/bear−완성.ai

학습과제

다음 과정은 일러스트레이터에서 작업하는 가장 흔한 과정입니다. 간단한 형태를 직접 그리거나 기본 오브젝트를 그린 후 모양을 편집하여 그림을 완성하는 방법입니다.

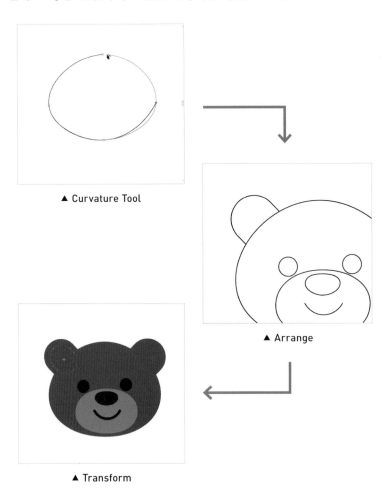

▲ Curvature Tool

▲ Arrange

▲ Transform

1 [File] 〉 [New] 메뉴를 클릭하여 새로운 문서를 생성합니다. 툴바에서 [Curvature Tool](🖋)을 선택한 후 다음과 같이 차례대로 네 지점을 클릭하고 마지막으로 시작점을 다시 클릭하여 곰돌이 얼굴의 틀이 되는 형태를 완성합니다.

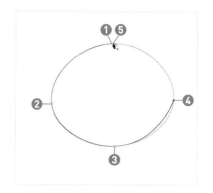

2 툴바에서 [Direct Selection Tool](▷)을 선택하고 정점을 조정하여 위쪽은 볼록하고 아래쪽은 완만하게 형태를 다듬어줍니다.

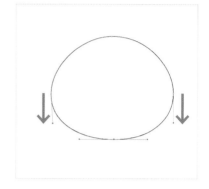

3 다음은 툴바에서 [Curvature Tool](🖋)을 선택하고 그림과 같이 차례대로 네 지점을 클릭하여 곰돌이 입 주변의 형태를 그려줍니다. 툴바에서 [Direct Selection Tool](▷)을 선택하여 형태를 다듬어 완성합니다.

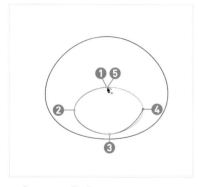

▲ Curvature Tool

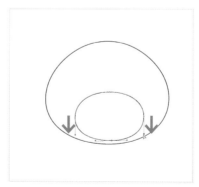

▲ Direct Selection Tool

4 곰돌이의 코와 입을 동일한 방법으로 완성합니다.

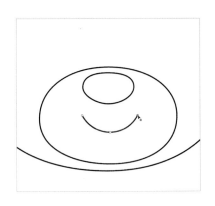

5 다음은 툴바에서 [Ellipse Tool](◯)을 선택하고 Shift 를 누른 채 드래그하여 정원 모양으로 눈을 그려줍니다. 그다음 Alt 를 누른 채 [Selection Tool](▶)로 드래그하여 복사합니다.

6 다음은 귀를 만들어 봅니다. 툴바에서 [Rectangle Tool](▢)을 선택하고 그림과 같이 사각형을 드래그하여 임의에 크기로 그려줍니다.

7 모서리의 컨트롤 위젯을 최대로 드래그하여 모퉁이를 둥글게 만들어줍니다.

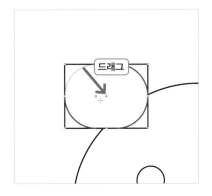

마랑이크스 일러스트레이터 CC

8 얼굴에 모양에 맞게 회전한 후 귀 크기 및 위치를 조절합니다.

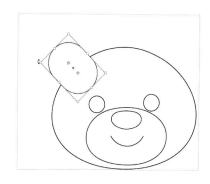

9 귀에 위치를 얼굴 뒤쪽으로 이동하기 위해 [Arrange] 〉 [Send to Back] 메뉴를 클릭합니다.

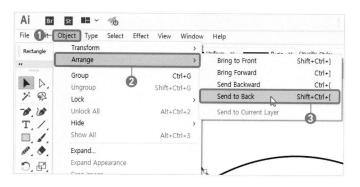

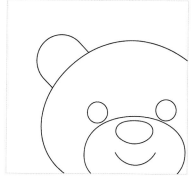

10 [Object] 〉 [Transform] 〉 [Reflect] 메뉴를 클릭합니다. [Axis]를 [Vertical]로 선택하고 [Copy]를 클릭하여 눌러 좌우 대칭으로 복사 후 이동시킵니다.

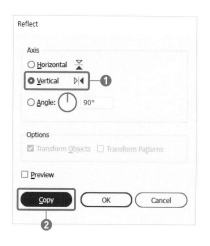

11 곰돌이 얼굴의 색상을 입혀봅니다. 먼저 그림 처럼 얼굴 부분을 선택하고 [Color] 패널에서 전체 얼굴과 귀 부분에 해당되는 [Fill] 색상을 'C(40), M(65), Y(90), K(35)'로 설정하고, [Stroke]는 'None'으로 설정합니다.

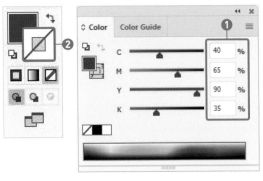

12 눈과 코의 [Fill] 색상은 'C(50), M(70), Y(80), K(70)'으로, [Stroke]는 'None'으로 설정합니다.

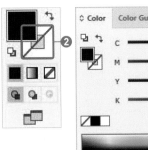
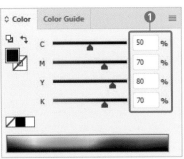

13 입 주변의 [Fill] 색상은 'C(30), M(50), Y(75), K(10)'으로, [Stroke]는 'None'으로 설정합니다.

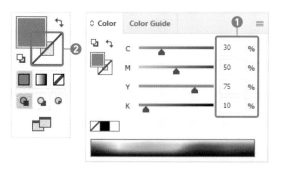

14 입의 [Fill] 색상은 'None'으로 하고 [Stroke]는 'C(50), M(70), Y(80), K(70)'으로 설정합니다. 그다음 [Stroke] 패널에서 [Cap](단면)을 [Round Cap](둥근 단면)으로 설정합니다.

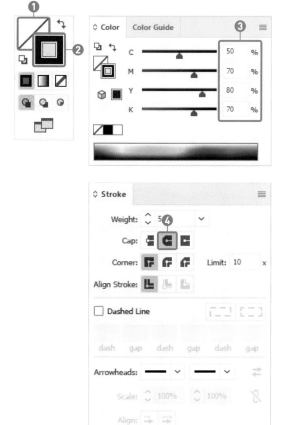

15 다음은 귀의 안쪽 모양을 만들기 위해 귀를 선택하고 [Object] 〉 [Transform] 〉 [Scale] 메뉴를 클릭합니다. [Uniform] : '70%'로 설정하고 [Copy]를 클릭하여 축소 복사합니다.

> **TIP**
> 귀 오브젝트를 마우스 오른쪽 버튼으로 클릭하면 나타나는 팝업 메뉴에서도 동일한 Transform 기능을 선택할 수 있습니다.

16 다른 쪽 귀도 동일한 방법으로 적용한 후 [Fill] 색상은 'C(35), M(60), Y(80), K(25)'로 설정하고 [Stroke] 색상은 'None'으로 설정합니다.

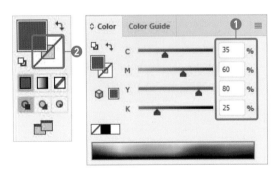 

17 마지막으로 툴바에서 [Ellipse Tool](⬭)과 [Curvature Tool](✎)을 사용하여 눈과 코의 하이라이트 효과를 적용하여 완성합니다.

이미지를 벡터 아트웍으로 변환하기

Image Trace(이미지 추적), Make(만들기), Expand(확장)

Image Trace는 래스터 이미지(JPG, PNG, PSD 등)의 형태 및 색상을 추적하여 벡터 이미지로 변환할 수 있는 기능입니다. 이 기능을 활용하면 다양한 형태의 이미지를 일러스트레이터 벡터 이미지로 빠르고 쉽게 추출할 수 있습니다. 예를 들어, 종이에 그린 스케치 이미지를 빠르게 벡터 이미지로 변환하여 패스 선을 다듬고 색상을 채울 수 있습니다. 다음 강좌에서 확인해 보겠습니다.

[예제 파일 : Sample/3교시/bird.jpg]

학습과제

Image Trace 기능으로 사진 이미지를 추적하여 벡터 이미지로 변경할 때 다양한 상세 기능 옵션들을 확인해 봅니다. [Image Trace] 패널에서 다양한 옵션을 설정하여 적용할 수 있습니다.

▲ 이미지 단순화 작업이 가능합니다.

1 A4 크기의 새로운 문서를 만든 후 [File] 〉 [Place] 메뉴를 클릭하여 'bird.jpg' 파일을 불러옵니다.

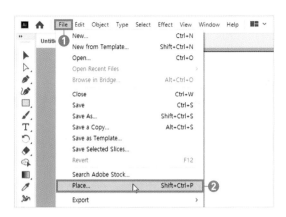 

2 이미지를 선택한 후 [Object] 〉 [Image Trace] 〉 [Make] 메뉴를 클릭하여 이미지의 매개 변수를 추적합니다. 그러면 기본적으로 이미지가 흑백 이미지로 변환됩니다.

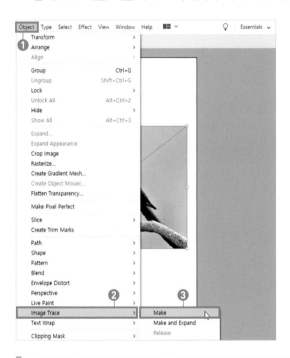

🗐 MEMO **Image Trace를 적용하는 다양한 방법**

Image Trace 기능은 메뉴에서 사용하는 방법뿐만 아니라 컨트롤 패널 또는 [Properties] 패널의 [Quick Actions]에서도 빠르게 사용할 수 있습니다. 래스터 이미지를 선택했을 때 Image Trace 기능이 표시됩니다. 컨트롤 패널이 표시되지 않는 경우 직업 영역 모드를 'Essentials Classic'으로 변경합니다.

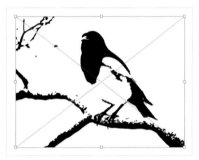

▲ 컨트롤 패널

▲ [Properties] 패널

3 이미지의 추적 결과에 만족한다면 추적 오브젝트를 패스로 변환할 수 있습니다. 바로 Expand 명령을 적용하여 일러스트레이터에 사용되는 벡터 이미지로 변경하게 됩니다. [Object] 〉 [Image Trace] 〉 [Expand] 메뉴를 클릭합니다.

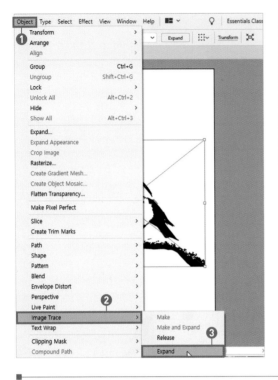

📣 **TIP**

Make 명령은 이미지를 추적하여 면과 색상을 구성하는 단계이며 Expand 명령을 적용해야 비로소 벡터 이미지 형태로 변경됩니다.

---

4 벡터 이미지로 변경된 오브젝트들은 기본적으로 그룹화됩니다.

[Image Trace] 패널을 통해 이미지 추적을 세부적으로 설정할 수 있습니다.

1. Image Trace Preset(사전 설정)

사전에 설정된 프리셋을 이용하여 다양한 스타일의 이미지 추적을 빠르게 실행할 수 있습니다.

❶ **Auto-Color(자동 색상)** : 사진 또는 아트웍에서 포스터화된 이미지를 생성합니다.

❷ **High Color(높은 색상)** : 높은 퀄리티의 사실적인 벡터 이미지를 생성합니다.

❸ **Low Color(낮은 색상)** : 면이 단순화된 낮은 퀄리티의 벡터 이미지를 생성합니다.

❹ **Grayscale(회색 음영)** : 회색 음영으로 벡터 이미지를 생성합니다.

❺ **Black & White(흑백)** : 흑백 이미지로 단순화된 벡터 이미지를 생성합니다.

❻ **Outline(윤곽선)** : 검은색 윤곽선으로 단순화된 벡터 이미지를 생성합니다.

❼ 프리셋을 클릭하면 기타 다양한 프리셋을 선택할 수 있습니다.

Custom

✔ [Default]

High Fidelity Photo

Low Fidelity Photo

3 Colors

6 Colors

16 Colors

Shades of Gray

Black and White Logo

Sketched Art

Silhouettes

Line Art

Technical Drawing

2. View(보기)

추적한 이미지의 보기 스타일을 설정합니다. 추적한 이미지는 두 가지 요소로 표시되는데 하나는 원본 소스 이미지와 추적 결과(벡터 이미지 형태)로 구성됩니다. 즉 이미지 추적 결과에 대한 표시되는 스타일을 설정합니다.

✓ Tracing Result —❶
Tracing Result with Outlines —❷
Outlines —❸
Outlines with Source Image —❹
Source Image —❺

❶ **Tracing Result(추적 결과)** : 이미지 추적 결과를 보여줍니다.

❷ **Tracing Result with Outlines(윤곽선이 있는 추적 결과)** : 윤곽선이 있는 추적 결과를 보여줍니다.

❸ **Outlines(윤곽선)** : 윤곽선만 보여줍니다.

❹ **Outlines with Source Image(소스 이미지를 통한 윤곽선)** : 소스 이미지와 함께 윤곽선으로 보여줍니다.

❺ Source Image(소스 이미지) : 소스 이미지를 보여줍니다.

3. Mode(모드)

이미지 추적 결과에 대한 색상 모드를 지정합니다. 색상의 설정은 모드 옵션에 따라 다르게 표시됩니다.

❶ Color(색상) : 색상 추적 결과에 사용할 색상 수를 설정합니다.

❷ Grayscale(회색 음영) : 회색 음영 추적 결과에 사용할 회색 수를 설정합니다.

❸ Black and White(흑백) : 흑백 추적 결과를 생성하기 위한 값을 설정합니다.

4. Advanced(고급 기능)

Image Trace 추가 고급 옵션을 설정할 수 있습니다.

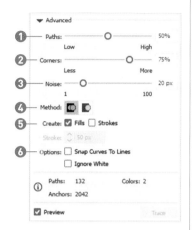

❶ Paths(패스) : 추적되는 모양과 원본 픽셀 모양 사이의 거리를 조절합니다. 값이 낮을수록 패스가 조밀하고 값이 높을수록 느슨하게 조정됩니다.

❷ Corners(모퉁이) : 추적된 결과물의 코너를 강조하고 날카로운 구부리기가 코너점으로 바뀔 가능성을 설정합니다. 값이 높을수록 코너가 더 많아집니다.

❸ Noise(노이즈) : 추적 시 무시되는 영역을 설정합니다. 값이 높을수록 노이즈가 줄어듭니다.

📢 **TIP**

고해상도 이미지의 경우 노이즈 슬라이더를 더 높은 값(20~50)으로 조정해야 효과가 있습니다. 낮은 해상도 이미지의 경우 낮게(1~10) 설정합니다.

---

❹ Method(방법) : 추적 방법을 설정합니다. 다음 두 가지 옵션 중 하나를 선택합니다.

ⓐ Abutting(Creates cutout paths) : 오려내기 패스를 만들어줍니다. 한 경로의 가장자리는 인접한 경로의 가장자리와 정확히 일치합니다.

ⓑ Overlapping(Creates stacked paths) : 누적 경로를 작성합니다. 각 경로가 해당 이웃과 약간 겹칩니다.

❺ Create(만들기) : 추적 결과에 색상을 채울 것인지 패스로 만들 것인지 결정합니다.

ⓐ Fills : 추적 결과에 칠해진 영역을 만듭니다.

ⓑ Strokes : 추적 결과에 선 패스를 만듭니다.

❻ Options(옵션) : 추가 옵션을 설정합니다.

ⓐ Snap Curves To Lines : 곡선을 선에 물립니다.

ⓑ Ignore White : 공백을 무시합니다.

안내선 사용으로
정교하게 작업하기

Smart Guides(스마트 안내선), Rulers(눈금자), Guides(안내선), Grid(격자), Snap(물리기)

강좌
05
난이도
● ○ ○

다양한 작업을 진행하다 보면 문자나 그래픽 오브젝트들의 위치를 정확하게 이동하거나 정렬해야 하는 경우가 필요합니다. 바로 그러한 상황에서 도움을 줄 수 있는 기능들을 다음 과정에서 확인해 보겠습니다.

[예제 파일] : Sample/3교시/smart.ai

학습과제

안내선(Guide)을 이용하면 문자와 그래픽 오브젝트를 정렬하는 데 많은 도움이 됩니다. 안내선을 사용하기 위해서는 눈금자(Ruler)를 활성화시킨 후 드래그하여 사용할 수 있습니다.

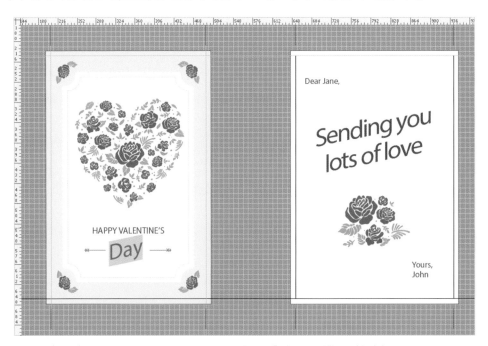

▲ 눈금자(Ruler)를 사용하면 아트보드에서 오브젝트를 정확하게 측정하고 배치할 수 있습니다.

01 : Smart Guides(스마트 안내선)

스마트 안내선은 오브젝트나 아트보드 작업 시 나타나는 임시 스냅 및 안내선입니다.

1 오브젝트의 특정한 지점(끝점, 중심점, 중간 지점, 간격, 수평, 수직 등)을 자동으로 인식하여 문자 및 그래픽 오브젝트의 정렬 시 도움을 주는 기능입니다.

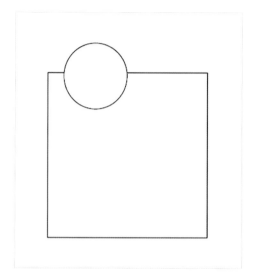
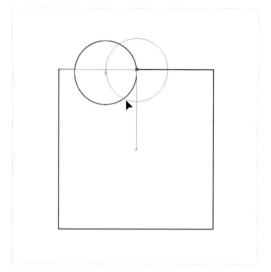

2 스마트 안내선을 끄거나 켜려면 [View] 〉 [Smart Guides]([Ctrl]+[U]) 메뉴를 클릭합니다.

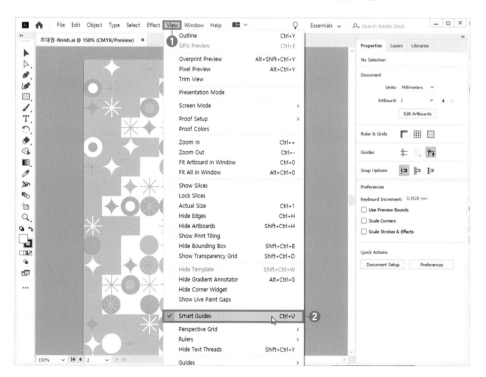

3 스마트 안내선의 환경 설정은 [Edit] 〉 [Preferences] 메뉴를 선택하고 [Preferences] 대화상자의 [Smart Guides]에서 색상 및 가이드 옵션, 각도 등을 설정할 수 있습니다.

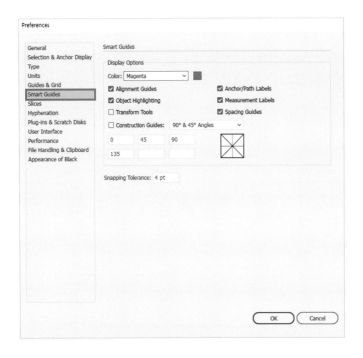

02 : Ruler(눈금자) & Guides(안내선)

Ruler(눈금자)를 사용하면 이미지 창이나 아트보드에서 오브젝트를 정교하게 배치하거나 측정할 수 있습니다. Guides(안내선)는 눈금자가 표시되었을 때 생성할 수 있습니다.

1 눈금자를 표시하기 위해서는 [View] 〉 [Rulers] 〉 [Show Rulers](Ctrl+R) 메뉴를 선택합니다. 그러면 문서 좌측과 상단에 눈금자가 표시됩니다.

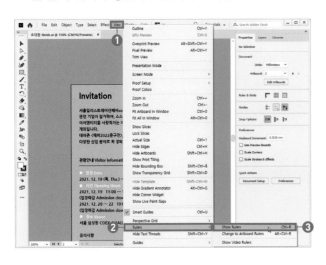

📋 MEMO **단위의 설정**

눈금자의 단위는 [Edit] 〉 [Preferences] 〉 [Units]를 선택하고 [General] 옵션에서 설정할 수 있습니다.

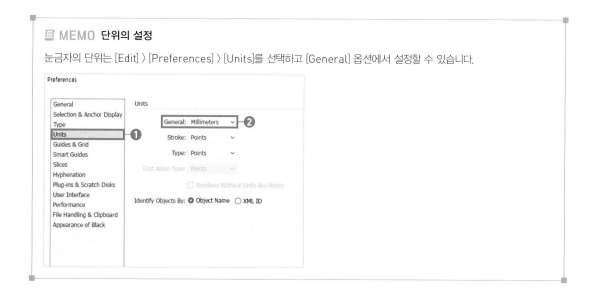

2 세로 안내선을 생성하려면 왼쪽 눈금자, 가로 안내선을 생성하려면 상단 눈금자에 커서를 위치하고 클릭한 채 드래그합니다.

3 [Selection Tool](▶)로 선택한 후 Back Space 또는 Delete 를 눌러 안내선을 삭제할 수 있습니다.

📣 TIP

안내선의 선택은 [Selection Tool], [Direct Selection Tool], [Group Selection Tool]과 같은 선택 도구를 사용할 수 있습니다.

03 : Grid(격자) & Snap(물리기)

Grid(격자)는 모눈종이와 같이 설정된 격자 모양으로 아트보드 및 배경 전체에 표시됩니다. 격자 표
시는 인쇄되지 않습니다.

1 격자를 표시하기 위해서는 [View] 〉 [Show Grid](Ctrl+"")
메뉴를 클릭합니다. 다시 가리려면 [View] 〉 [Hide Grid](Ctrl+
"") 메뉴를 클릭합니다.

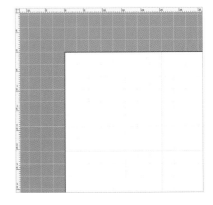

2 격자의 간격은 [Edit] 〉 [Preferences] 〉 [Guides & Grid] 메뉴를 클릭한 후 [Gridline every]와
[Subdivisions]를 설정합니다.

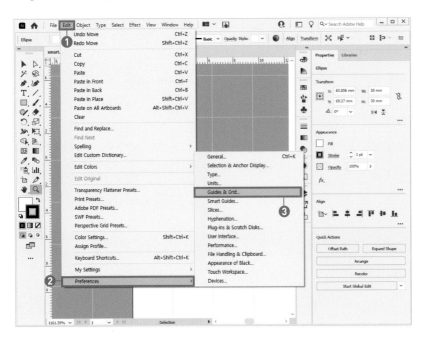

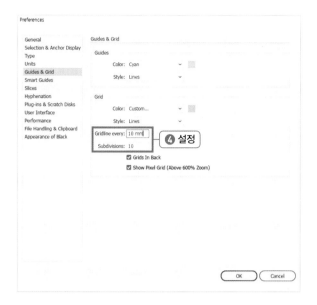

---

3 [View] 〉 [Snap to Grid] 메뉴를 클릭하면 격자 간격에 맞게 커서의 위치를 제어할 수 있습니다.

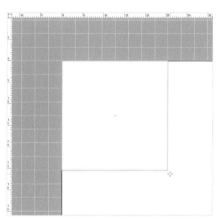

패스의 기타 핵심 기능 익히기
Join(연결), Average(평균점 연결), Outline Stroke(윤곽선), Offset Path(패스 이동)

일러스트레이터는 대부분이 패스로 구성된 오브젝트들이기 때문에 패스를 다양한 형태로 변형하고 편집할 수 있는 기능들이 곳곳에서 배치되어 있습니다. 그중 핵심 기능들을 다음 과정에서 확인해보겠습니다.

[예제 파일 : Sample/3교시/join-path.ai]

 **학습과제**

패스를 편집하는 기능들은 다양하게 있지만 이번 과정에서는 [Object] 〉 [Path] 메뉴의 핵심 기능에 대해 알아봅니다.

❶ **Join(연결)** : 패스 닫기

❷ **Average(평균점 연결)** : 패스 정점의 정렬

❸ **Outline Stroke(윤곽선)** : 윤곽선으로 변경

❹ **Offset Path(패스 이동)** : 패스 이동 명령

❺ **Reverse Path Direction(패스 방향 반전)** : 패스의 시작점 변환

❻ **Simplify(단순화)** : 패스 단순화

❼ **Add Anchor Points(고정점 추가)** : 패스 정점의 추가

❽ **Remove Anchor Points(고정점 제거)** : 패스 정점의 삭제

❾ **Divide Objects Below(오브젝트 아래로 나누기)** : 오브젝트 나누기

❿ **Split Into Grid(격자로 나누기)** : 그리드 모양으로 나누기

⓫ **Clean Up(제거)** : 불필요한 점이나 오브젝트 정리

Join은 열려 있는 패스의 정점들을 닫아주거나 연결할 수 있는 기능입니다.

1 다음 물방울 모양의 패스는 상위 끝 정점들이 겹쳐있거나 떨어져 있는 상태입니다.

2 [Object] 〉 [Path] 〉 [Join] 메뉴를 클릭하여 이러한 두 정점을 붙이거나 연결하여 닫혀 있는 패스로 편집할 수 있습니다.

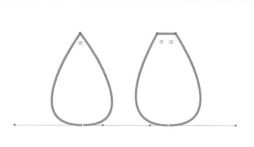

02 : Average(평균점 연결)

Average는 두 개 이상의 선택한 정점들을 가로 방향 및 세로 방향으로 정렬하거나 가로세로 방향으로 동시에 정렬하는 기능입니다.

1 맨 상단의 정점들을 선택한 후 [Object] 〉 [Path] 〉 [Average] 메뉴를 클릭합니다. 그러면 [Average] 대화상자가 표시되며 정렬할 축을 선택한 후 적용할 수 있습니다.

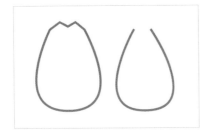
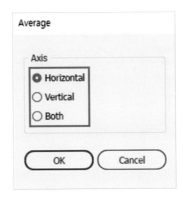

2 왼쪽 패스는 [Axis]를 [Horizontal]로 적용한 것이며, 오른쪽 패스는 [Vertical]로 적용한 모습입니다.

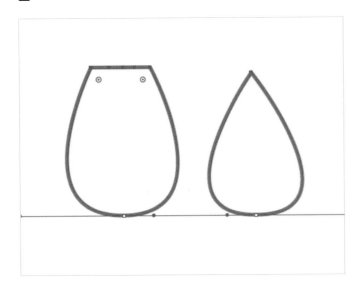

📣 TIP
오른쪽 물방울 모양의 패스 두 정점이 완전히 연결된 것은 아닙니다. 닫힌 패스로 만들기 위해서는 Join 기능을 사용하여 연결하면 됩니다.

3 [Both]는 가로 세로 양쪽 축을 동시에 적용하며 패스가 가지고 있는 모든 정점들이 한곳에 모이는 효과를 이용하여 변형된 모양을 만들 수 있습니다.

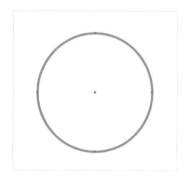

패스를 컴파운드(Compound) 패스로 변환하여 선의 윤곽을 다양하게 표현할 수 있습니다. 예를 들어, 폭이 변하는 선을 만들거나 여러 개의 선으로 나눌 수 있습니다.

1 외곽선에 색상만 채워진 상태에서 패스를 선택하고 [Object] 〉 [Path] 〉 [Outline Strokes] 메뉴를 클릭합니다.

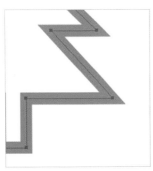

2 그러면 컴파운드(Compound) 패스로 변환되면서 면 형태의 외곽선 모양으로 변환되는 것을 확인할 수 있습니다. 또한 [Stroke]에 적용되었던 색상이 [Fill] 색상으로 변경된 것을 확인할 수 있습니다.

Offset Path는 패스를 일정한 간격으로 늘려주거나 줄일 수 있는 기능입니다. Joins 옵션값에 따라 모서리의 형태를 선택할 수 있습니다.

1 패스를 선택하고 [Object] 〉 [Path] 〉 [Offset Path] 메뉴를 클릭하면 [Offset Path] 대화상자가 표시됩니다. [Joins]에서 각진 부분의 형태를 선택할 수 있습니다. 'Miter'는 모서리가 각진 모습 그대로 간격을 적용합니다.

◀ Miter 적용

2 'Round'를 선택하게 되면 모서리의 각진 부분이 둥근 모양으로 변형됩니다.

◀ Round 적용

3 'Bevel'의 경우 모서리의 각진 부분을 잘라낸 듯한 모양으로 변형됩니다.

◀ Bevel 적용

일러스트레이터의 기초 페인팅

Fill(칠), Stroke(선), Color Picker(색상 피커), Swatches 패널, Color 패널, Gradient 패널

패스로 그림을 그린 후 오브젝트에 색상을 입히기 위해서는 일러스트레이터의 Fill(칠) 색상과 Stroke(선) 색상에 대해 알아야 합니다. 즉 일러스트레이터에서의 페인팅은 Fill 또는 Stroke의 색상을 지정하는 작업입니다. 다음 과정에서 색상을 선택하고 페인팅하는 방법에 대해 알아봅니다.

[예제 파일 : Sample/3교시/fill-stroke.ai]

🖋 학습과제

일러스트레이터의 다양한 드로잉 도구로 패스 및 오브젝트를 그린 후 오브젝트에 색상을 입혀줘야 합니다. 색상 설정은 Fill과 Stroke에서 두 개로 구분하여 적용합니다.

▲ 필요한 색상을 선택하고 오브젝트에 적용하는 방법을 확인합니다.

Fill(칠)을 통해 오브젝트 면의 색상(Color) 및 패턴(Pattern), 그라데이션(Gradient)를 채울 수 있습니다. 닫힌 오브젝트뿐만 아니라 열려있는 오브젝트에도 적용할 수 있습니다. Stroke(선)는 오브젝트, 패스와 같이 눈에 보이는 외곽선을 말합니다. Stroke를 통해 선의 색상 및 두께를 조절할 수 있습니다.

1 기본적으로 툴바 아래쪽에 위치한 [Fill]과 [Stroke]에서 색상을 적용할 수 있습니다. 다음은 [Fill] 색상만 적용된 모습입니다.

📖 MEMO [Fill]과 [Stroke] 패널

기본적으로 [Fill]과 [Stroke] 색상의 편집은 툴바에서 할 수 있습니다. 또한 [Fill]과 [Stroke]와 관련된 몇가지 기능들이 있습니다.

❶ **Default Fill and Stroke(초기값과 칠과선)**(D) : [Fill]과 [Stroke] 색상을 초기화합니다.
[Fill]과 [Stroke]의 초기화 색상은 흰색과 검은색입니다.

❷ **Swap Fill and Stroke(칠과선 교체)**(Shift+X) : 현재 적용된 [Fill]과 [Stroke]의 색상을 서로 교체합니다.

❸ **Color(색상)**(<) : 오브젝트 면에 색상을 채워줍니다.

❹ **Gradient(그라디언트)**(>) : 오브젝트 면에 그라데이션 효과를 적용합니다.

❺ **None(없음)**(/) : [Fill]과 [Stroke]의 색상을 제거합니다.

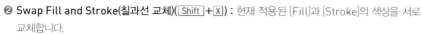

---

2 [Stroke] 색상만 적용된 모습입니다.

3 [Fill]과 [Stroke]가 둘 다 적용된 오브젝트의
모습입니다.

02 : Fill 색상 적용하기

선택한 오브젝트에 하나의 색상, 패턴, 그라데이션을 적용할 수 있습니다. Fill 색상을 적용하는 방법은 다음과 같습니다.

1 오브젝트를 선택하기 위해 [Selection Tool]
(▶) 또는 [Direct Selection Tool](▷)을 사
용합니다. 툴바에서 [Fill]을 더블클릭하면
[Color Picker] 대화상자가 표시됩니다. 색상
을 선택하기 위해 직접 클릭하거나 수치를 입
력하여 설정합니다.

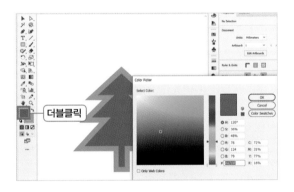

2 [Swatches] 패널을 이용하여 [Fill] 색상을 선택할 수 있습니다. 작업 패널에 보이지 않는 경우
[Window] 〉 [Swatches] 메뉴를 클릭합니다. [Swatches] 패널에서는 등록된 패턴 색상을 적용할 수
있습니다.

MEMO [Properties] 패널에서 사용하기

오브젝트를 선택하고 [Properties] 〉 [Appearance] 패널이 표시되면 [Fill] 또는 [Stroke]를 클릭하여 색상을 선택할 수 있습니다.

3 툴바에서 [Gradient]를 클릭하면 [Gradient] 패널이 표시되며 그라데이션 색상을 편집하여 적용할 수 있습니다. 또한 [Swatches] 패널에서 등록되어 있는 그라데이션 색상도 선택하여 적용할 수 있습니다.

4 또한 [Color] 패널 및 [Color Guide] 패널을 통해서도 다양하게 색상을 설정하여 [Fill] 색상을 선택할 수 있습니다.

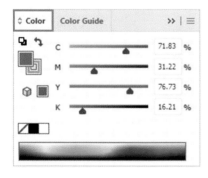

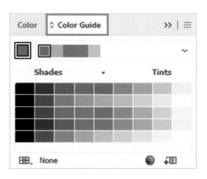

Stroke 색상의 설정 방법은 패턴과 그라데이션 효과를 사용하지 못하는 것을 제외하면 Fill에서 사용하였던 방식과 대부분 동일합니다.

1 툴바에서 [Stroke]를 더블클릭하여 [Color Picker] 대화상자를 이용하거나 [Color] 패널, [Swatches] 패널 등을 이용하여 색상을 적용할 수 있습니다.

2 [Stroke] 색상을 드래그하여 오브젝트로 이동하면 오브젝트가 선택되어 있지 않은 상태에서도 색상을 적용할 수 있습니다.

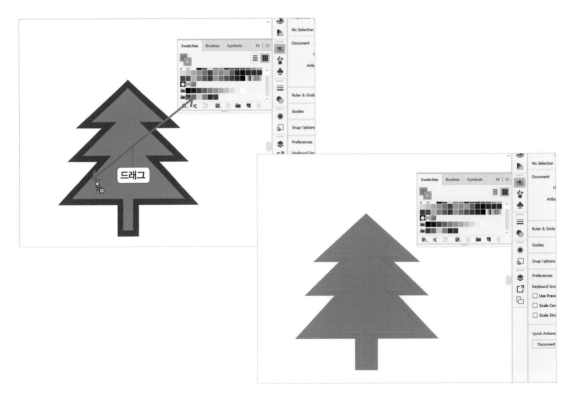

📑 MEMO 컨트롤 패널 이용하기

컨트롤 패널을 통해서도 [Fill] 또는 [Stroke]의 색상을 변경할 수 있습니다.

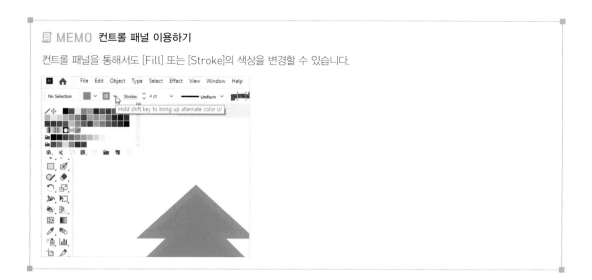

📑 MEMO [Properties] 패널에서 색상 적용

[Properties] 패널을 이용하면 [Appearance]에서 [Swatch] 또는 [Color] 패널을 바로 선택하여 사용할 수 있습니다.

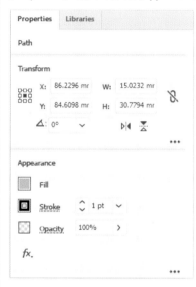

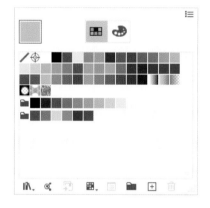

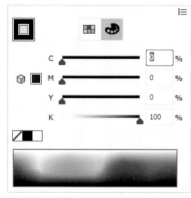

어도비 색상 테마를 만들고 저장하기

Adobe Color Themes(색상 테마)

강좌
08
난이도
● ○ ○

프로젝트 또는 디자인 작업을 진행하는 데 있어서 색상의 선택은 매우 중요한 과정 중에 한 부분을 차지합니다. 조화로운 색상을 손쉽게 만들어내거나 이미 잘 만들어놓은 색상을 활용할 수 있다면 작업 시간의 절약뿐만 아니라 만족도가 높은 결과물을 얻을 수 있습니다. Adobe Color Themes를 통해 다양한 색상 테마를 생성하고 저장해 보겠습니다.

[예제 파일 : Sample/3교시/color themes-sample.ai]

 학습과제

어도비에서 제공하는 Adobe Color Themes를 활용한다면 디자인 프로젝트에 조화로운 색상 조합을 선택할 수 있습니다.

▲ 디자인 성격에 맞는 올바른 색상의 선택이 매우 중요합니다.

선택한 색상을 일정한 규칙에 적용하여 사용자에게 필요한 색상을 생성하고 관리할 수 있습니다.
[Window] 〉 [Color Themes] 메뉴를 클릭합니다. 그러면 [Adobe Color Themes] 패널이 표시되며
새로운 색상 테마를 만들기 위해 [Create]를 클릭합니다.

1 구성 요소

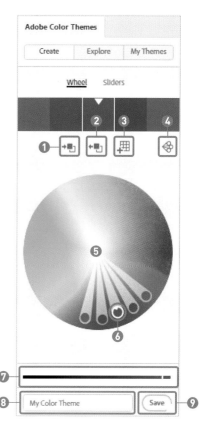

1 Set active color : 기본 활성 색상을 설정합니다. 전경색 또는, 배경
색에 적용됩니다.

2 Set selected color from the active color : 전경색 또는, 배경색
에 적용된 활성 색상을 가져옵니다.

3 Add to Swatches : [Swatches] 패널에 설정한 색상 테마를 추가
합니다.

4 Color Rule : 색상의 배열 규칙을 선택합니다.

5 Color wheel : 색상환을 통해 색상의 범위를 확인할 수 있으며 직
접 편집할 수 있습니다.

6 Base color : 기초 색상을 선택합니다.

7 Adjust the slider : 색상의 채도를 조절합니다.

8 Enter a name for your color theme : 색상 테마의 이름을 지정
합니다.

9 Save to My themes : 색상 테마를 저장합니다.

2 [Swatches] 패널에 추가

사용자가 만든 색상 테마를 [Swatches] 패널에 추가
하여 언제든지 선택하여 사용할 수 있습니다.

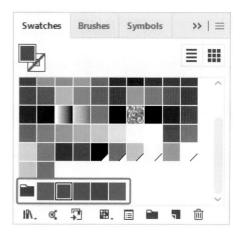

1 Analogous(유사색)

색상환에서 근접한 색상들로 배열되어 있습니다. 유사한 색상들로 구성되어 있어서 자연스럽게 혼합 되어 보이기 때문에 조화로운 색상군을 선택할 수 있습니다.

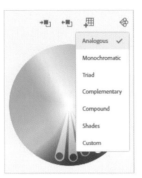

2 Monochromatic(단색)

단일 색상의 밝기와 채도를 변경하여 5가지의 색상을 배열합니다. 단색이기 때문에 색상이 잘 어우러 지며 차분한 효과를 적용할 수 있습니다.

3 Triad(3등분)

색상환에서 균등하게 3등분 한 지점에 색상을 선택합니다. 3등분 규칙으로 선택한 색상들은 대조적인 성향을 가지고 있지만, 보색대비처럼 대조적이지는 않습니다. 강렬하면서도 조화롭고 화사한 색상군을 만들 수 있습니다.

4 Complementary(보색)

색상환에서 서로 반대편에 있는 색상을 선택하여 보색대비 효과를 적용합니다. 강렬한 느낌의 색상이라 눈에 잘 띄는 효과가 있습니다.

5 Compound(혼합)

보색과 유사색을 혼합하여 색상을 배열합니다. Complementary(보색)와 같이 강한 시각적인 효과와 컬러풀한 색감을 표현할 수 있습니다.

6 Shades(음영)

색상과 채도는 동일하지만 밝기가 다른 5가지의 색상으로 구성합니다. 차분하고 세련된 색감을 느낄 수 있습니다.

7 Custom(사용자 정의)

특별한 규칙 없이 색상환에 있는 색상을 사용자가 임의로 선택하여 적용할 수 있습니다. 다채로운 색
감으로 색상을 구성할 수 있습니다.

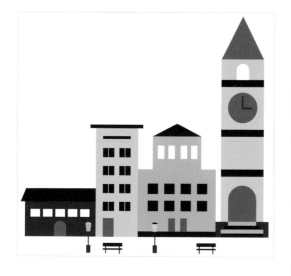 

03 : 색상 테마의 탐색

[Adobe Color Themes] 패널은 디자이너의 온라인 커뮤니티에서 만들어진 색상 또는 테마 그룹에 대한 포털입니다. [Adobe Color Themes] 패널을 활용하면 수많은 디자이너가 사용하였던 다양한 Color의 색상 테마를 공유할 수 있습니다.

1 [Adobe Color Themes] 패널에서 [Explore] 탭을 클릭합니다. 기본적으로 가장 많이 사용하는 공개 색상 테마들이 표시됩니다.

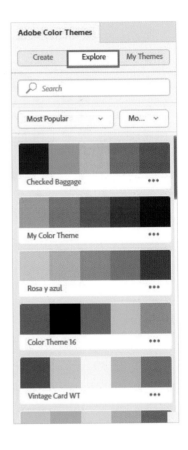

2 다양한 옵션을 기준으로 색상 테마를 필터링하여 사용할 수 있습니다. 다음과 같이 특정 테마를 검색하여 사용할 수 있습니다.

3 다음은 기간을 지정하여 색상 테마를 필터링할 수 있습니다.

4 다음은 인기도를 기준으로 필터링할 수 있습니다.

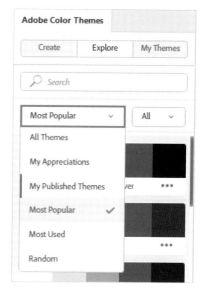

5 필요한 색상 테마를 선택한 후 사용자 취향에 맞게 색상을 편집하여 사용할 수 있습니다.

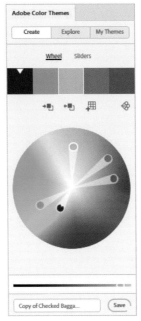

6 또한 [Swatches] 패널에 추가하여 언제든지 쉽고 빠르게 색상을 선택하여 사용할 수 있습니다.

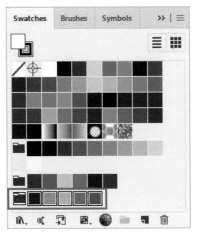

View Online을 통해 색상 테마를 만든 사람, 공유 날짜, 등급 등 세부적인 관련 정보 및 색상표를 확인할 수 있습니다.

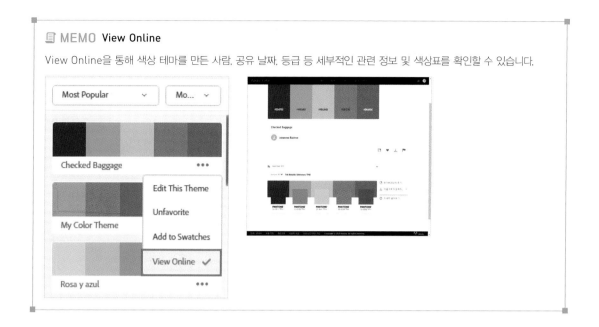

7 [My Themes] 탭에서 사용하기 위해 저장해 놓은 색상 테마들을 확인 또는 관리할 수 있습니다.

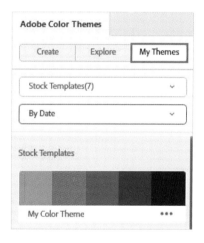

브러쉬 도구를 사용하여 패스 그리기

Paintbrush Tool(페인트 브러쉬 도구),
Blob Brush Tool(물방울 브러쉬 도구)

[Paintbrush Tool]은 자유로운 형태의 패스를 그리고자 할 때 사용할 수 있는 도구입니다. [Paintbrush Tool]은 다양한 모양의 브러쉬를 선택하거나 만들어 사용할 수 있습니다. 또한 [Blob Brush Tool]은 면 형태로 드로잉을 할 수 있는 도구이며 [Paintbrush Tool]과 동일한 기본 브러쉬 옵션을 사용합니다.

학습과제

브러쉬 종류별 특징을 알아보고 캘리그래피 브러쉬 모양과 아트 브러쉬 모양에 관해 확인해 봅니다.

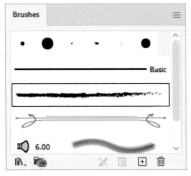

▲ [Brushes] 패널에서 다양한 모양의 브러쉬를 선택할 수 있습니다.

붓 모양으로 패스를 자유롭게 그릴 수 있는 도구입니다.

1 툴바에서 [Paintbrush Tool]( )을 선택합니다. [Window] 〉 [Brushes] 패널에서 브러쉬의 모양을 선택하고 [Stroke] 색상을 지정합니다. 그다음 자유롭게 드로잉합니다.

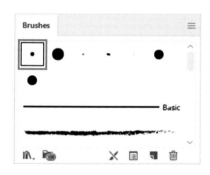

2 Shift 를 누른 채 드로잉하면 수평 수직 또는, 일정한 각도를 유지하며 직선 형태로 선을 그릴 수 있습니다. 또한 기본적으로 다시 드로잉으로 생성되는 선들은 분리되어 그려지게 됩니다.

툴바에서 [Paintbrush Tool]을 더블클릭하면 [Paintbrush Tool Options] 창이 표시됩니다.

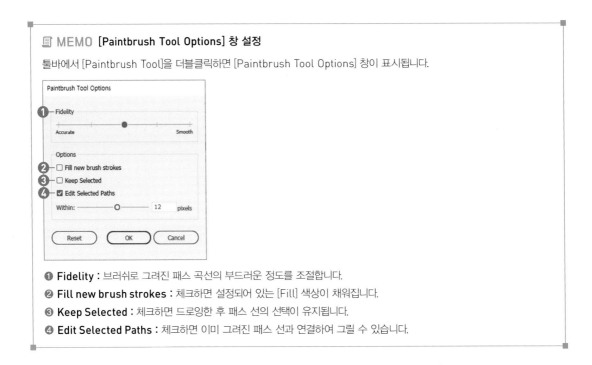

❶ **Fidelity** : 브러쉬로 그려진 패스 곡선의 부드러운 정도를 조절합니다.
❷ **Fill new brush strokes** : 체크하면 설정되어 있는 [Fill] 색상이 채워집니다.
❸ **Keep Selected** : 체크하면 드로잉한 후 패스 선의 선택이 유지됩니다.
❹ **Edit Selected Paths** : 체크하면 이미 그려진 패스 선과 연결하여 그릴 수 있습니다.

02 : Blob Paint Tool(물방울 브러쉬 도구)

면 형태로 드로잉할 수 있는 브러쉬 도구입니다.

1 툴바에서 [Blob Brush Tool]()을 선택합니다. [Stroke] 색상을 설정하고 드로잉하면 그림과 같이 면에 색상이 채워지고 외곽선의 패스가 생성된 것을 확인할 수 있습니다. 그려진 오브젝트를 선택하고 툴바의 [Fill]과 [Stroke]에서도 확인 가능합니다.

드래그

2 Shift 를 누른 채 드래그하면 수평수직 또는, 일정한 방향으로 직선을 그릴 수 있습니다. 또한 [Blob Brush Tool(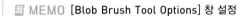)의 가장 큰 특징으로 같은 색상으로 교차되도록 드로잉할 경우 교차된 부분이 병합되어 하나의 오브젝트로 생성되는 것을 확인할 수 있습니다.

📋 MEMO [Blob Brush Tool Options] 창 설정

툴바에서 [Blob Brush Tool]을 더블클릭하면 [Blob Brush Tool Options] 창이 표시됩니다.

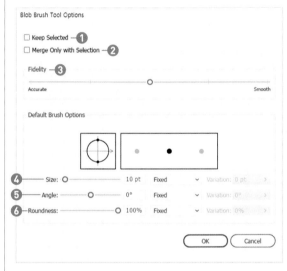

❶ **Keep Selected** : 체크하면 드로잉한 후 선택된 상태로 유지됩니다.
❷ **Merge Only with Selection** : 체크하면 드로잉할 때 겹쳐지는 부분이 독립된 오브젝트로 생성됩니다.
❸ **Fidelity** : 선의 부드러움을 조절합니다. [Accurate]에 가까울수록 정점의 개수가 늘어나며 반대로 [Smooth]에 가까울수록 정점의 개수가 최소가 되도록 적용됩니다.
❹ **Size** : 브러쉬의 크기를 조절합니다.
❺ **Angle** : 브러쉬의 회전 각도를 조절합니다.
❻ **Roundness** : 원형의 형태를 조절합니다.

브러쉬 도구의 투명도를 조절하여 색상이 혼합되는 효과를 적용할 수 있습니다. [Paintbrush Tool]
과 [Blob Brush Tool] 모두 적용됩니다.

1 [Properties] 〉 [Appearance] 패널에서 [Opacity]를 '50%'로 조절하면 그림과 같이 50% 투명도가
적용되어 농도가 약한 색상으로 채워집니다.

2 페인팅을 할 때 겹쳐지는 부분은 색상이 혼합되는 효과를 확인할 수 있습니다.

📢 TIP
[[](작게) 또는 []](크게) 단축키를 이용하면 브러쉬 크기를 빠르게 조절할 수 있습니다.

문자 입력하기

Type Tool(문자 도구), Area Type Tool(영역 문자 도구),
Type on a Path Tool(패스 상의 문자 도구), Vertical
Type Tool(세로 문자 도구), Vertical Area Type Tool
(세로 영역 문자 도구), Vertical Type on a Path Tool
(패스 상의 세로 문자 도구), Touch Type Tool(문자 손질 도구)

팸플릿, 포스터, 로고, CI 등 다양한 디자인 작업에서 문자의 사용은 필수 항목입니다. 기본적으로 문자를 입력하고 편집하는 기능 및 방법에 대해 확인해 봅니다.

[예제 파일 : Sample/3교시/Area Text.ai, area-text.txt]

학습과제

일러스트레이터에서 표현 가능한 다양한 문자 입력 기능에 대해 확인하고 사용하는 방법에 대해 알아봅니다.

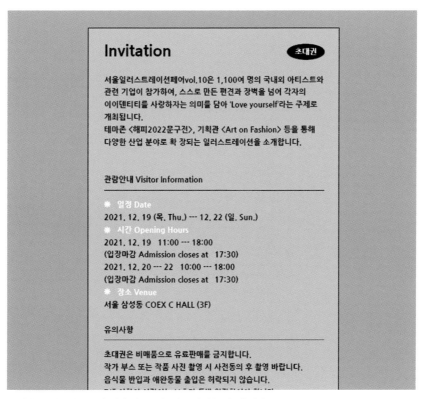

▲ 일러스트레이터는 문자 입력 및 다양한 편집 방법을 제공합니다.

1 툴바에서 [Type Tool](T)을 선택하고 문자가 시작될 곳을 클릭하면 문자의 모양과 크기를 미리 파악하도록 라틴어로 구성된 자리 표시자 문자(Placeholder Text)가 표시됩니다.

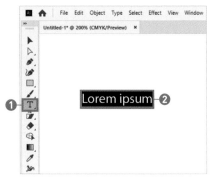

2 문자를 입력하는 순간 자리 표시자 문자는 사라지고 타이핑한 문자가 표시됩니다.

3 글꼴 및 크기 등 입력한 문자의 편집은 [Properties] 패널을 이용하거나 [Character] 패널, [Paragraph] 패널에서 수정할 수 있습니다. 또한 컨트롤 패널에서도 클릭 후 바로 사용할 수 있습니다.

▲ [Character] 패널

▲ [Paragraph] 패널

▲ [Properties] 〉 [Character]와 [Paragraph] 패널

▲ 컨트롤 패널

📋 MEMO 문자 편집을 위한 다양한 옵션

다음은 모니터 및 TV 해상도에 대한 규격 표시로 업체마다 상이할 수 있습니다.

[Character] 및 [Paragraph] 패널 메뉴에서 [Show Options]를 선택하거나 [Properties] 패널에서 [Show Options]를 선택하면 문자 편집을 위한 다양한 옵션들이 표시됩니다. 옵션값을 조절하여 문자의 형태를 다채롭게 변경할 수 있습니다.

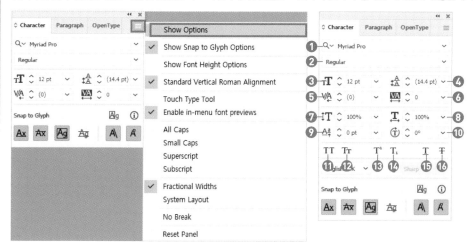

❶ Font(글꼴) : 문자의 모양을 선택합니다.

Illustrator CC　　Illustrator CC

❷ Font Style(글꼴 스타일) : 굵기, 기울기 등 서체별로 지원됩니다.

Illustrator CC　　*Illustrator CC*

❸ Font Size(글꼴 크기) : 서체의 크기를 조절합니다.

Illustrator CC　　Illustrator CC

❹ Leading(행간) : 문장 행 사이의 수직 공간을 행간이라 하며 행간의 간격을 조절합니다.

Illustrator CC　　Illustrator CC
Photoshop CC　　Photoshop CC

❺ Kerning(커닝) : 특정 단어와 단어 간 사이의 간격을 조절합니다.

Illustrator CC　　Illust rator CC

❻ Tracking(자간) : 문자의 간격을 조절합니다.

Illustrator CC　　Illustrator CC

❼ Vertical Scale(세로폭) : 문자의 세로폭 크기를 조절합니다.

Illustrator CC　　Illustrator CC

❽ Horozontal Scale(가로폭) : 문자의 가로폭 크기를 조절합니다.

Illustrator CC　　Illustrator CC

❾ Baseline(기준선) : 문자의 기준선을 조절합니다.

Illustrator CC　　Illustrator CC

⑩ **Rotation(회전)** : 선택한 문자를 회전합니다.

Illustrator CC	Illustrator Ϲ Ϲ

⑪ **All Cap(대문자)** : 소문자를 대문자로 변환합니다.

Illustrator CC	ILLUSTRATOR CC

⑫ **Small Cap(작은 대문자)** : 소문자를 작은 대문자로 변환합니다.

Illustrator CC	ILLUSTRATOR CC

⑬ **Superscript(위첨자)** : 위첨자로 변환합니다.

Illustrator CC	Illustrator CC™

⑭ **Subscript(아래첨자)** : 아래첨자로 변환합니다.

Illustrator CC	Illustrator CC_{TM}

⑮ **Underline(밑줄)** : 문자의 밑줄을 표시합니다.

Illustrator CC	Illustrator CC

⑯ **Strikethrough(취소선)** : 문자의 가운데 부분에 취소선을 표시합니다.

Illustrator CC	~~Illustrator CC~~

02 : 영역에 문자 입력하기

오브젝트를 선택하거나 영역을 지정하여 문자를 입력할 수 있습니다. 또한 문자의 방향도 가로 또는, 세로 방향으로 적용할 수 있습니다.

1 툴바에서 [Type Tool](T) 또는 [Vertical Type Tool](↓T)을 선택하고 대각선 방향으로 드래그하여 사각형의 영역을 지정합니다. 문장이 긴 경우 영역 크기에 맞게 자동으로 다음 줄로 이동합니다.

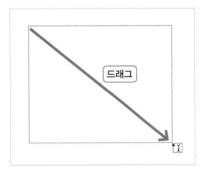

드래그

> Lorem ipsum dolor sit amet, consectetuer adipiscing elit, sed diam nonummy nibh euismod tincidunt ut laoreet dolore magna aliquam erat volutpat. Ut wisi enim ad minim veniam, quis nostrud exerci tation ullamcorper suscipit lobortis nisl ut aliquip ex ea commodo consequat. Duis

📢 **TIP**

문자 영역 기능은 브로슈어나 팸플릿과 같이 여러 단락을 만들어 문자를 입력할 경우 유용하게 활용할 수 있습니다.

2 다양한 모양의 오브젝트를 선택하여 영역을 지정할 수도 있습니다. 툴바에서 [Area Type Tool]( ) 또는 [Vertical Area Type Tool]( )을 선택한 후 오브젝트의 패스 부분을 클릭하면 오브젝트 속성이 문자 영역으로 변경됩니다.

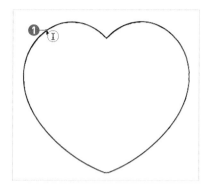

📢 **TIP**

Compound Path(복합적인 오브젝트)가 적용된 오브젝트일 경우 문자 영역으로 지정할 수 없으며 Compound Path를 해제한 후 사용해야 합니다.

---

3 열려 있는 패스의 경우도 문자 영역으로 지정하여 사용할 수 있습니다.

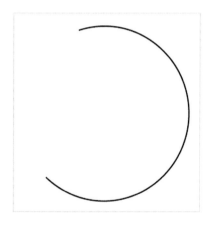

📄 **MEMO 오버플로우 문자**

문자 영역을 벗어날 정도로 많은 문자를 입력하면 더하기 기호(+)가 우측 하단에 표시됩니다. 보이지 않는 나머지 문자를 오버플로우 문자(Overflow Text)라고 합니다.

4 문자 영역의 크기를 드래그하여 확장하거나 축소할 수 있습니다.

5 또한 툴바에서 [Direct Selection Tool](▷)을 선택한 후 문자 영역의 가장자리나 모서리를 조절하면 좀 더 자유로운 형태로 변경할 수 있습니다.

패스 곡선에 따라 흐러가도록 문자를 입력할 수 있습니다.

1 툴바에서 [Type on a Path Tool](✎) 또는 [Vertical Type on a Path Tool](✎)을 선택하고 패스 곡선 또는, 오브젝트를 클릭합니다.

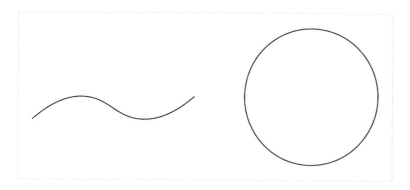

2 그러면 그림과 같이 패스 모양을 따라 문자가 흐러가도록 입력되는 것을 확인할 수 있습니다.

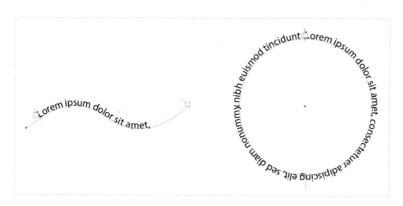

이동 및 크기 조절, 회전 등 단어 하나를 선택하여 편집할 수 있는 도구입니다. 문자를 입력한 후 사용하면 됩니다.

1 [Type Tool](**T**)을 사용하여 'Illustrator Design' 입력합니다. 그다음 툴바에서 [Touch Type Tool] ( )을 선택하고 단어 하나를 클릭합니다. 그러면 바운딩 박스가 표시되면 문자를 편집할 수 있는 모드로 변경됩니다.

2 바운딩 박스가 표시된 상태에서 위치 및 크기, 회전 등을 조절하여 다음 그림과 같이 편집할 수 있습니다.

문자 영역 내에서도 단락을 나눌 수 있으며 영역 테두리를 기준으로 여백을 조절할 수 있습니다.

1 [Type] 〉 [Area Type Options] 메뉴를 클릭하면 [Area Type Options] 대화상자가 표시됩니다. [Columns]의 [Number]를 '2'로 설정하면 그림과 같이 문자 영역을 세로 방향의 단락으로 지정됩니다.

2 또한 [Offset]의 [Inset Spacing]을 조절히면 문자 영역 외과선을 기준으로 여백을 설정할 수도 있습니다.

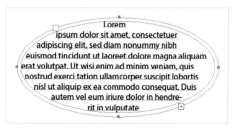

문자 영역에 외부 문서 파일을 불러와 배치할 수 있습니다. *.txt, *.rtf, *.doc 등 문서 파일들이 적용됩니다.

1 예제 파일(Area Text.ai)을 불러온 후 [File] 〉 [Place] 메뉴를 클릭합니다. 가져올 문서 파일(area-text.txt)을 선택하고 [Place]를 클릭하면 [Text Import Options] 대화상자가 나타나며 [OK]를 클릭합니다.

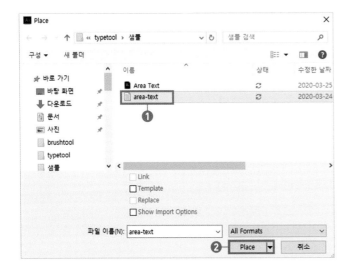

2 커서의 문서 모양이 표시되며 그림과 같이 사각형 오브젝트의 외곽선을 클릭합니다. 그러면 사각형 오브젝트가 문자 영역으로 변경되고 불러온 문서 파일의 문자들이 채워집니다.

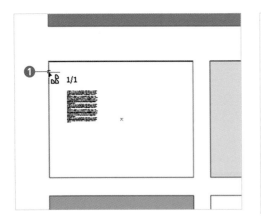

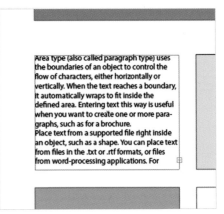

07 : 오브젝트 간의 문자 스레드(Thread Text)

오브젝트에서 다음 오브젝트로 문장이 계속 흐르도록 연결할 수 있습니다.

1 문자 영역 테두리에서 좌측 상단에 있는 사각형은 입력 포트이며 우측 하단에 오버플로우 표시가 있는 사각형은 출력 포트입니다. 툴바에서 [Selection Tool](▶)을 선택하고 출력 포트를 클릭하면 커서의 모양이 문서 모양으로 변경됩니다. 그다음 그림과 같이 다음 사각형 오브젝트의 테두리 부분을 클릭하면 문자 영역이 연결되어 문장이 흐르게 됩니다.

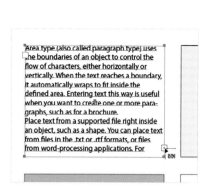
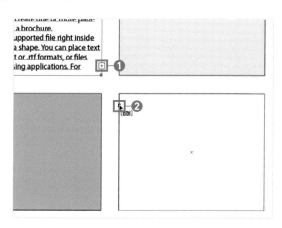

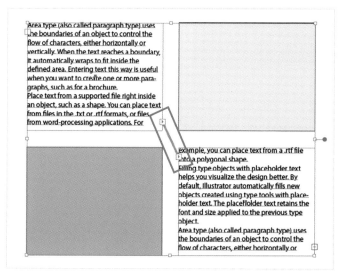

📢 TIP

스레드된 문서 작업을 진행할 때는 스레드를 표시하는 것이 작업에 편리합니다. 스레드를 표시하려면 [View] 〉 [Show Text Threads] 메뉴를 클릭합니다.

2 다음 그림과 같이 다른 문자 영역으로 연결해 봅니다.

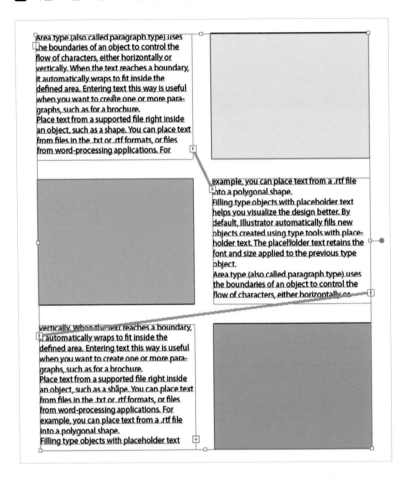

📢 TIP

오브젝트를 클릭하지 않고 새로운 문자 영역을 직접 만들어 연결하려면 빈 부분을 클릭하거나 드래그하여 스레드된 문자를 만들 수 있습니다.

📝 MEMO [Paragraph] 패널과 [Glyphs] 패널

[Window] 〉 [Type] 메뉴에 [Paragraph] 패널은 문장에 대한 단락 기능들이 포함되어 있으며, [Glyphs] 패널은 각종 기호 및 특수 문자 등을 선택하여 입력할 수 있습니다.

3교시

• Summary •

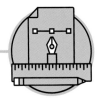

강좌 01 | 오브젝트 변형하기 – Transform(변형), Transform 패널(변형 패널),
　　　　　　 Free Transform Tool(자유 변형 도구)

변형이란 오브젝트의 이동, 회전, 반사, 크기 변경, 기울이기 등 형태를 변경하는 것을 의미합니다. 일러스트레이터에서 좋은 결과물을 만들기 위해서는 오브젝트의 형태를 자유롭게 변형할 수 있는 기술이 필요합니다.

강좌 02 | 오브젝트 정렬하기 – Arrange(정돈), Align(정렬)

새로운 오브젝트가 그려질 때마다 순서대로 포개지며 겹쳐진 순서를 변경하는 기능이 바로 Arrange입니다. 또한 다수의 오브젝트를 나열하거나 배분할 때 사용하는 기능이 Align입니다.

강좌 03 | 곰돌이 캐릭터 얼굴 그리기 – Curvature Tool(곡률 도구), Arrange(정렬),
　　　　　　 Transform(변형)

[Curvature Tool]을 활용하여 비대칭의 자연스러운 형태를 신속하게 만드는 방법에 대해 알아봅니다.

강좌 04 | 이미지를 벡터 아트웍으로 변환하기 – Image Trace(이미지 추적),
　　　　　　 Make(만들기), Expand(확장)

Image Trace는 래스터 이미지(JPG, PNG, PSD 등)의 형태 및 색상을 추적하여 벡터 이미지로 변환할 수 있는 기능입니다. 이 기능을 활용하면 다양한 형태의 이미지를 일러스트레이터 벡터 이미지로 빠르고 쉽게 추출할 수 있습니다. 예를 들어, 종이에 그린 스케치 이미지를 빠르게 벡터 이미지로 변환하여 패스 선을 다듬고 색상을 채울 수 있습니다.

강좌 05 | 안내선 사용으로 정교하게 작업하기 – Smart Guides(스마트 안내선),
　　　　　　 Rulers(눈금자), Guides(안내선), Grid(격자), Snap(물리기)

Smart Guides, Rulers, Guides, Grid, Snap과 같은 기능들은 그림을 잘 그리기 위한 보조 기능으로 문자나 오브젝트를 정확한 위치에 이동하거나 정렬해야 하는 경우 아주 유용하게 사용할 수 있습니다.

강좌 06 | 패스의 기타 핵심 기능 익히기 – Join(연결), Average(평균점 연결),
Outline Stroke(윤곽선), Offset Path(패스 이동)

일러스트레이터는 대부분이 패스로 구성된 오브젝트들이기 때문에 패스를 다양한 형태로 변형하고 편집할 수 있는 기능이 곳곳에서 배치되어 있습니다. 그중 핵심 기능인 Join, Average, Outline Stroke, Offset Path는 반드시 알아두어야 합니다.

강좌 07 | 일러스트레이터의 기초 페인팅 – Fill(칠), Stroke(선), Color Picker(색상 피커),
Swatches 패널, Color 패널, Gradient 패널

오브젝트의 표현은 Fill(칠) 색상과 Stroke(선) 색상에 의해 결정됩니다. 색상을 선택하는 방법과 적용하는 방법에 관해 확인해보고 가장 편리한 방법을 찾아봅니다.

강좌 08 | 어도비 색상 테마를 만들고 저장하기 – Adobe Color Themes(색상 테마)

프로젝트 또는 다자인 작업을 진행하면서 색상의 선택은 매우 중요합니다. 조화로운 색상을 손쉽게 만들어내거나 이미 잘 만들어놓은 색상을 활용할 수 있다면 작업 시간의 절약하고 만족도가 높은 결과물을 얻을 수 있습니다.

강좌 09 | 브러쉬 도구를 사용하여 패스 그리기 – Paintbrush Tool(페인트 브러쉬 도구),
Blob Brush Tool(물방울 브러쉬 도구)

[Paintbrush Tool]은 자유로운 형태의 패스를 그리고자 할 때 사용할 수 있는 도구입니다. [Paintbrush Tool]은 다양한 모양의 브러쉬를 선택하거나 만들어 사용할 수 있습니다. 또한 [Blob Brush Tool]은 면 형태로 드로잉을 할 수 있는 도구이며 [Paintbrush Tool]과 동일한 기본 브러쉬 옵션을 사용합니다.

강좌 10 | 문자 입력하기 – Type Tool(문자 도구), Area Type Tool(영역 문자 도구),
Type on a Path Tool(패스 상의 문자 도구), Vertical Type Tool(세로 문자 도구),
Vertical Area Type Tool(세로 영역 문자 도구), Vertical Type on a Path Tool
(패스 상의 세로 문자 도구), Touch Type Tool(문자 손질 도구)

팸플릿, 포스터, 로고, CI 등 다양한 디자인 작업에서 문자의 사용은 필수 항목입니다. 기본적으로 문자를 입력하고 편집하는 기능 및 방법에 대해 알아봅니다.

4교시

종합반

상상하고 있는 생각 그대로 작업 화면에 옮기려면 일러스트레이터의 기능들을 능숙히 다룰 수 있어야 합니다. 실력 향상을 위해 가장 좋고 빠른 방법은 많이 그려보고 많이 사용해보는 것입니다. 이번 과정에서는 예제 따라하기를 통해 일러스트레이터 기능에 대한 이해와 활용도를 더욱 높여보겠습니다.

강좌

이미지 채색하기
Image Trace(이미지 추적),
Live Paint Bucket(라이브 페인트 통),
Eraser Tool(지우개 도구)

종이에 스케치한 그림을 스캔받은 이미지나 컴퓨터에서 스케치한 래스터 이미지를 바탕으로 일러스트레이터에서 채색이 가능한 상태로 변환하고 채색하는 방법에 대해 살펴봅니다. 채색하는 다양한 방법이 있지만 이번 과정에서는 [Live Paint Bucket]을 사용해 보겠습니다.

[예제 파일 : Sample/4교시/house.jpg, house-완성.ai]

학습과제

채색할 배경 이미지가 래스터 이미지라면 일러스트레이터의 표현 방식은 패스로 구성된 오브젝트로 변환한 후 색상을 채워야 합니다. 어떠한 과정으로 래스터 이미지를 벡터 이미지로 변경할 수 있는지 확인해 봅니다.

▲ Image Trace는 스케치한 이미지를 불러올 때 활용도가 높은 기능입니다.

1 A4 크기의 새로운 문서를 만들고 [File] 〉 [Place] 메뉴로 예제 파일(house.jpg)을 불러온 후 이미지의 크기를 문서에 맞게 조절합니다.

2 스케치 이미지를 선택하면 컨트롤 패널에 [Image Trace]가 표시됩니다. 이미지를 추적하기 위해 [Image Trace]를 클릭합니다.

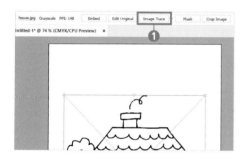

📋 MEMO **컨트롤 패널이 보이지 않는 경우**

일러스트레이터 메뉴바 상단에 작업 공간에서 [Switch Workspace]를 클릭하고 [Essential Classic]을 선택합니다. 그러면 컨트롤 패널이 표시될 뿐만 아니라 기본적으로 설정된 도구들이 증가된 툴바로 변환됩니다. 또는 [Properties] 패널에서 [Image Trace]를 클릭하고 'Default'를 선택하여 적용할 수 있습니다.

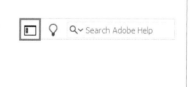

---

3 그다음 추적한 이미지 형태로 벡터 이미지로 변환하기 위해 컨트롤 패널에서 [Expand]를 클릭합니다. 그러면 패스로 구성된 벡터 이미지가 생성된 것을 확인할 수 있습니다.

4 이미지 추적한 배경 부분에도 면 오브젝트가 만들어졌기 때문에 제거해야 합니다. 툴바에서 [Group Selection Tool]( )을 선택하여 불필요한 부분을 선택한 후 Delete를 눌러 삭제합니다.

5 또한 이미지 자체에 불필요한 부분이 있거나 생성되었다면 툴바에서 [Eraser Tool]( )을 선택하고 드로잉하여 지워줍니다.

6 그다음 아트웍 전체를 선택하고 색상을 채워주기 위해 툴바에서 [Live Paint Bucket]( )을 선택합니다. 그리고 아트웍으로 이동하면 선 색상이 붉은색으로 변경되고 이미지 전체가 인식되고 있다는 것을 알 수 있습니다.

7 먼저 색상을 채우기 전에 색상 모드를 확인해야 합니다. [Window] 〉 [Color](F6) 메뉴를 클릭하여 [Color] 패널을 활성화한 후 패널 메뉴를 클릭하면 색상 모드가 Grayscale로 되어 있는 것을 알 수 있습니다. CMYK 모드로 변경합니다. 그러면 [Color] 패널의 색상이 CMYK 컬러 모드로 변경된 것을 확인할 수 있습니다.

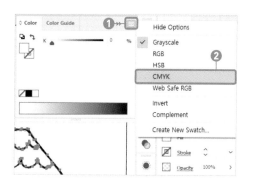

8 집 앞마당에 잔디 색상을 채워주기 위해 [Color] 패널에서 초록색을 선택합니다. [Live Paint Bucket](🎨)의 커서를 이동하면 색상이 채워질 영역이 붉은 색상으로 구분하여 표시됩니다. 위치를 확인하고 클릭하면 선택된 색상이 채워집니다.

9 동일한 방법으로 이미지의 영역을 확인하면서 색상을 채워줍니다.

📢 **TIP**

최초 이미지 전체를 선택하고 [Live Paint Bucket]으로 색상을 채워주면 다음부터는 선택하지 않은 상태에서도 이미지의 부분 영역을 인식하여 채워줄 수 있습니다.

10 [Color Guide] 패널을 활성화시키면 [Color] 패널에서 선택한 색상을 기준으로 다양한 톤의 색상을 선택하여 사용할 수 있습니다.

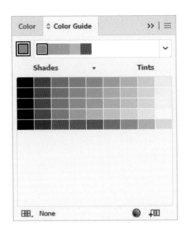

11 또한 [Harmony Rules]를 선택하여 선택된 색상과 조화로운 색상으로 구성된 프리셋 색상표를 활용할 수 있습니다.

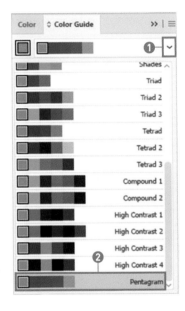

12 [Color Guide] 패널의 색상표를 활용하여 색상을 채워 집 이미지의 채색을 완성합니다.

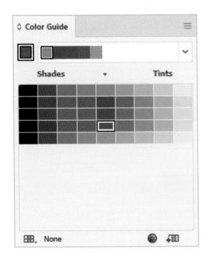

깜직한 앵무새 그리기
Rectangle Tool(사각형 도구), Ellipse Tool(원형 도구)

일러스트레이터에서 아트웍을 그리는 방법은 여러 가지가 있습니다. [Pen Tool]을 선택하여 패스를 정교하게 그릴 수도 있고 [Pencil Tool]이나 [Paintbrush Tool]을 이용하여 드로잉하는 방법도 있지만 이번 강좌에서는 기본 오브젝트를 바탕으로 붙이고 잘라내고 회전하여 캐릭터를 완성해 봅니다.

[예제 파일] : Sample/4교시/parrot-완성.ai]

학습과제

기본 형태의 오브젝트를 수정하고 편집하여 앵무새 캐릭터 이미지를 빠르게 완성해 봅니다.

▲ 기본 오브젝트를 활용하면 쉽고 빠르게 캐릭터를 그릴 수 있습니다.

1 새로운 문서를 만들기 위해 [File] 〉 [New] 메뉴를 클릭합니다.

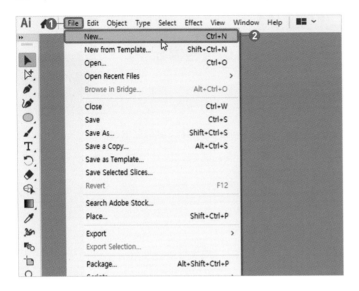

2 [New Document] 대화상자가 표시되면 [Print] 탭에서 'A4' 사이즈를 선택한 후 [Create]를 클릭하여 새로운 문서를 생성합니다.

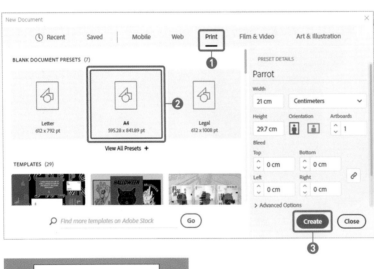

3 제일 먼저 앵무새에 얼굴 부분을 그려봅니다. 먼저 툴바에서 [Fill] 색상을 'None'으로 설정합니다. 그다음 [Rectangle Tool]( )을 선택하고 문서 임의의 중간 지점을 클릭합니다. 그러면 [Rectangle] 창이 표시되며 [Width]와 [Height]를 각각 '5cm'로 입력한 후 [OK]를 클릭하여 사각형을 생성합니다.

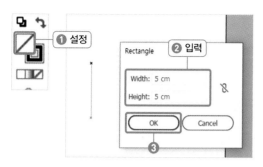

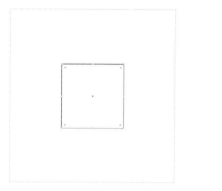

🔊 **TIP**

[Fill] 색상을 'None'으로 설정하는 것은 아트웍 이미지들이 겹쳐 있을 때 외곽선을 좀 더 구별하기 쉽게 하기 위해서입니다.

---

4 다음은 앵무새의 몸통 부분을 그려봅니다. 툴바에서 [Ellipse Tool]( )을 선택하고 임의의 지점을 클릭합니다. [Ellipse] 창이 표시되면 폭과 높이 값을 각각 '10cm'로 입력하고 [OK]를 클릭합니다.

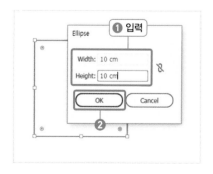

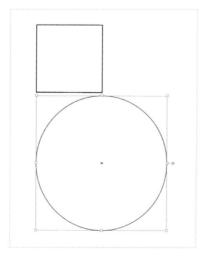

[Rectangle Tool]이나 [Ellipse Tool] 사용 시 크기를 먼저 입력하고 그리는 방법도 있지만 먼저 임의의 크기로 그린 후 [Properties] 패널의 [Transform]에서 원하는 크기로 조절하여 변경할 수 있습니다.

5 툴바에서 [Selection Tool](▶)을 선택하고 스마트 안내선(View 〉 Smart Guides)을 활성화한 후 원을 그림과 같은 위치로 이동합니다.

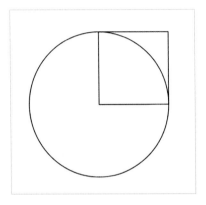

스마트 안내선은 아트웍이 가지고 있는 고유의 점과 방향성을 자동으로 인식하도록 하는 안내선입니다. 오브젝트를 그리거나 위치를 이동할 때 매우 유용한 기능입니다. 스마트 안내선은 기본적으로 활성화되어 있습니다.

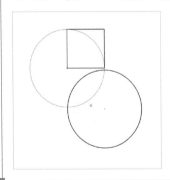
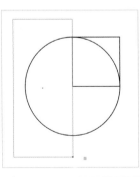

6 다음은 툴바에서 [Rectangle Tool](▢)을 선택하고 그림과 같이 원의 반이 겹쳐지도록 사각형을 임의로 그려줍니다.

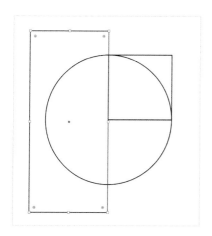

7 [Properties] 패널에서 [Pathfinder] 〉 [Minus Front](▣)를 클릭합니다. 그러면 위에 있는 사각형 모양으로 아래에 위치한 원의 겹쳐진 부분이 제거됩니다.

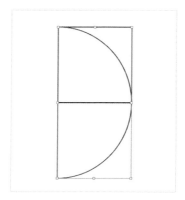

📋 MEMO **컴파운드 셰이프(Compound Shape)**

만약에 Alt 를 누른 채 클릭하며 컴파운드 셰이프로 변환되어 병합이 적용된 오브젝트들의 속성이 그대로 유지된 채 적용됩니다. 그렇기 때문에 [Group Selection Tool]을 사용하여 적용 범위를 언제든지 수정 가능합니다.

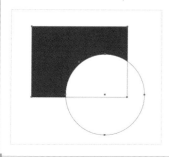

8 동일한 방법으로 사각형을 그린 후 반원과 사각형을 동시에 선택합니다.

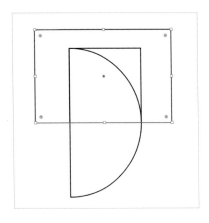 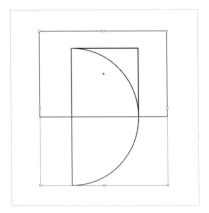

📢 **TIP**

드래그로 원하는 부분만 선택이 어려운 경우 Shift 를 누른 채 선택하면 오브젝트를 추가 선택하거나 뺄 수 있습니다.

9 그다음 [Properties] 패널에서 [Pathfinder] 〉 [Minus Front]()를 클릭합니다. 그러면 부채꼴 모양의 몸통 부분이 완성됩니다.

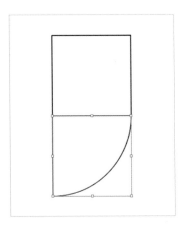

10 다음은 앵무새의 꼬리 부분을 만들어 봅니다. 툴바에서 [Ellipse Tool](⬭)을 선택하고 폭과 높이가 3cm인 원을 그려줍니다. 그다음 그림과 같이 몸통 끝부분에 원의 끝부분이 위치하도록 이동합니다.

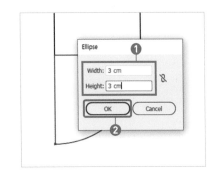 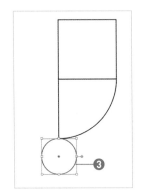

11 툴바에서 [Rectangle Tool](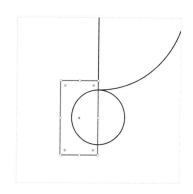)을 선택하고 그림과 같이 원의 반만 겹치도록 임의의 크기로 그려줍니다.

12 원과 사각형을 동시에 선택한 후 [Properties] 패널에서 [Pathfinder] 〉 [Minus Front]( ) 를 클릭하여 앵무새의 꼬리 부분을 완성합니다.

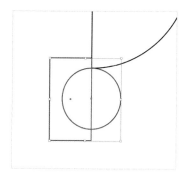

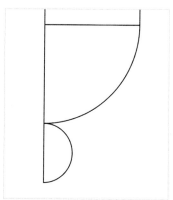

13 다음은 먼저 그려놓은 부채꼴 원을 사용하여 앵무새의 머리 깃털을 그려봅니다. 부채꼴 원을 선택한 후 Ctrl+C로 복사하고 Ctrl+V로 붙여넣어 복제합니다.

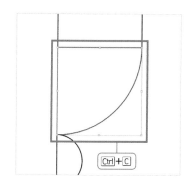

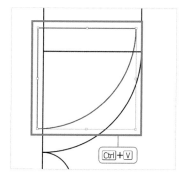

14 [Properties] 패널로 이동하여 [Transform] > [Rotate] 값을 '-90°'로 입력합니다. 그러면 그림과 같이 시계 방향으로 90도 회전합니다.

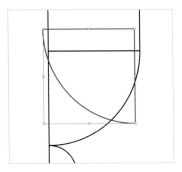

📢 TIP

[Selection Tool]로 회전할 오브젝트를 선택한 후 Shift 를 누른 채 회전시키면 45도 간격으로 빠르게 회전을 적용할 수 있습니다.

15 그다음 [Properties] > [Transform] 패널의 폭과 높이 값을 각각 '1.5cm'로 입력하여 크기를 수정하고 그림과 같이 머리 맨 위쪽으로 이동시킵니다.

16 머리 깃털 부분을 하나 더 복사하고 폭과 높이를 각각 '1cm'로 변경합니다. 그다음 그림과 같이 위치시킵니다.

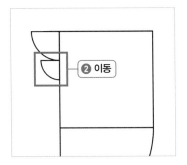

17 다음은 앵무새의 부리를 만들어 봅니다. 몸통 부분을 동일한 방법으로 복사한 후 [Properties] 〉 [Transform] 패널에서 [Width] : '3.5cm', [Height] : '3.5cm', [Rotate] : '90°'을 입력하여 적용하고 그림과 같이 위치를 이동시킵니다.

 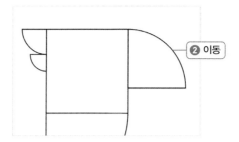

18 다음은 아래쪽 부리를 만들어 봅니다. 위쪽 부리를 선택하여 복사한 후 [Properties] 패널의 [Transform]에서 [Width] : '1.5cm', [Height] : '1.5cm', [Rotate] : '0°'으로 입력하여 적용하고 그림과 같이 위치를 이동하여 앵무새 부리 부분을 완성합니다.

 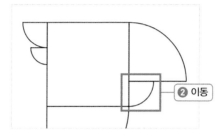

19 다음은 앵무새의 날개를 그려봅니다. 꼬리 부분의 반원을 선택하여 복사합니다.

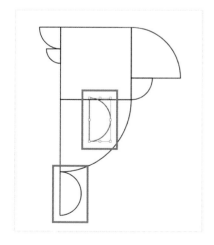

20 [Properties] 〉 [Transform] 패널에서 [Width] : '7cm', [Height] : '3.5cm', [Rotate] : '270°'으로 입력
하여 적용하고 그림과 같은 위치로 이동합니다.

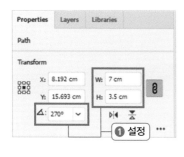

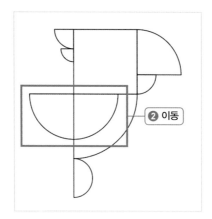

21 다음은 앵무새의 눈을 그려봅니다. 툴바에서 [Ellipse Tool](⬭)을 선택한 후 눈이 위치할 곳을 클릭
합니다. [Ellipse] 창에서 [Width]와 [Height]를 각각 '1.5cm'로 입력하고 [OK]를 클릭하여 원을 추가
합니다.

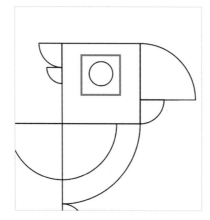

22 눈동자는 '1cm' 크기로 그려줍니다. 그러면 앵무새의 기본 모양이 완성됩니다.

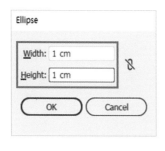

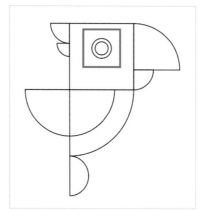

23 다음은 색상이 동일하게 채워질 앵무새의 몸통 전체 부분을 선택하여 하나의 오브젝트로 합쳐주는 과정입니다. 그림과 같이 앵무새의 머리, 깃털, 몸통, 꼬리 부분을 동시에 선택합니다.

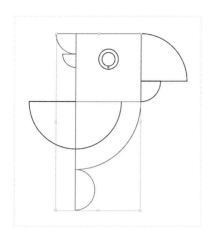

24 그다음 [Properties] 패널에서 [Pathfinder] 〉 [Unite](🔳)를 클릭하여 선택한 오브젝트를 하나로 합쳐줍니다. 그러면 앵무새의 기본 형태가 완성됩니다.

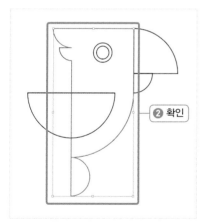

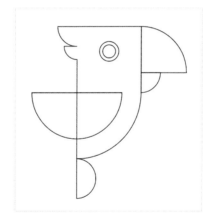

📢 **TIP**

[Window] 〉 [Pathfinder] 메뉴를 클릭하면 [Pathfinder] 패널을 표시할 수 있습니다.

25 마지막으로 색상을 채워주는 작업입니다. [Window] 〉 [Swatches] 메뉴를 클릭하여 [Swatches] 패널을 표시합니다. 앵무새에 몸통 부분을 선택하고 [Fill] 색상을 '빨간색'으로 선택하여 채워줍니다.

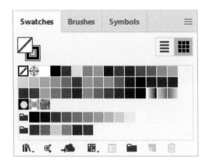

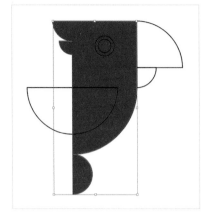

26 다음과 같이 나머지 부분도 색상을 채워줍니다.

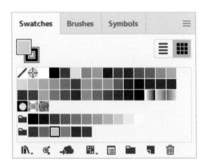

📓 **MEMO [Adobe Color Themes] 패널**

Adobe Color 서비스를 이용하면 디자인 프로젝트에 필요한 조화롭고 보기 좋은 색상 조합을 선택할 수 있습니다. 또한, 공용 색상 테마를 검색하고 가장 인기 있는 색상의 테마, 가장 많이 사용하는 색상의 테마 등을 확인하고 탐색할 수도 있습니다. 마음에 드는 색상 테마를 찾았다면 선택한 색상 테마를 편집하거나 색상 견본에 추가하여 사용할 수 있습니다. [Swatches] 패널에서 [Open Color Themes panel]을 클릭하거나 [Window] 〉 [Color Themes] 메뉴를 클릭합니다.

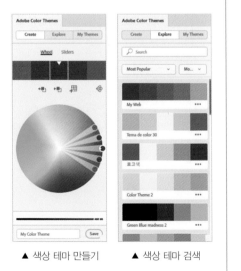

▲ 색상 테마 만들기   ▲ 색상 테마 검색

27 아트워크 전체를 선택하고 [Stroke] 색상을 'None'으로 적용하면 앵무새 캐릭터가 완성됩니다.

입체감 하트 모양 그리기

**Gradient Tool(그라디언트 도구), Expand(확장),
Outline Stroke(윤곽선), Symbols(심볼),
Drop Shadow(그림자)**

일러스트레이터의 다양한 기능들을 혼합하여 입체 효과가 적용된 이미지를 만들어보겠습니다.

[예제 파일 : Sample/4교시/heart-완성.ai]

🖉 학습과제

기능들을 혼합하여 하트를 그리는 다양한 방법을 확인해보고 응용합니다.

▲ 포토샵의 필터 효과와 같이 일러스트레이터에서도 특수 효과 기능을 적용할 수 있습니다.

1 이름은 'Heart'로 입력하고 A4 사이즈, 가로 방향, CMYK 모드 등 다음 그림과 같이 새로운 문서를 만들어 시작합니다.

2 배경 무늬를 만들기 위해 툴바에서 [Rectangle Tool](▢)을 선택하고 문서 크기와 동일하게 사각형을 그려줍니다.

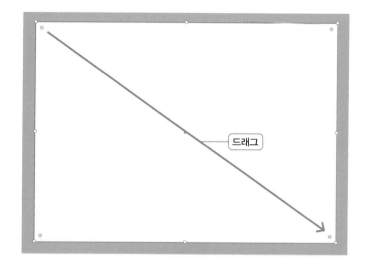

드래그

3 먼저 배경을 만들어 봅니다. 배경에 그라데이션 효과를 적용하기 위해 툴바에서 [Gradient Tool]() 을 선택합니다. 그다음 사각형을 클릭하면 기본적으로 설정되어 있는 그라데이션 효과가 방향 표시선 과 함께 사각형에 적용된 것을 확인할 수 있습니다.

4 또한 그라데이션 편집은 [Window] 〉 [Gradient] 메뉴를 클릭한 후 [Gradient] 패널에서 진행합니다.

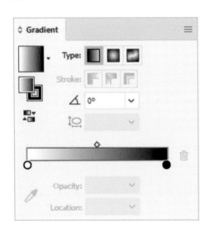

> 📢 **TIP**
>
> [Type] 옵션에서 그라데이션 스타일을 지정할 수 있습니다. Linear(직선),
> Radial(원형), Freeform(자유 형태)를 선택할 수 있습니다.

5 [Type]은 'Linear Gradient'로 선택하고 그라데이션 색상을 편집합니다. 왼쪽 [Gradient Slider]를 더블클릭하여 핑크색 (M=92 Y=1.7), 오른쪽 [Gradient Slider]를 더블클릭하여 짙 은 핑크색(C=28 M=100 Y=47 K=35)을 선택합니다.

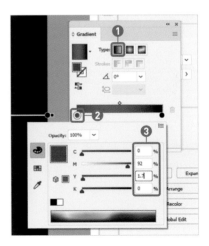

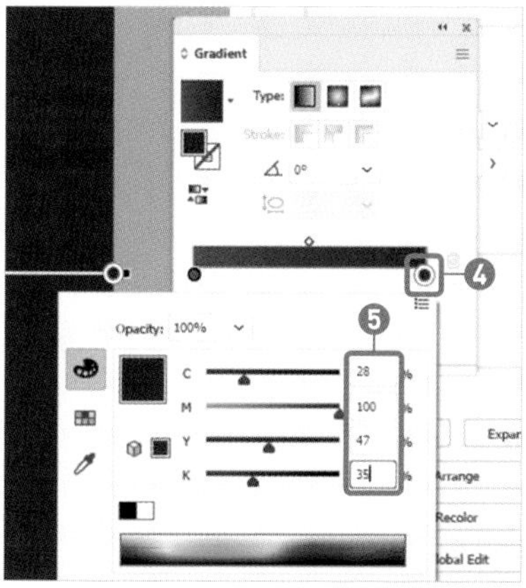

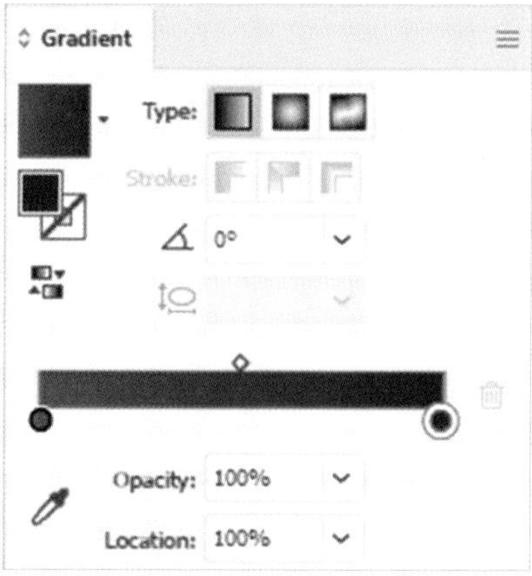

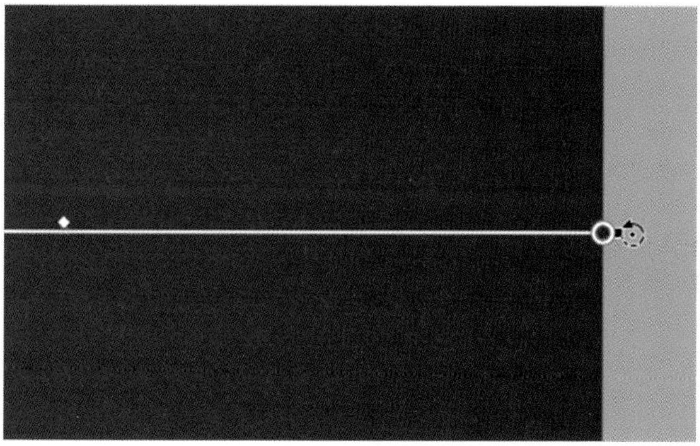

6 그다음 왼쪽 아래쪽에서부터 대각선 방향으로 드래그하여 그라데이션 방향을 그림과 같이 편집합니다. [Gradient] 패널에서 [Gradient Slider]의 위치들도 그림과 같이 조정하여 색상의 변화 영역을 조절합니다.

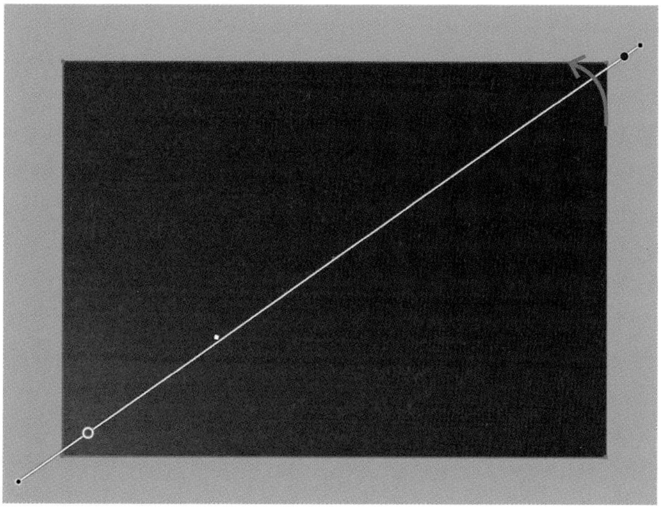

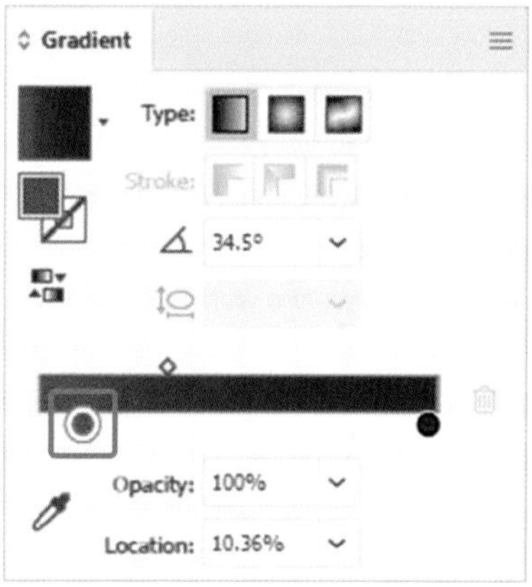

7 그러면 다음과 같이 왼쪽 아래쪽에서 빛이 살짝 비춰주는 느낌의 배경 이미지가 완성됩니다.

8 배경 이미지를 잠시 숨겨두기 위해 사각형을 선택하고 [Object] > [Hide] > [Selection] 메뉴를 클릭합니다.

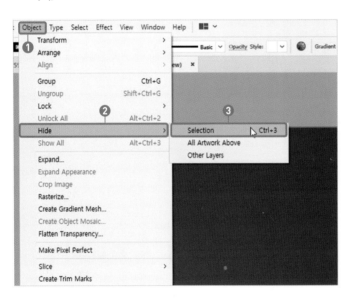

9 다음은 원을 그린 후 하트 모양으로 편집하는 과정입니다. 툴바에서 [Ellipse Tool]( )을 선택하여 지름 35mm 정도의 원을 그려줍니다. 색상은 기본값으로 설정합니다.

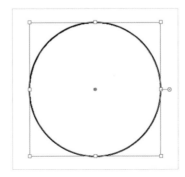

10 툴바에서 [Direct Selection Tool](▷)을 선택하고 원의 상단 부분의 정점만 선택합니다. 그다음 키보드의 이동 방향키(↓)를 눌러 원 중심 부분까지 이동합니다.

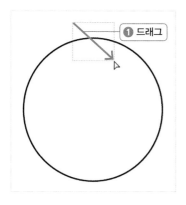

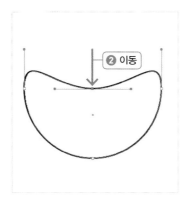

📢 TIP

Shift 를 누른 채 [Direct Selection Tool]로 직접 이동할 수 있습니다.

11 정점의 방향선을 조정하기 위해 툴바에서 [Anchor Point Tool](⋀)을 선택합니다. 그다음 그림과 같이 왼쪽 방향점을 선택하고 이동하여 곡선의 모양을 편집합니다.

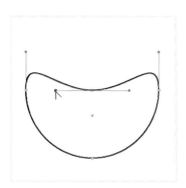

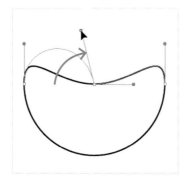

12 동일한 방법은 오른쪽 곡선의 모양도 편집하여 하트 상단부 모양을 완성합니다.

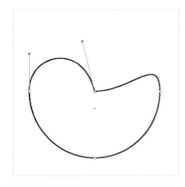

13 다음은 하단부를 뾰족하게 만들기 위해 툴바에서 [Direct Selection Tool](▷)을 선택하고 하단쪽의 정점을 선택합니다. 그다음 키보드의 이동 방향키(↓)를 눌러 하트의 길이를 조정합니다.

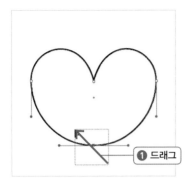

❶ 드래그

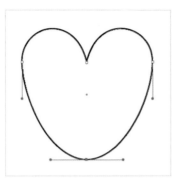

14 다음은 [Anchor Point Tool](⏊)을 선택하고 곡선의 방향선을 편집하여 그림과 같은 모양이 되도록 완료합니다.

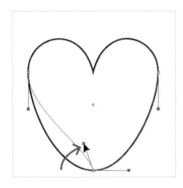
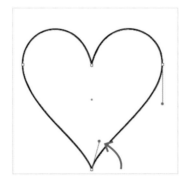

15 숨겨 놓았던 사각형 배경 이미지를 다시 표시하기 위해 [Object] 〉[Show All] 메뉴를 클릭합니다. 그 다음 [Stroke] 색상을 'None'으로 설정합니다.

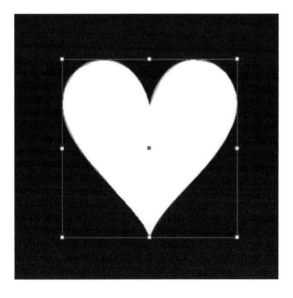

16 그다음 하트 오브젝트를 다량으로 복사하고 자유롭게 배치합니다.

17 배치가 완료되면 하트 오브젝트만 선택하고 Ctrl+G를 눌러 그룹으로 지정합니다.

18 그다음 하트 오브젝트에 불투명도를 조절하기 위해 [Properties] 〉 [Appearance] 패널에서 [Opacity]를 '10%' 정도로 조절합니다. 그러면 투명도가 적용되어 배경과 일체감 있게 하트 이미지가 연출됩니다.

19 하트 오브젝트 하나를 복사하고 복사된 하트 오브젝트의 [Opacity]는 다시 '100%'로 수정합니다.

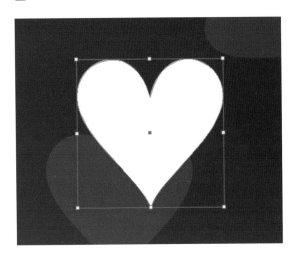

20 사각형과 하트 이미지가 포함된 배경 이미지들을 모두 선택하고 [Object] > [Lock] > [Selection] 메뉴를 클릭하여 오브젝트들을 고정합니다.

21 그다음 [SwapFill and Stroke](↰)을 클릭하여 하트의 [Fill]과 [Stroke] 색상을 전환하고 [Properties] > [Appearance] 패널에서 [Stroke]의 크기를 '30pt' 정도로 조절합니다. 다음은 [Stroke]를 클릭하고 [Corner] : 'Round Join'을 선택합니다.

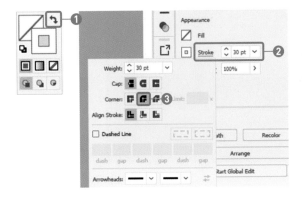

22 [Object] 〉 [Path] 〉 [Outline Stroke] 메뉴를 클릭하여 패스를 외곽선으로 변경합니다.

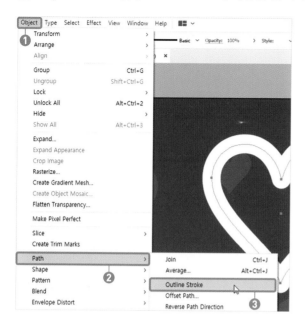

23 다음은 메탈 느낌의 하트로 표현하기 위해 회색톤으로 그라데이션 효과를 적용합니다. 툴바에서 [Fill] 색상의 [Gradient]를 클릭하여 그라데이션 효과를 적용합니다. 그라데이션 색상은 기본 흰색에서 검은색으로 설정합니다. 그다음 그라데이션의 방향을 조정하기 위해 [Gradient Tool]( )을 선택히고 그림과 같이 오른쪽 위에서 왼쪽 아래 대각선 방향으로 폭넓게 드래그합니다.

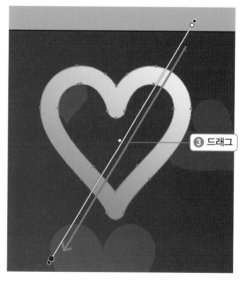

③ 드래그

24 다음은 외곽선에도 그라데이션 효과를 적용하기 위해 [Stroke]의 두께를 '3pt' 정도로 설정하고 툴바에서 [Stroke] 색상을 'Gradient'로 설정합니다.

25 그리고 [Fill]에 적용된 그라데이션 방향의 반대 방향이 되도록 [Gradient] 패널에서 각도를 '45°' 정도로 설정합니다.

26 다음은 입체감을 더욱 살려주기 위해 그림자 효과를 적용합니다. [Effect] 〉 [Stylize] 〉 [Drop Shadow] 메뉴를 클릭하고 [Drop Shadow] 대화상자가 표시되면 그림과 같이 설정한 후 [OK]를 클릭합니다.

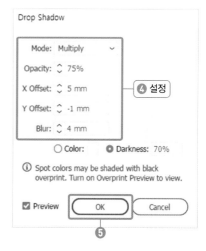

27 그러면 하트 이미지 뒤쪽으로 그림자 효과가 적용되어 입체감이 더욱 살아나게 됩니다.

28 다음은 하트 모양을 기본적으로 제공되는 [Symbols] 패널에서 선택하여 사용합니다. [Symbols] 패널의 메뉴 버튼을 클릭하고 [Open Symbol Library] 〉 [Web Icons]를 선택합니다. 그러면 [Web Icons] 패널이 표시되며 하트 모양의 'Favorite' 아이콘을 선택하고 문서로 드래그하여 아이콘 이미지를 추가합니다.

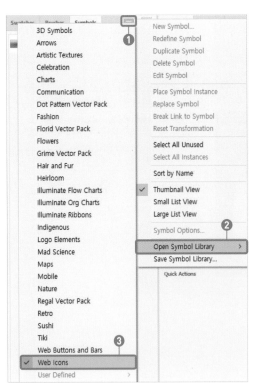

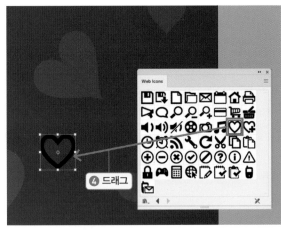

29 아이콘 이미지의 경우 바로 색상을 편집할 수 없습니다. 그래서 Expand 명령으로 오브젝트를 분리한 후 색상을 편집해야 합니다. 또는 오브젝트를 더블클릭하여 편집 모드로 전환한 후 수정 가능합니다. 여기서는 Expand 기능을 사용하겠습니다. [Object] 〉 [Expand] 메뉴를 클릭하고 [Expand] 대화상자가 표시되며 [OK]를 클릭합니다. 그러면 편집이 가능한 하트 모양으로 변경된 것을 확인할 수 있습니다.

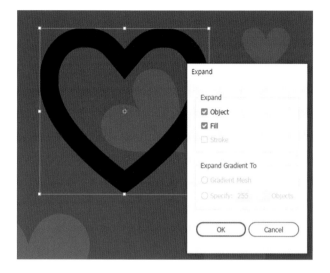

30 그다음 동일한 방법으로 하트 오브젝트 [Fill] 색상을 회색의 그라데이션으로 적용합니다.

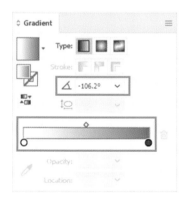

31 [Stroke] 색상 또한 회색의 그라데이션을 적용하고 방향을 그림과 같이 조절합니다.

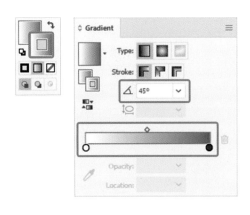

32 마찬가지로 [Effect] 〉 [Stylize] 〉 [Drop Shadow] 메뉴를 클릭하여 그림자 효과를 적용합니다.

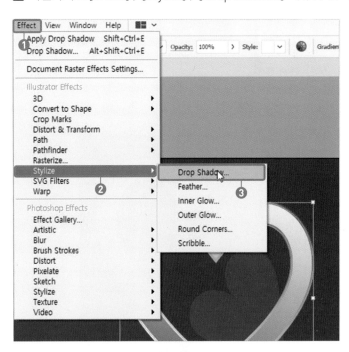
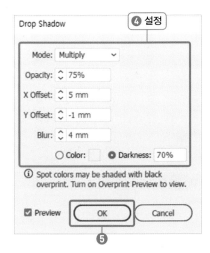

33 다음은 [Blob Brush Tool]()을 사용하여 하트 이미지를 만들어 봅니다. 툴바에서 [Blob Brush Tool]( )을 선택합니다. 브러쉬의 크기를 설정한 후 그림과 같이 하트 모양을 드로잉합니다.

> **📢 TIP**
>
> 브러쉬의 크기는 키보드에서 [,] 눌러 간편하고 빠르게 설정할 수 있습니다.

34 마지막으로 앞에서 진행했던 동일한 방법으로 하트 이미지를 완성합니다.

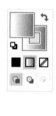  

[Blob Brush Tool]을 더블클릭하면 [Blob Brush Tool Options] 창이 표시되며 [Fidelity]에서 [Smooth] 방향으로 설정하는 것이 더욱 매끄러운 오브젝트를 만들 수 있습니다.

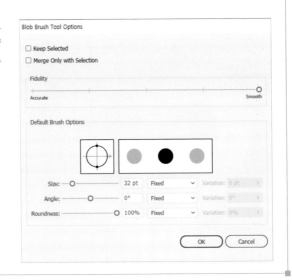

35 다양한 형태의 하트 이미지를 드로잉하여 완성합니다.

달콤한 수박 일러스트

Ellipse Tool(원형 도구), Expand Appearance(모양 확장), Outline Stroke(윤곽선)

정형화된 아트웍을 그릴 때는 기본 오브젝트를 바탕으로 편집 및 수정하며 형태를 만들어가는 것이 효과적인 방법입니다. 또한 브러쉬 모양을 외곽선으로 변경하여 다양한 형태의 모양을 쉽게 표현할 수 있습니다. 다음 과정을 통해 아트웍을 표현하는 방법과 Expand Appearance 기능에 대해 확인해 봅니다.

[예제 파일 : Sample/4교시/watermelon-완성.ai]

학습과제

다음 이미지를 그리는 데 필요한 일러스트레이터의 다양한 기능들에 관해 확인해 봅니다.

▲ 따라하는 과정에서 일러스트레이터의 다양한 기능들을 이해하도록 합니다.

1 새로운 문서를 만들기 위해 Ctrl+N을 누른 후 A4 프리셋을 선택합니다.

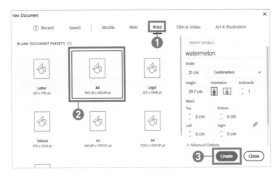

2 수박을 먹기 좋게 잘랐을 때의 모양을 만들어 봅니다. 먼저 오브젝트의 외곽선만 표시하기 위해 툴바에서 [Fill] 색상을 'None'으로 설정합니다. 툴바에서 [Ellipse Tool](⬭)을 선택하고 임의의 지점을 클릭한 후 [Width] : '10cm', [Height] : '10cm'의 원을 그려줍니다.

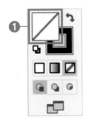

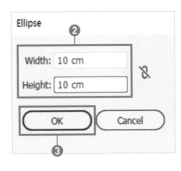

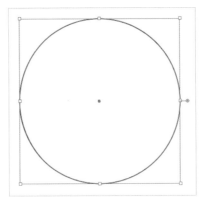

3 다음은 수박이 잘려 나간 모양을 만들어 봅니다. 툴바에서 [Pen Tool](✏)을 선택하고 그림과 같이 부채꼴 모양이 되도록 패스를 그려줍니다.

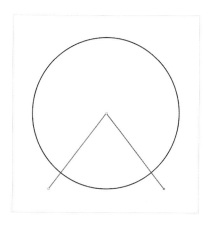

🔊 TIP

툴바에서 [Polygon Tool]로 삼각형 도형을 그려 편집하는 방법으로 동일한 결과물을 만들 수 있습니다.

4 원과 패스를 모두 선택하고 [Properties] 〉 [Pathfinder] 패널에서 [Divide](▣)를 클릭합니다.

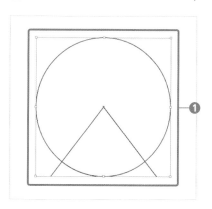

①

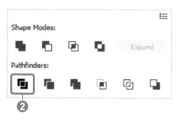

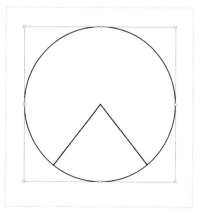

②

5 [Group Selection Tool]( )로 원의 위쪽 오브젝트를 선택하고 를 눌러 삭제합니다.

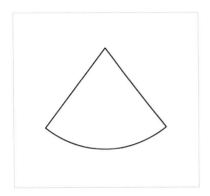

6 다음은 수박의 껍질과 속을 연결하는 부분을 그려봅니다. 툴바에서 [Pen Tool]( )을 선택하고 그림과 같이 양쪽 끝을 연결하는 곡선 모양의 패스를 그려줍니다.

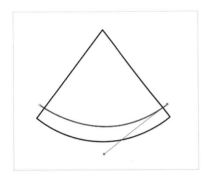

7 그다음 [Properties] 〉 [Appearance] 패널에서 [Stroke]에 '9pt'를 입력하여 패스의 두께를 늘려줍니다.

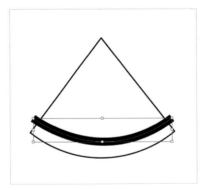

234 마담이크스 일러스트레이터 CC

8 패스 선 두께로 면을 만들기 위해 [Object] 〉 [Path] 〉 [Outline Stroke] 메뉴를 선택합니다. 그러면 패스의 두께만큼 외곽선으로 변경됩니다.

9 다음은 면을 분할하기 위해 오브젝트를 모두 선택하고 [Properties] 〉 [Pathfinder] 패널에서 [Divide]( )를 클릭합니다.

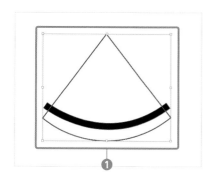
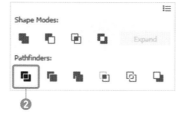

10 그다음 불필요한 부분을 제거하기 위해 툴바에서 [Group Selection Tool]( )을 선택하고 그림과 같이 수박 바깥쪽으로 돌출된 부분을 선택한 후 Delete 를 눌러 삭제합니다.

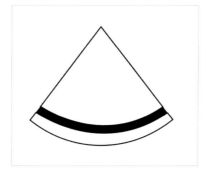

11 새롭게 추가된 오브젝트도 [Fill] 색상은 'None', [Stroke] 색상은 '검은색'으로 변경합니다.

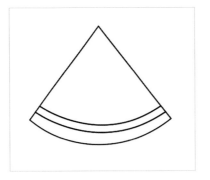

12 [Group Selection Tool]( )로 맨 아래쪽 오브젝트를 선택하고 [Fill] 색상을 녹색(#0BAA4B)으로 채워줍니다.

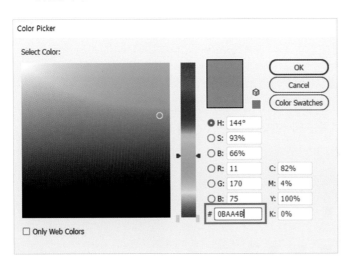
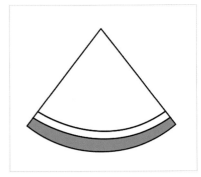

13 다음으로 연결되는 부분의 색상은 연한 노랑색(#F7F294)으로 채워줍니다.

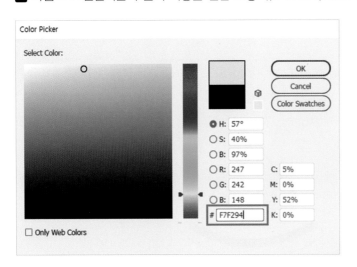
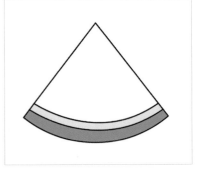

14 다음으로 수박의 속 부분은 좀 더 입체감을 주기 위해 그라데이션으로 색상을 채워줍니다. 오브젝트를 선택하고 툴바에서 [Fill]을 선택한 후 [Gradient]를 클릭합니다.

15 [Properties] > [Gradient] 패널에서 [Type]은 [Linear Gradient]로 선택하고 [Edit Gradient]를 클릭합니다. 그러면 화면에 그라데이션 적용 범위를 조절할 수 있는 조절바가 표시됩니다.

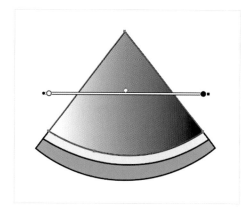

16 그라데이션의 방향을 조절하기 위해 조절바 끝쪽에 마우스 포인터를 위치하고 Shift 를 누른 채 시계방향으로 90도 회전시킵니다.

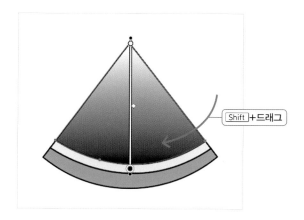

17 그다음 [Gradient] 패널에서 오른쪽 [Gradient Slider]를 더블클릭하여 [Swatches] 대화상자가 표시되면 그림과 같이 빨간색을 선택합니다. 그리고 왼쪽 [Gradient Slider]의 색상은 오렌지 색상을 선택하여 적용합니다.

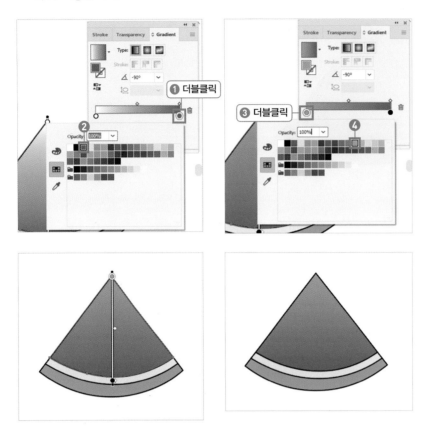

18 전체를 선택하고 툴바에서 [Stroke] 색상을 'None'으로 변경하여 수박 조각 이미지를 완성합니다.

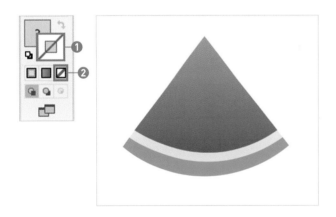

19 다음은 수박씨를 그려봅니다. 툴바에서 [Fill] 색상은 'None', [Stroke] 색상은 기본 '검은색'으로 설정하고 [Ellipse Tool](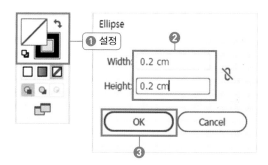)을 선택하여 [Width]와 [Height]를 각각 '0.2cm' 크기로 만듭니다.

20 그다음 툴바에서 [Direct Selection Tool](▷)로 원의 위쪽의 정점을 선택하여 그림과 같이 위쪽으로 이동하여 씨 모양처럼 원을 수정합니다.

21 그다음 [Swap Fill and Stroke](↰)를 클릭하여 면과 선의 색상을 전환합니다.

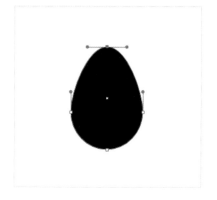

22 완성된 수박씨를 Ctrl+C, Ctrl+V로 복사하여 그림과 같이 나열합니다.

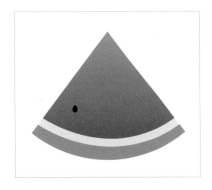 

23 한 조각의 수박 이미지를 그룹으로 지정하기 위해 전체를 선택한 후 [Object] 〉 [Group] 메뉴를 클릭합니다.

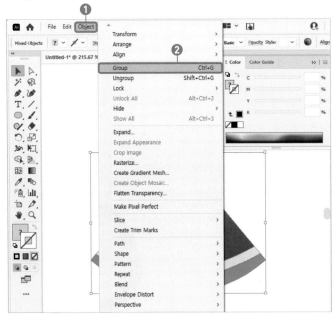

24 그다음 3조각이 되도록 전체를 복사하고 그림과 같이 나열합니다. 그리고 복사한 이미지들의 수박씨 위치를 조정하여 자연스러운 배치가 되도록 수정합니다.

25 맨 앞쪽에 위치한 수박 조각은 한입 깨문 듯한 모습으로 변경해 보겠습니다. 뒤쪽에 수박 조각 이미지만 선택하고 [Object] 〉 [Hide] 〉 [Selection] 메뉴를 클릭하여 이미지를 잠시 화면에서 숨겨둡니다.

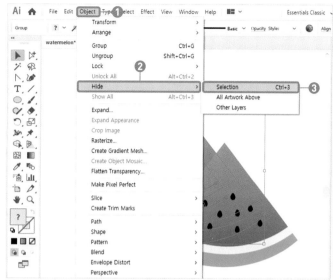

26 [Fill] 색상을 'None'으로 설정한 후 툴바에서 [Pencil Tool](✏)을 선택합니다. 그다음 그림과 같이 수박이 잘려 나간 것처럼 만들기 위해 조각의 윗부분을 드로잉합니다.

드로잉

27 그다음 드로잉한 패스와 수박을 선택하고 [Properties] 〉 [Pathfinder] 패널에서 [Divide](▣)를 클릭합니다.

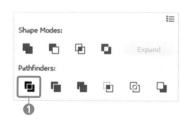

28 그림과 같이 맨 위쪽 오브젝트와 좌우로 돌출된 부분을 선택하여 삭제합니다.

29 다음은 잘려 나간 부분의 색상을 변경하기 위해 맨 위쪽 오브젝트를 선택한 후 [Fill] 색상을 좀 더 진한 붉은색으로 변경합니다.

30 툴바에서 [Direct Selection Tool](▷)을 선택하고 각각의 정점들의 위치를 조정하여 잘려 나간 모양이 완성되도록 수정합니다.

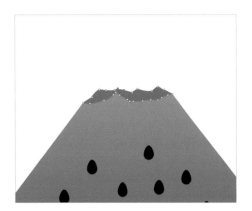 

31 잠시 숨겨 두었던 이미지들을 다시 표시하고 전체적인 상태를 확인합니다.

32 다시 전체를 선택하고 [Object] 〉 [Hide] 〉 [Selection] 메뉴를 클릭하여 숨겨줍니다.

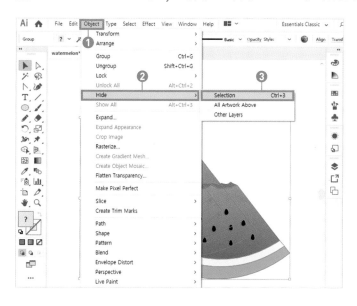

33 다음은 수박의 전체 이미지를 그려봅니다. 툴바에서 [Ellipse Tool]( )을 선택하고 [Width]와 [Height]를 각각 '7cm'로 입력하여 원을 그려줍니다.

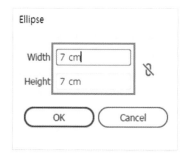

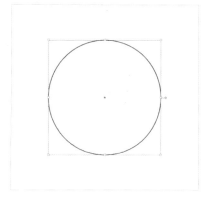

34 완전하게 동글한 수박은 존재할 수 없기 때문에 자연스러운 모습으로 만들기 위해 툴바에서 [Direct Selection Tool](▷)을 선택하고 살짝 불규칙한 모양이 되도록 정점의 위치와 방향점을 조절해줍니다.

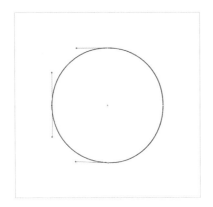

35 그다음 수박의 색상을 입혀봅니다. 수박 모습에 입체감을 넣어주기 위해 [Fill] 색상에 그라데이션을 적용합니다.

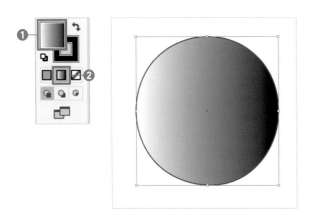

36 [Gradient] 패널에서 [Tpye]을 'Radial Gradient'로 설정하고 [Edit Gradient]를 클릭합니다. 그러면 그라데이션 조절바가 표시됩니다.

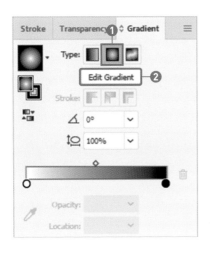
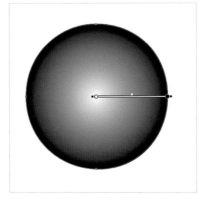

37 수박 색상으로 수정하기 위해 왼쪽 [Gradient Slider]의 색상은 연한 녹색(#2CC43D)로 설정하고 오른쪽 [Gradient Slider]는 좀 더 진한 녹색(#048C3B)으로 선택합니다.

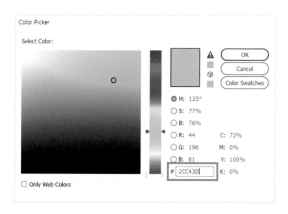

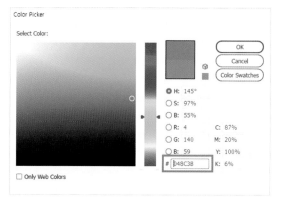

38 그라데이션 조절바 오른쪽 끝부분에 포인터를 위치하고 회전 모양의 아이콘이 표시될 때 그림과 같이 회전한 후 연한 녹색 지점이 위 상단에 위치하도록 크기를 조절합니다.

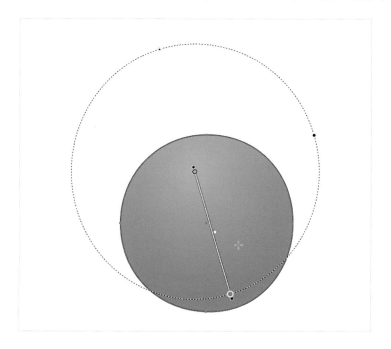

39 [Stroke] 색상을 'None'으로 설정하면 입체감이 적용된 수박 외관이 완성됩니다.

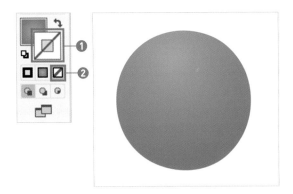

40 다음은 수박의 줄무늬를 그려봅니다. 여러 가지 방법으로 그릴 수 있지만 이번 작업에서는 브러쉬를 이용해보겠습니다. 컨트롤 패널에서 [Brush Definition]을 클릭한 후 메뉴 버튼을 눌러 [New Brush]를 선택합니다.

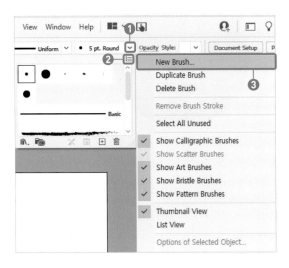

📋 **MEMO** 일러스트레이터의 작업 공간

일러스트레이터는 작업 목적에 따라 기능들을 알맞게 사용할 수 있도록 기본적으로 설정되어있는 다양한 작업 공간을 제공합니다. 작업 공간이 최소의 핵심 기능들만 구성되어 있는 'Essentials'로 설정되어 있을 경우 컨트롤 패널이 표시되지 않습니다. [Properties] 패널에서 동일하게 설정할 수 있으며 컨트롤 패널에 표시하기 위해서는 'Essentials Classic'으로 변경하거나 기타 다른 환경으로 변경하면 됩니다.

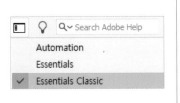

41 [New Brush] 대화상자가 표시되면 [Calligraphic Brush]를 체크하고 [OK]를 클릭합니다. 그러면 [Calligraphic Brush Options] 대화상자가 표시되며 [Angle] : '0°', [Roundness] : '10%', [Size] : '20pt'로 설정한 후 [OK]를 클릭합니다.

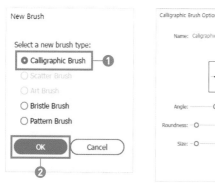
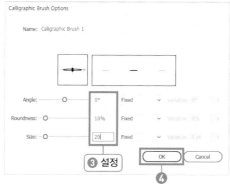

42 [Brush] 패널에 새로운 브러쉬가 추가된 것을 확인할 수 있습니다. 새로 만든 브러쉬 모양을 선택하고 툴바에서 [Paintbrush Tool](🖌)을 더블클릭합니다.

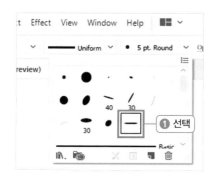

43 [Paintbrush Tool Options] 창이 나타나면 [Fidelity] 값을 중간으로 설정하고 [OK]를 클릭합니다. 그다음 그림과 같이 수박의 줄무늬를 지그재그로 드래그하여 그려줍니다.

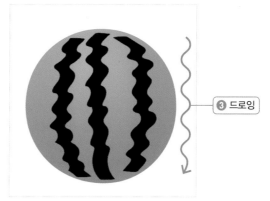

💬 **TIP**
[Fidelity]는 브러쉬의 정밀도를 조절하는 기능입니다.

44 브러쉬로 그려진 오브젝트는 패스와 같이 선으로 구성된 이미지이기 때문에 모양을 다듬기 위해서는 면으로 변경해야 합니다. 브러쉬를 면으로 확장하기 위해서는 [Object] 〉 [Expand Appearance] 메뉴를 클릭하여 적용합니다. 그러면 드로잉된 모양 그대로 면으로 확장된 것을 확인할 수 있습니다.

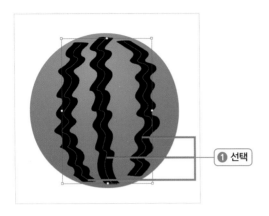

① 선택

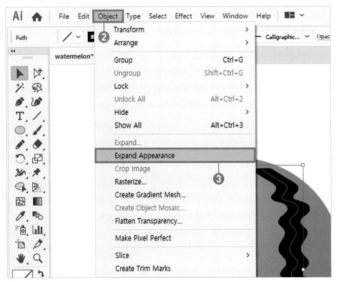

📢 TIP

브러쉬로 그려진 모양을 면으로 변경할 때는 Expand Appearance 기능을 사용합니다. Outline Stroke도 가능하지만 Expand Appearance 기능보다는 정밀하지 못한 결과가 나올 수 있습니다.

45 배경 이미지를 고정하기 위해 원을 선택하고 [Object] 〉 [Lock] 〉 [Selection] 메뉴를 클릭합니다.

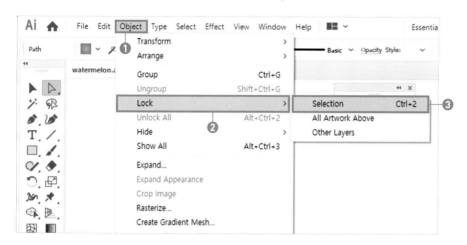

46 그다음 수박 줄무늬 오브젝트를 하나씩 선택하고 툴바에서 [Direct Selection Tool](▷), [Delete Anchor Point Tool](✒), [Anchor Point Tool](⌐) 등을 이용하여 정점의 위치와 방향점을 수정하고 불필요한 정점들은 삭제해가며 수박 줄무늬를 정리합니다.

 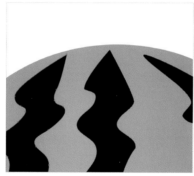

📋 MEMO **도구 모음 분리하기**

실무에서는 항상 효율적인 작업을 필요로 합니다. 특히 손이 많이 가는 작업일수록 단축키 사용은 필수이며 기타 다양한 기능을 통해 작업 능률을 높일 수 있습니다. 도구 오른쪽의 화살표가 표시된 버튼을 누르면 도구 모음 창으로 분리하여 사용할 수 있습니다.

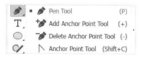 

47 수박 줄무늬가 최종 정리된 이미지입니다. 줄무늬 색상도 변경하기 위해 줄무늬 오브젝트를 모두 선택하고 [Fill] 색상을 짙은 녹색(#0A3F04)으로 채워줍니다.

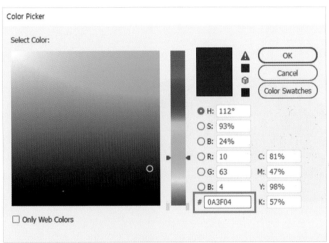

마담의크스 일러스트레이터 CC

48 다음은 수박 외관 모습에 좀 더 입체감을 표현하기 위한 작업입니다. 툴바에서 [Pen Tool](✏️)을 선택하고 수박 아래쪽에 그림자 영역을 그림과 같이 그려줍니다.

49 그다음 수박과 패스를 함께 선택하고 [Properties] 〉 [Pathfinder] 패널에서 [Divide](◱)를 클릭합니다.

50 수박 바깥쪽에 위치한 오브젝트는 삭제하고 맨 아래쪽 면을 선택합니다. 그리고 [Fill] 색상을 짙은 녹색(#096B33)으로 채워줍니다.

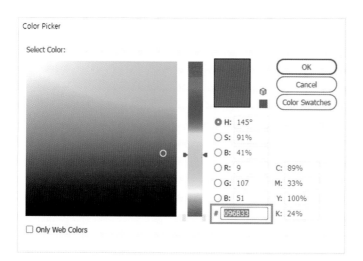

51 다음은 그림자 영영과 수박 줄무늬가 겹쳐진 면들을 선택하고 [Fill] 색상을 좀 더 어두운 녹색 (#0D2D0B)으로 채워줍니다.

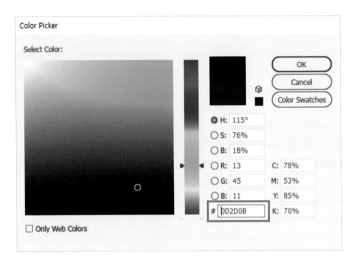

52 다음은 수박 꼭지 부분을 그려봅니다. 툴바에서 [Paintbrush Tool](✏️)을 선택하고 [Brush] 패널에서 '5pt. Round'의 크기의 브러쉬를 선택합니다. 그림과 같이 꼭지 모양을 드로잉합니다.

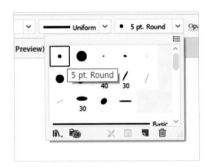

📘 **MEMO [Paintbrush Tool Options] 창**

툴바에서 [Paintbrush Tool]을 더블클릭하면 [Paintbrush Tool Options] 창이 나타나는 데 [Fidelity] 값을 이용하여 드로잉한 곡선의 부드러움을 조절할 수 있습니다.

53 그다음 [Object] 〉[Expand Appearance] 메뉴를 클릭하여 면으로 변경한 후 색상을 짙은 녹색 (#0E4909)으로 채워줍니다.

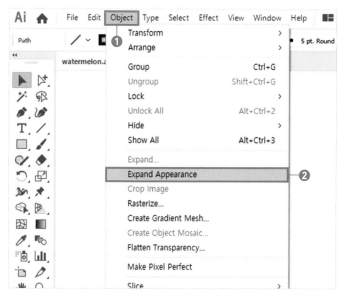

54 꼭지 이미지의 위치를 수박 아래쪽으로 이동하기 위해 [Object] 〉[Arrange] 〉[Send to Back] 메뉴를 클릭하여 맨 뒤로 이동시킵니다.

55 다음은 수박 표면에 하이라이트 효과를 적용하기 위해 툴바에서 [Paintbrush Tool](🖌)을 선택하고 그림과 같이 왼쪽 상단에 하이라이트 모양을 그려줍니다.

56 [Object] 〉 [Expand Appearance] 메뉴를 클릭하여 면으로 변경한 후 [Fill] 색상을 '흰색'으로 채워줍니다. 그러면 수박 외관의 모습이 완성됩니다.

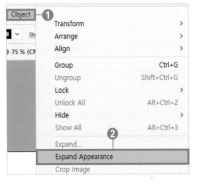

57 [Object] 〉 [Show All] 메뉴를 클릭하여 숨겨 두었던 수박 속 이미지를 표시하면 수박 일러스트가 완성됩니다.

팝업 광고 만들기

Rectangle Tool(사각형 도구), Create Outline (외곽선 만들기), PANTONE Color(펜톤 칼라), Free Transform Tool(자유 변형 도구), Stroke 패널(획 패널)

웹 사이트를 방문했을 때 불쑥 나타나는 광고 창을 팝업 광고라고 말합니다. 물론 오프라인 매장에서도 줄 또는 기타 고정기구에 달려 있는 광고의 표현도 포함된 내용입니다. 눈에 확 띄는 모양과 색상으로 시선을 끌 수 있어야 효과가 배가 되는 광고입니다.

[**예제 파일** : Sample/4교시/sale−완성.ai]

학습과제

다음 과정을 통해 문자 형태의 변형과 외곽선의 다양한 효과를 적용해 봅니다.

▲ 오브젝트를 변형하는 방법에 대해 확인하고 응용합니다.

1 Ctrl+N을 눌러 [New Document] 대화상자가 나타나면 이름을 'Sale'로 입력, 폭과 높이를 각각 '150mm'로 설정하고 [Create]를 클릭하여 새로운 문서를 생성합니다.

2 [Rectangle Tool]( )을 선택하고 Alt를 누른 채 문서 중앙 위치를 클릭하고 [Rectangle] 창을 표시합니다. [Width] : '60mm', [Height] : '60mm'로 입력하고 [OK]를 클릭하여 사각형을 만듭니다.

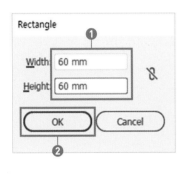
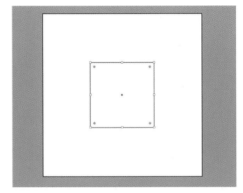

3 사각형을 회전시키기 위해 [Properties] 〉 [Transform] 패널에서 [Rotate]를 '45°'로 설정합니다.

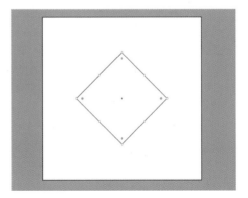

4 다음은 미리 만들어진 컬러 차트(Color Chart)를 불러와 색상을 채워보겠습니다. [Swatches] 패널에서 [Swatch Libraries menu](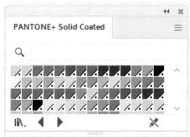)를 클릭하면 다양한 스타일의 컬러 차트를 확인할 수 있습니다. [Color Books] 〉 [PANTONE+ Solid Coated] 색상표를 선택합니다. 그러면 독립된 [PANTONE + Solid Coated] 패널이 표시됩니다.

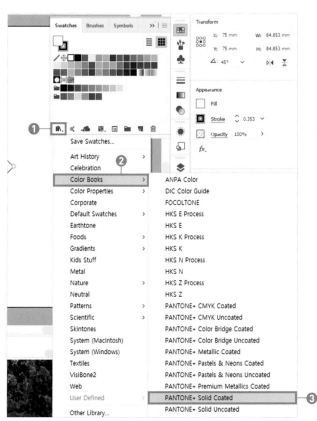

📢 **TIP**

팬톤 컬러(Pantone Color)는 미국의 팬톤사에서 만든 기준 색표집으로 색마다 번호가 붙어 있어 각 분야에서 색을 정하는 기준으로 많이 사용하고 있는 컬러 차트입니다.

📝 **MEMO** [Swatches] 패널 섬네일 크기 변경

[Swatches] 패널에 표시되는 섬네일 크기를 변경하여 컬러 차트의 시인성을 높일 수 있습니다.

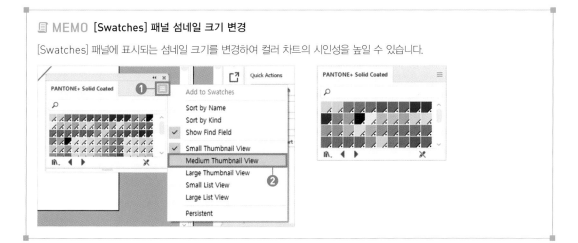

5 [PANTONE+ Solid Coated] 패널에서 [Fill] 색상을 'PANTONE Rubine Red C'로 선택합니다. 그리고 [Stroke] 색상은 'None'으로 설정합니다.

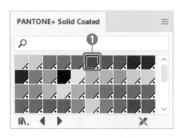 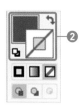

6 다음은 프리한 모양의 사각형을 그려봅니다. 툴바에서 [Pen Tool](✐)을 선택하고 [Fill] 색상은 'None', [Stroke] 색상은 '검은색'으로 설정합니다. 그다음 그림과 같이 마름모꼴 형태의 변형된 사각형을 그려줍니다.

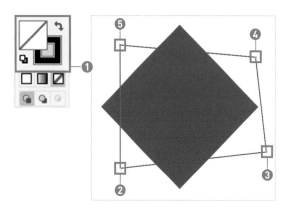

📢 TIP

[Fill] 색상을 'None'으로 하여 밑 배경이 잘 보이도록 작업합니다.

마담인큐스 일러스트레이터 CC

7 오른쪽 부분에 접힌 듯한 효과를 주기 위해 그림과 같이 삼각형 형태로 그려줍니다.

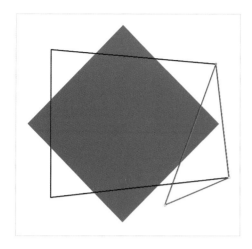

8 그다음 추가로 그린 사각형과 삼각형을 선택하고 [PANTONE+ Solid Coated] 패널에서 [Fill] 색상을 'PANTONE Red 032 C'로 선택하고 [Stroke] 색상은 'None'으로 설정합니다.

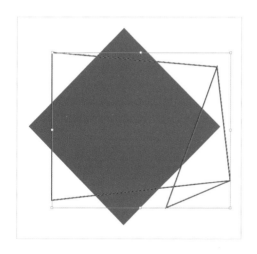

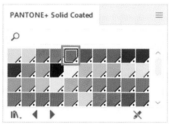

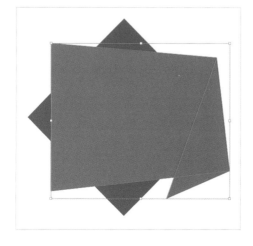

⑨ 그리고 [Properties] 〉 [Appearance] 패널에서 [Opacity]를 '70%'로 변경하여 투명도를 적용합니다. 그러면 [Fill] 색상에 투명도가 적용되어 뒤쪽에 위치한 오브젝트의 색상들과 겹쳐 섞인 모양으로 표시되는 것을 확인할 수 있습니다.

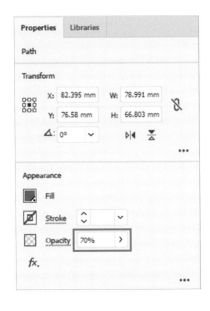

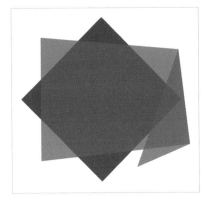

⑩ 다시 툴바에서 [Default Fill and Stroke]( )를 클릭하여 [Fill]과 [Stroke] 색상을 기본 색상으로 변경합니다. 그다음 [Star Tool]( )을 선택하고 [Radius 1] : '15mm', [Radius 2] : '22mm', [Points] : '10'으로 설정하여 별 모양을 그려줍니다.

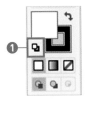

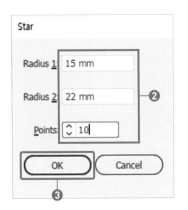

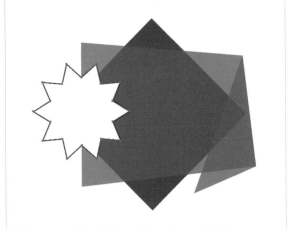

11 별 모양의 [Fill] 색상은 'PANTONE 801 C'로 선택하고 [Stroke] 색상은 'None'으로 설정합니다.

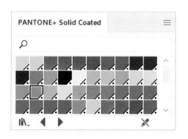

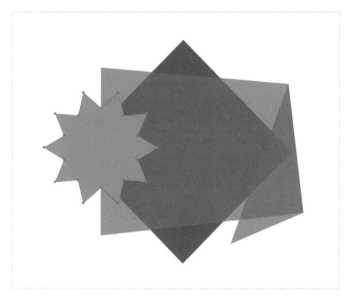

12 별과 동일한 모양의 테두리를 추가하기 위해 [Object] 〉 [Path] 〉 [Offset Path] 메뉴를 클릭합니다.

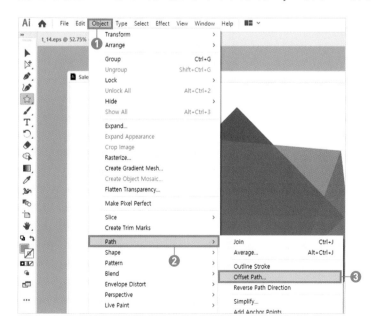

13 [Offset Path] 대화상자가 표시되면 [Offset]을 '2mm'로 설정하고 [OK]를 클릭합니다. 그러면 크기가 2mm만큼 확장된 별 모양이 추가됩니다.

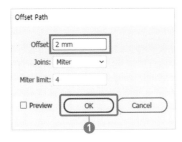

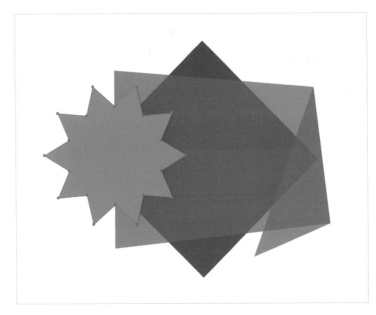

📢 **TIP**

Offset Path는 입력한 수치만큼 확장시켜주는 기능입니다.

---

14 확대시킨 별의 [Fill] 색상은 'PANTONE 803 C'로 적용합니다.

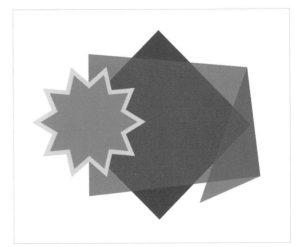

15 툴바에서 [Pen Tool](✏️)을 선택하고 [Fill] 색상은 'None', [Stroke] 색상은 '검은색'으로 설정합니다. 그다음 그림과 같이 위쪽 모서리 부분과 평행하게 패스를 그려줍니다.

16 그다음 [Properties] 〉 [Appearance] 패널에서 [Stroke]의 두께를 '2mm'로 조정합니다.

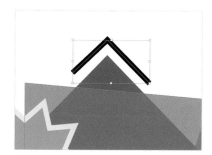

17 [Stroke] 색상은 [PANTONE+ Solid Coated] 패널에서 'PANTONE Red 032 C'로 적용합니다.

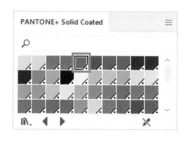
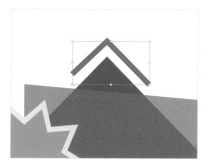

18 그다음은 패스 선을 연결하지 않고 끊어진 상태로 그림과 같이 좌우로 패스를 확장하여 그려줍니다.

19 [Stroke]의 두께는 '1mm'로 조정합니다.

20 다음은 좌우에 새로 추가한 두 개의 패스 형태를 점선 형태로 변경해 봅니다. [Appearance] 패널에서 [Stroke]를 클릭하면 Stroke 옵션 창이 표시됩니다. [Dashed Line]을 체크한 후 [Aligns dashes to corners]를 선택하고 'dash 4mm, gap 2mm'로 입력합니다. 그러면 점선 4mm, 간격은 2mm의 점선으로 변경됩니다.

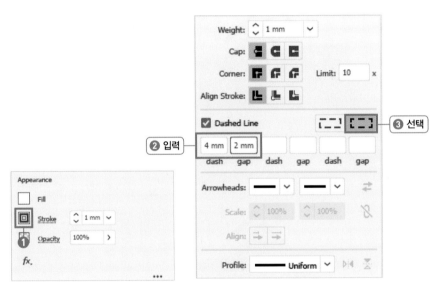

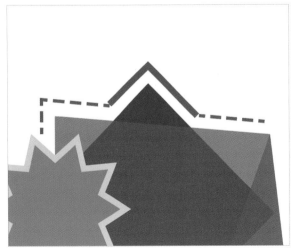

[Window] 〉 [Stroke] 메뉴를 클릭하면 Stroke 옵션들을 동일하게 사용할 수 있습니다.

21 그림과 같이 아래쪽 부분도 동일한 방법으로 그려봅니다.

22 다음은 별 모양의 그림자를 그려보도록 하겠습니다. 그림자 작업이 원활하도록 불필요한 부분을 잠시 숨겨둡니다. 확장된 별과 마름모꼴 사각형만 제외하고 나머지 오브젝트를 선택하고 [Object] 〉 [Hide] 〉 [Selection] 메뉴를 클릭하여 잠시 화면에서 숨겨둡니다.

23 별 모양을 선택한 후 Ctrl+C, Ctrl+V로 복사합니다. 그다음 [PANTONE+ Solid Coated] 패널에서 [Fill] 색상을 'PANTONE 875 C'로 적용합니다.

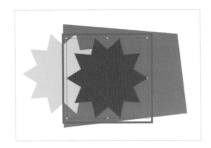 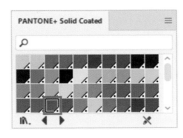

24 노란색의 별과 위치를 변경하기 위해 [Object] 〉 [Arrange] 〉 [Send Backward] 메뉴를 클릭합니다. 변화가 없다면 노란색 별 뒤에 위치하도록 여러 번 적용하고 위치도 조정합니다.

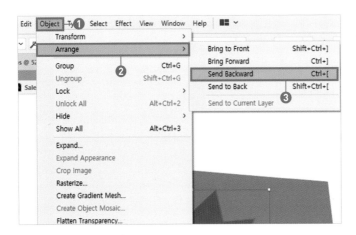 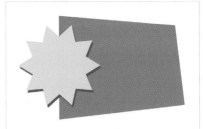

📣 TIP

[Arrange]〉[Send Backward] 메뉴는 한 칸 뒤로 이동하는 기능입니다. 자주 사용되는 기능으로 단축키를 알아두는 것이 필요합니다.

25 다음은 그림자 부분이 사각형 부분만 표시되도록 하는 작업입니다. 노란색 별은 Hide 기능으로 잠시 숨겨두고 그림자 별과 사각형을 선택합니다.

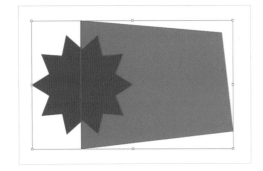

26 [Properties] 〉 [Pathfinder] 패널에서 [Divide]()를 클릭하여 겹쳐진 이미지 모양으로 나눠줍니다. 그다음 사각형 바깥쪽에 있는 별 이미지를 삭제합니다.

27 숨겨 두었던 오브젝트를 다시 표시하기 위해 [Object] 〉 [Show All] 메뉴를 클릭합니다.

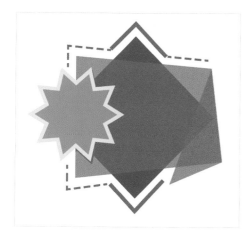

28 다음은 문자를 입력하여 팝업 광고 이미지를 완성해 보겠습니다. 먼저 문자 이미지들은 레이어를 분리하여 작업합니다. [Layers] 패널에서 [Create New Layer](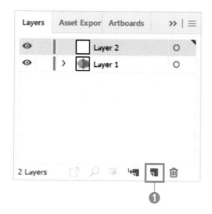)를 클릭하여 새로운 레이어를 추가합니다.

29 툴바에서 [Type Tool](T)을 선택하고 [Properties] 〉 [Character] 패널에서 글꼴 및 크기를 설정합니다. 문자의 색상은 흰색으로 설정합니다. 그다음 '70% OFF'로 문자를 입력하고 그림과 같이 위치로 이동합니다.

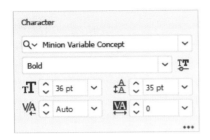  

📢 TIP

글꼴이 없는 경우 비슷한 스타일로 입력하도록 합니다.

30 그다음 그림과 같이 문자의 테두리 상자를 선택하여 회전시킵니다.

31 다음은 마름모꼴 사각형 부분에 들어갈 문자를 만들어 봅니다. 툴바에서 [Type Tool](**T**)을 선택하고 [Properties] 〉 [Character] 패널에서 글꼴 및 크기를 설정합니다. 그다음 'BIC! Sale'을 그림과 같이 입력합니다.

💬 **TIP**

글꼴이 없는 경우 비슷한 스타일로 입력하도록 합니다.

---

32 다음은 마름모꼴 사각형 모양에 맞게 문자가 원근감이 있는 형태로 변형합니다. 문자를 마우스 오른쪽 버튼을 클릭하고 [Create Outlines]를 선택합니다. 그러면 기본 문자열에서 일반 오브젝트로 변경되는 것을 확인할 수 있습니다.

💬 **TIP**

기본 문자열의 경우 모양을 변형하는 데 있어 제약이 있기 때문에 문자의 기본 속성을 변경해야 합니다.

---

33 문자의 모양을 변형하기 위해 툴바에서 [Free Transform Tool]()을 선택합니다. 그러면 확장 도구 창이 표시되는 데 그때 [Free Distort]()를 선택합니다.

34 테두리 상자의 핸들을 조절하여 사각형의 모양과 일치되도록 조절합니다.

35 다음은 문자의 그림자를 만들어 봅니다. 'BIC! Sale' 오브젝트를 Ctrl+C, Ctrl+V로 복사하고 [PANTONE+ Solid Coated] 패널에서 [Fill] 색상을 'PANTONE Rubine Red C'로 채워줍니다.

 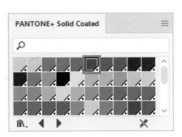

36 그림자 이미지의 순서를 변경하기 위해 [Object] > [Arrange] > [Send Backward]([Ctrl]+[[]) 메뉴를 클릭하여 위치를 조정하고 작업을 완성합니다.

37 동일한 방법 또는, 다른 방법을 활용하여 다음 그림과 같이 응용해 봅니다.

직접 쓴 손글씨를
벡터 이미지로 만들기

Photoshop(포토샵), Image Trace(이미지 추적),
Smooth Tool(매끄럽게 도구), Brush(브러쉬)

강좌
06
난이도
● ● ○

일러스트레이터의 다양한 기능들을 혼합하여 입체 효과가 적용된 이미지를 만들어 봅니다.

[예제 파일 : Sample/4교시/handtext.jpg, handtext-02.jpg, handtext-완성.ai]

 **학습과제**

래스터 이미지의 효과를 적용하여 변화를 주고 문자를 입력하고 정렬하는 방법에 대해 알아봅니다.

▲ 사용자가 손글씨를 작성하여 직접 응용해보도록 합니다.

1 먼저 포토샵으로 예제 파일(handtext.jpg)을 불러옵니다. 휴대폰으로 촬영한 사진이기 때문에 이미지 보정 작업이 필요합니다.

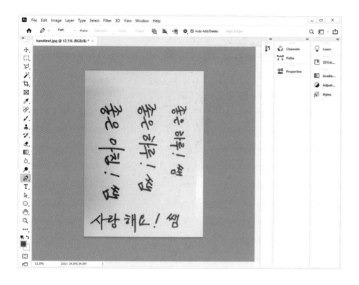

2 글씨가 세로 방향으로 되어 있어서 시계 반대 방향으로 회전시켜야 합니다. [Image] 〉 [Image Rotation] 〉 [90° Counter Clockwise] 메뉴를 클릭하여 이미지 전체를 시계 반대 방향으로 회전시킵니다.

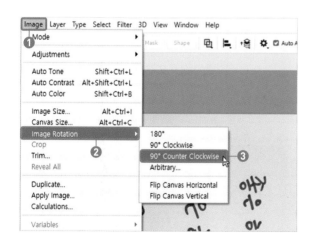

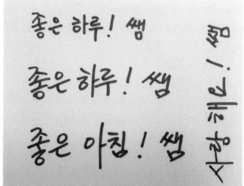

3 툴바에서 [Crop Tool](⛏️)을 선택하고 가장 마음에 드는 글씨체만 영역으로 지정하고 Enter↵ 또는 더블클릭하여 나머지 영역은 제거합니다.

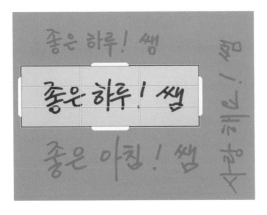
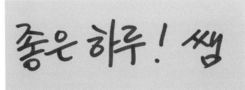

4 다음은 이미지의 흐릿한 톤을 조정하기 위해 [Image] 〉 [Adjustments] 〉 [Curves] 메뉴를 클릭합니다. 그러면 [Curves] 대화상자가 표시됩니다.

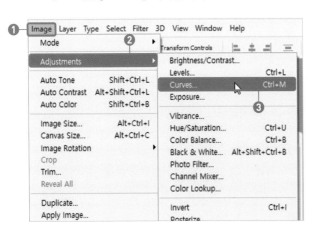
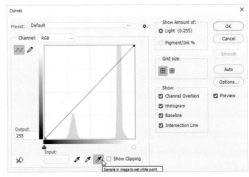

5 그래프 아래쪽 화이트 포인트(White Point) 아이콘을 선택하고 배경 부분을 선택합니다. 그러면 회색 톤의 뿌옇던 배경이 흰색으로 보정되는 것을 확인할 수 있습니다.

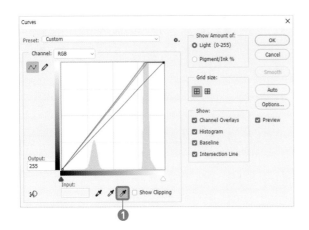
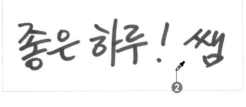

마담의크스 일러스트레이터 CC

6 다음은 블랙 포인트(Black Point) 아이콘을 선택하고 문자 영역을 클릭합니다. 그러면 색상이 짙은 검은색으로 보정되는 것을 확인할 수 있습니다.

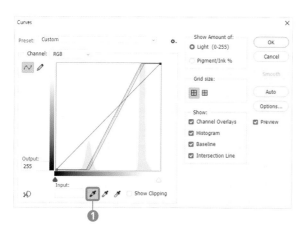 

7 보정이 완료되었다면 'handtext-02.jpg' 파일로 저장합니다.

1 일러스트레이터를 실행하고 A4 사이즈의 새로운 문서를 생성합니다.

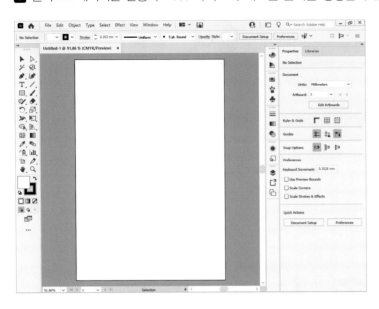

2 그다음 포토샵에서 작업하였던 이미지 파일을 가져오기 위해 [File] 〉 [Place] 메뉴를 클릭합니다. 앞서 저장했던 파일(handtext-02.jpg)을 선택하여 가져옵니다.

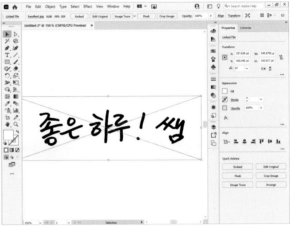

3 불러온 손글씨 이미지를 적당한 크기로 위치시킨 후 컨트롤 패널에서 [Image Trace]를 클릭하여 기본값으로 이미지 형태를 추적하고 그다음 [Expand]를 클릭하여 벡터 이미지로 변환합니다.

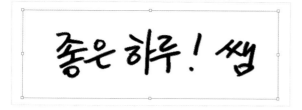

🔊 **TIP**

컨트롤 패널에서 [Image Trace]를 클릭하면 기본값으로 적용되며 세밀하게 조정이 필요할 경우는 [Window] 〉 [Image Trace] 메뉴를 클릭하여 [Image Trace] 패널을 활성화한 후 세부 옵션을 조절하면 됩니다.

---

4 벡터 이미지로 변경된 글씨들은 전체가 그룹으로 지정되어 있습니다. [Object] 〉 [Ungroup] 메뉴를 클릭하여 그룹을 해제합니다.

 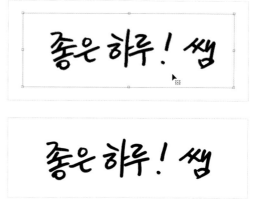

5 그다음은 한 글자씩 선택하고 [Object] 〉 [Group]([Ctrl]+[G]) 메뉴를 클릭하여 그룹으로 지정합니다.

6 그룹 지정이 완료되었다면 한 글자씩 이동하여 보기 좋게 배치를 해봅니다.

그룹으로 지정된 오브젝트를 편집할 경우 다시 그룹을 해제하지 않아도 편집이 가능합니다.

❶ 그룹 오브젝트를 더블클릭하면 선택된 오브젝트를 제외한 다른 오브젝트들은
회색톤으로 변경됩니다. 바로 편집 모드로 전환된 것을 의미합니다.

❷ 그룹 편집 모드로 변경되면 그룹 해제 없이도 개별적으로 오브젝트를 선택하여
수정 및 편집할 수 있습니다. 수정이 완료되면 문서 좌측 상단에 화살표 아이
콘(◇)을 클릭하거나 Esc 를 누르면 그룹 편집 모드가 해제됩니다.

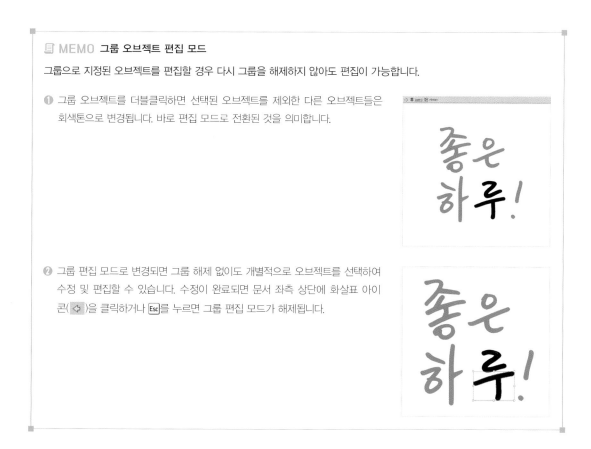

7 다음은 글씨가 얇은 듯하여 손글씨의 굵기를 좀 키워보겠습니다. 오브젝트 전체를 선택한 후 [Object] 〉
[Path] 〉 [Offset Path] 메뉴를 클릭합니다. [Offset Path] 대화상자가 표시되면 [Offset]을 '0.1mm'
정도 설정하고 [OK]를 클릭합니다.

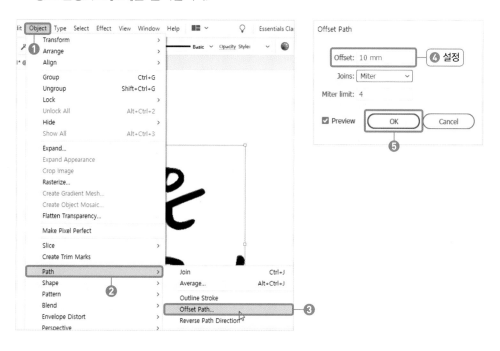

8 다음은 손글씨들의 외곽선이 조금 거칠다면 부드럽게 다듬는 과정입니다. 먼저 툴바에서 [Smooth Tool](✏️)을 더블클릭합니다. 그러면 [Smooth Tool Options] 창이 표시되며 [Fidelity]를 [Smooth] 쪽으로 설정할수록 더욱 부드러운 곡선으로 처리할 수 있습니다. 알맞게 설정하고 [OK]를 클릭합니다.

 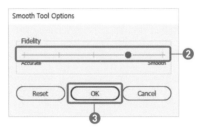

9 수정할 부분의 패스 위로 드로잉하면 정점의 개수가 축소되면서 곡선이 더욱 매끄럽게 변하는 것을 확인할 수 있습니다.

10 그다음 불필요한 모양을 제거하겠습니다. 툴바에서 [Eraser Tool](◆)을 선택한 후 키보드의 `[`, `]` 단축키를 눌러가며 지우개의 크기를 적당하게 조절합니다. 그다음 제거할 부분을 드로잉합니다.

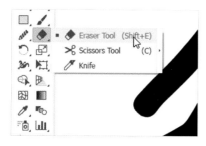

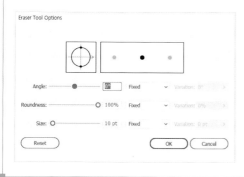

📄 **MEMO** [Eraser Tool Options] 창

[Eraser Tool]을 선택한 후 [Properties] 패널에서 [Tool Options]를 클릭하거나 툴바에서 [Eraser Tool]을 더블클릭하면 [Eraser Tool Options] 창이 표시됩니다. 이곳에서 크기와 모양을 변경할 수 있습니다.

11 다음은 '쌤' 글자를 이용하여 낙관 형태를 만들어 보겠습니다. 툴바에서 [Rounded Rectangle Tool] ( ))을 선택하고 드래그하여 그림과 같이 라운드 사각형을 그려줍니다.

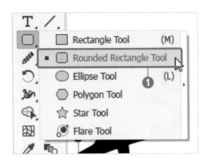 

> 📢 TIP
>
> [Rounded Rectangle Tool]로 드래그할 때 방향키 ↑, ↓를 누르면 사각형 라운드의 크기를 바로 조절할 수 있습니다.

12 색상은 빨간색으로 적용합니다.

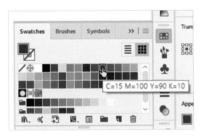 

13 그다음 자연스러운 형태의 낙관 모양을 만들기 위해 툴바에서 [Smooth Tool]( )을 선택하고 외곽 선을 드래그합니다.

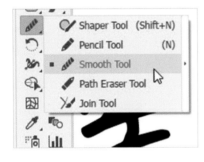 

14 그다음 '쌤' 글자의 색상을 흰색으로 변경한 후 그림과 같이 낙관 배경에 꽉 차는 모양으로 크기를 조 정합니다.

15 낙관의 테두리 부분을 좀 더 자연스럽게 만드는 과정입니다. 낙관의 배경 사각형을 선택한 후 다양한 브러쉬 모양을 불러오기 위해 [Window] > [Brush] 메뉴를 클릭합니다. [Brush] 패널에서 메뉴 버튼을 클릭하고 [Open Brush Library] > [Artistic] > [Artistic_ChalkCharcoalPencil]을 선택합니다. [Artistic_ChalkCharcoalPencil] 창이 표시되면 'Charcoal _ Pencil' 브러쉬를 선택하여 낙관에 적용합니다.

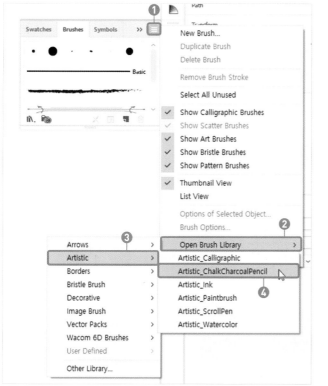

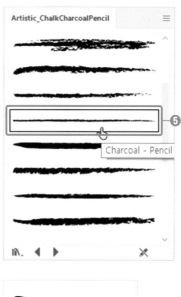

16 그러면 기본 손글씨로 작성한 문자를 일러스트레이터 벡터 이미지로 변환 과정이 완료됩니다. 사용자들이 직접 손글씨를 작성한 후 동일한 방법으로 작업을 진행합니다.

SNS용 홍보물 포스터 만들기

**Image Trace(이미지 추적), Type Tool(문자 도구),
Polygon Tool(다각형 도구), Star Tool(별모양 도구),
Place(가져오기), Expert(내보내기)**

SNS를 활용하여 행사를 홍보할 수 있는 이미지를 만들어보는 과정입니다. SNS에 올리는 이미지들은 대부분의 사용자가 스마트폰으로 이미지를 보는 경우가 많기 때문에 간결한 구성과 가독성에 중점을 두는 것이 좋습니다.

[**예제 파일** : Sample/4교시/rock.jpg, Sponsor01~03.jpg, poster-완성.ai]

 **학습과제**

래스터 이미지의 효과를 적용하여 변화를 주고 문자를 입력하고 정렬하는 방법에 대해 알아봅니다.

▲ 예제에 사용된 글꼴이 없는 경우는 임의로 선택하여 진행합니다.

1 메뉴에서 Ctrl+N을 눌러 [New Document] 대화상자를 불러봅니다. A4 크기로 설정하고 새로운 문서의 이름을 'POSTER'로 입력합니다. 그다음 [Color Mode]를 'RGB Color'로 설정한 후 [Create]를 클릭합니다.

📋 **MEMO** Color Mode

웹상에 올릴 이미지이기 때문에 컬러 모드를 RGB로 설정하는 것이 필요합니다. 인쇄용 모드인 CMYK로 설정하였을 경우 동일한 값의 색상이라도 다르게 보일 수 있습니다. 다음은 동일한 색상 값(#ff7bff)을 가지고 있지만 문서의 컬러 모드에 따라 색상이 다르게 보인다는 것을 알 수 있습니다.

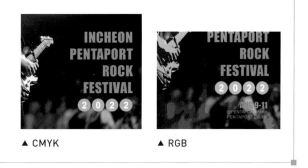

▲ CMYK   ▲ RGB

---

2 새로운 문서로 이미지를 가져오기 위해 [File] 〉 [Place] 메뉴로 'rock.jpg' 파일을 불러온 후 문서 폭에 맞게 이미지 크기를 조절합니다.

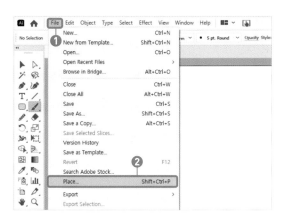

📢 **TIP**

웹용으로 사용할 이미지(JPG, PNG)의 경우 문서의 크기와는 무관하지만, 인쇄용 출력물이나 PDF 파일로 출력할 경우는 문서의 크기를 출력할 크기로 미리 설정하고 진행하는 것이 필요합니다.

3 이미지를 선택한 상태에서 [Window] 〉 [Image Trace] 메뉴를 클릭합니다. 그러면 [Image Trace] 패 널이 나타납니다.

4 다음은 포스터 이미지로 변환해 보겠습니다. 이미지를 선택하고 [Image Trace] 패널에서 프리셋 중 [Auto-Color](🔊)를 클릭합니다. 그다음 [Colors]를 '16'으로 입력하여 색상의 단계를 기본값보다 작 게 적용합니다. 적용 후 포스터처럼 변환된 이미지를 확인합니다.

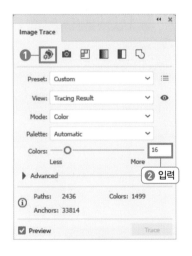

5 다음은 문자를 입력하기 위해 툴바에서 [Type Tool](T)을 선택합니다. 툴바에서 문자의 색상은 밝은 핑크색(#ff7bff)으로 선택하고 [Properties] 〉 [Character] 패널에서 서체는 'Impact', 크기는 '36pt' 정도로 설정합니다. 그다음 'INCHEON PENTAPORT ROCK FESTIVAL 2022'를 그림과 같이 입력합니다.

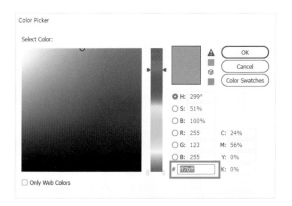

📢 TIP
사용자 컴퓨터의 Impact 서체가 없는 경우 다른 서체를 사용해도 무방합니다.

6 다음은 [Paragraph] 패널에서 [Align Right](를)를 선택하여 문장을 우측 정렬로 변경합니다.

7 그다음 자간의 간격을 조절하기 위해 문장 전체를 드래그하여 선택하고 [Character] 패널을 그림과 같이 설정하고 [Set the Tracking for selected characters]의 값을 '25'로 설정하여 단어의 간격을 조정합니다.

📢 TIP

동일한 글꼴이 없는 경우 다른 글꼴로 대체합니다.

8 숫자의 글꼴을 변경하여 다른 문자들과 구별되도록 해봅니다. '2022' 숫자 부분만 선택한 후 원 문자 서체로 변경하기 위해 'EmojiOne'을 선택합니다.

> 📢 **TIP**
> 동일한 글꼴이 없는 경우 다른 글꼴로 대체합니다.

9 추가 문장으로 다음과 같이 'AUG 9–11, @PENTAPORT PARK, PENTAPORT.CO.KR'을 입력하고 그림을 참고하여 글꼴 및 크기 등에 대한 설정을 조절합니다.

10 다음은 '인천펜타포트락페스티벌' 로고를 간략하게 비슷한 모양으로 그려봅니다. [Fill] 색상을 문자 색 상과 동일한 색상으로 설정하고 [Stroke] 색상은 'None'으로 설정합니다. 그다음 툴바에서 [Polygon Tool](⬡)을 선택하고 도형이 그려질 곳을 클릭합니다. [Polygon] 창이 표시되면 [Radius] : '7mm', [Sides] : '5'로 입력하고 [OK]를 클릭합니다. 그러면 오각형이 생성됩니다.

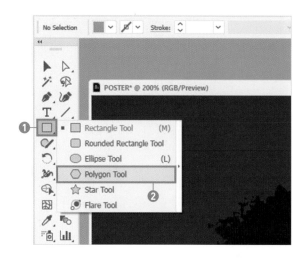

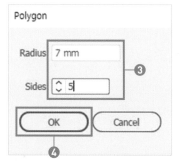

11 그다음 컨트롤 위젯을 드래그하여 반지름이 대략 2.5mm 정도가 되도록 반경의 값을 수정합니다.

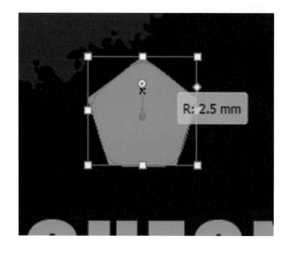

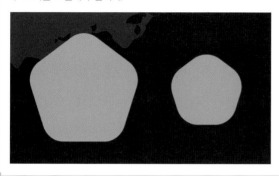
12 그다음 오각형 안쪽에 위치할 별 모양의 도형을 만들어 봅니다. 먼저 [Fill] 색상을 선택하기 위해 툴바에서 [Eyedropper Tool](🖊)을 선택하고 배경 이미지 어두운 부분을 클릭하여 색상을 추출합니다. 그다음 [Stroke] 색상은 'None'으로 설정합니다.

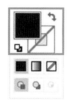

13 그다음 툴바에서 [Star Tool](⭐)을 선택하고 오각형의 중심 부분을 클릭합니다. [Star] 창이 표시되면 [Radius 1] : '2mm', [Radius 2] : '7mm', [Points] : '5'로 입력하고 [OK]를 클릭하여 별을 그려줍니다.

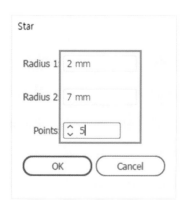

14 별의 모퉁이 부분을 라운드로 처리하기 위해 툴바에서 [Direct Selection Tool](▷)을 선택합니다. 그러면 별 모양에 컨트롤 위젯이 표시되며 반지름이 0.4mm 정도가 되도록 드래그하여 반경을 수정 합니다.

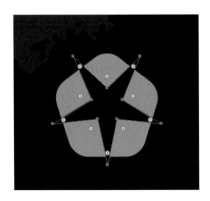 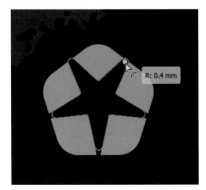

15 다음은 별을 회전시키기 위해 별을 선택하고 [Properties] 〉 [Transform] 패널에서 [Rotate]를 '180°' 로 변경한 후 별의 중심이 오각형 중심과 일치되도록 위치를 조정합니다.

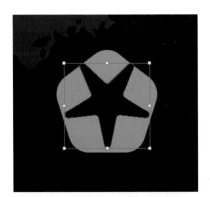 

16 다음은 문자의 맨 끝부분과 수평한 위치에 안내선(Guide)을 이용하여 협찬사 로고를 배치합니다. 먼저 안내선을 사용하기 위해서는 눈금자(Ruler)를 표시해야 합니다. [View] 〉 [Rulers] 〉 [Show Rulers] 메뉴를 클릭합니다.

17 그러면 문서 테두리에 눈금자가 표시됩니다. 상단에 눈금자를 클릭한 채 드래그하면 안내선이 나타나 며 그림과 같이 오른쪽 문자 맨 끝부분까지 이동하여 안내선을 표시합니다.

18 작업 중인 문서로 로고 이미지를 불러오기 위해 [File] 〉 [Place] 메뉴를 클릭하고 'sponsor01.jpg' 파일을 선택하여 불러옵니다. 그다음 그림과 같이 적절한 크기로 조절하고 로고가 아래쪽의 안내선과 일치하도록 위치합니다.

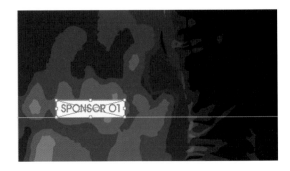

19 동일한 방법으로 'sponsor02.jpg, sponsor03.png' 파일을 불러오고 그림과 같이 크기와 간격을 통일성 있게 조정한 후 배치를 완료합니다.

📢 **TIP**

PNG는 GIF를 대체하기 위해 만들어진 오픈소스 파일 포맷입니다. 편집 과정에서 사용하기 적합한 포맷으로 특히 배경이 투명인 상태로 이미지를 저장할 수 있어 많이 사용됩니다.

마담의크스 일러스트레이터 CC

20 모든 작업이 완료되었다면 SNS 및 기타 웹에서 사용할 수 있도록 jpg 파일 포맷으로 변경하여 저장합니다. [File] > [Export] > [Export As] 메뉴를 클릭합니다.

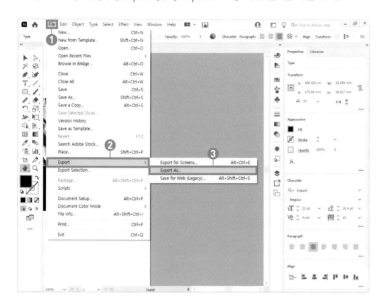

21 [Export] 대화상자가 표시되면 파일 이름을 'POSTER'로 입력하고 파일 형식을 'JPEG (*.JPG)'로 설정하고 [Export]를 클릭합니다. [JPEG Options] 대화상자에서는 압축 퀄리티 및 해상도, 안티알리아싱 등을 조절할 수 있습니다.

📓 MEMO **Export의 다양한 포맷 지원**

일러스트레이터는 다른 프로그램과 호환성을 높여주기 위해 다양한 포맷으로 출력을 지원합니다.

비즈니스 카드 만들기

Place(가져오기), Type Tool(문자 도구), Offset Path(패스 이동), Symbols(심볼), Create Outlines(윤곽선 만들기)

일러스트레이터는 명함을 제작하거나 출력하는 곳에서 많이 사용됩니다. 명함 출력을 하는 업체라면 대부분은 일러스트레이터 파일(*.ai)을 요구할 것입니다. 그만큼 명함 제작에 있어서 쉽고 빠르게 탁월한 기능들을 사용할 수 있기 때문입니다.

[예제 파일 : Sample/4교시/card-logo.eps, facebook.jpg, instagram.jpg, kakao.jpg, youtube.jpg, 명함-완성.ai]

학습과제

다음 과정은 주어진 파일들을 이용하여 톡톡 튀는 개성 만점의 명함을 디자인해 봅니다.

▲ 다음 과정을 완료 후 자신만의 명함을 만들어 봅니다.

1 먼저 명함 기본 사이즈에 맞게 새로운 문서를 만들고 시작합니다. [File] 〉 [New] 메뉴를 클릭하고 새 문서의 이름을 'Business Card'로 입력하고 [Orientation]을 '가로 방향', [Width] : '90mm', [Height] : '50mm', [Artboards] : '2개', [Color mode] : 'CMYK'로 설정하고 [Create]를 클릭합니다. 그러면 명함 앞뒤면을 디자인할 수 있도록 아트보드가 2개 생성됩니다.

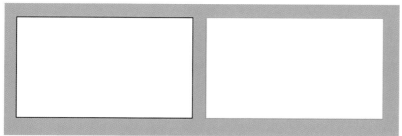

📋 **MEMO 명함 사이즈**

일반적으로 명함 사이즈는 종이명함과 카드명함으로 구분할 수 있습니다. 종이명함은 다시 일반지 명함과 수입지명함으로 구분됩니다. 종이명함은 일반적으로 가로 90mm, 세로 50mm가 표준 사이즈입니다. 과거에는 86×52 사이즈의 명함을 많이 사용했지만, 최근에는 90×50 사이즈를 많이 사용합니다. 카드 명함은 가로 86mm, 세로 54mm가 표준 사이즈입니다. 그리고 카드 명함은 기본적으로 귀도리(둥근 모서리) 후가공을 하는 경우가 많습니다. 또한 이외에 개성 있는 다양한 사이즈도 가능합니다. 그리고 명함 작업 시 재단 사이즈와 작업 사이즈가 있습니다. 이것은 색상 또는, 이미지가 배경에 들어가는 경우 재단 사이즈와 작업 사이즈가 동일할 경우 명함 재단 작업 시 기계의 오차가 나거나 종이가 밀려서 흰 배경이 발생할 수 있습니다. 그런 오차 범위를 고려하여 작업 사이즈를 2mm 정도 여유롭게 두는 것이 예기치 않은 사고를 방지하는 방법입니다.

▲ 명함 작업 사이즈 : **92mm×52mm**, 명함 재단 사이즈 : **90mm×50mm**

2 상하좌우 여백을 일정하게 설정하기 위해 안내선(Guides)을 이용합니다. 먼저 [View] 〉 [Rulers] 〉 [Show Rulers]([Ctrl]+[R]) 메뉴를 클릭하여 눈금자를 표시하고 상하좌우 여백의 간격을 7mm 정도로 드래그하여 설정합니다.

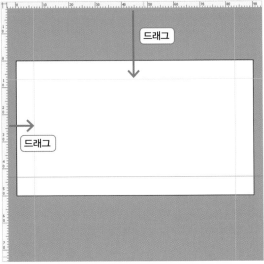

📋 **MEMO 안내선이 선택되지 않는 경우**

안내선이 선택되지 않아 위치를 조정하거나 삭제하지 못할 경우라면 [View] 〉 [Guides] 〉 [Unlock Guides] 메뉴를 클릭하여 고정된 안내선을 해제해야 합니다.

---

3 안내선을 설정이 완료되었다면 [File] 〉 [Place] 메뉴를 클릭하고 로고 파일(card-logo.eps)을 선택한 후 작업 화면으로 가져옵니다. 로고의 크기는 그림과 같이 알맞게 조정합니다.

4 그다음 명함 당사자의 이름을 입력해 봅니다. 툴바에서 [Type Tool](**T**)을 선택한 후 '유튜버 쌤'을 입력합니다. 그다음 [Properties] 〉 [Character] 패널에서 '유튜버' 문자와 '쌤' 문자의 크기를 다음과 같이 설정합니다.

▲ '유튜버' 문자 설정

▲ '쌤' 문자 설정

5 다음은 'YouTube Channel'을 입력하고 [Properties] 〉 [Appearance] 패널에서 [Fill] 색상을 그림과 같이 '80% 회색'으로 선택하여 적용합니다. 그다음 [Properties] 〉 [Character] 패널에서 [Tracking] 을 '-25' 정도로 설정하여 알파벳 간격이 축소되도록 조정합니다.

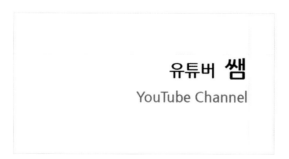

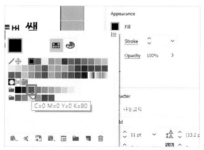

6 그다음 유튜브 로고를 가져오도록 합니다. [File] 〉 [Place] 메뉴를 클릭한 후 예제 파일(youtube.jpg)을 가져오고 크기를 조절하여 그림과 같은 위치로 설정합니다.

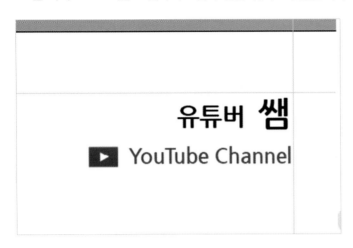

7 다음은 오브젝트를 이용하여 명함을 꾸며봅니다. 툴바에서 [Rectangle Tool](![rectangle icon])을 선택하고 그림과 같이 왼쪽 안내선부터 오른쪽 안내선까지 드래그하여 빨간색(#e6234b) 사각형을 그려줍니다.

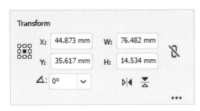

8 다음은 연락처, 메일, 주소를 일러스트레이터에서 기본적으로 제공하는 각종 심볼을 이용하여 구성해 봅니다. [Window] 〉[Symbols] 메뉴를 클릭하면 [Symbols] 패널이 표시됩니다.

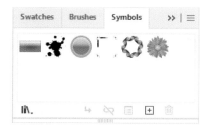

9 기본적으로 제공되는 심볼들을 불러오기 위해 메뉴 버튼을 클릭하고 [Open Symbos Library] 〉 [Web Icons]를 선택합니다.

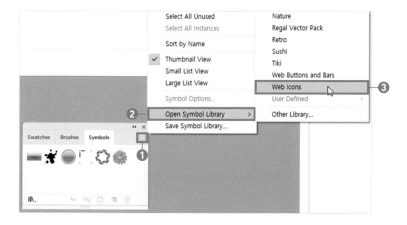

10 그러면 [Web Icons] 패널이 새로 표시되면서 사용할 수 있는 다양한 심볼들을 확인할 수 있습니다. [Web Icons] 패널에서 필요한 휴대폰, 메일, 집 아이콘 모양을 드래그하여 추가합니다.

11 그림과 같이 크기와 위치를 조절합니다.

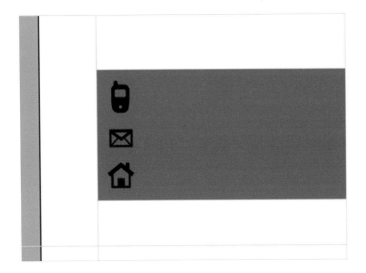

12 아이콘의 색상을 검은색에서 흰색으로 변경해 봅니다. 심볼의 수정은 편집 모드로 변경한 후 가능합니다. 휴대폰 아이콘을 더블클릭합니다. 그러면 다음과 같이 '심볼 편집을 진행하겠느냐?'는 메시지 창이 나타나는데 [OK]를 클릭하여 진행합니다. 그러면 화면이 편집할 수 있는 모드로 변경되는 것을 확인할 수 있습니다.

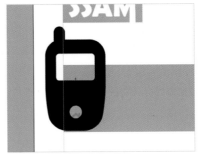

13 [Fill] 색상을 '흰색'으로 변경합니다.

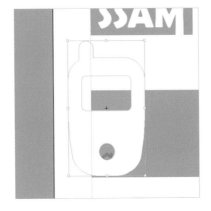

14 수정이 완료되면 문서 좌측 상단에 화살표를 클릭하면 심볼 편집 모드에서 빠져나갈 수 있습니다.

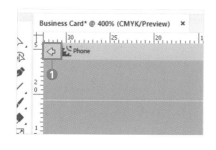
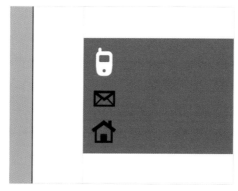

15 나머지 아이콘들도 흰색으로 변경합니다.

16 다음은 연락처, 메일, 주소를 입력해 봅니다. 툴바에서 [Type Tool](**T**)을 선택하고 그림과 같이 문자가 작성될 영역을 드래그하여 설정합니다. '010.1234.5678, card_mail@naver.com, 서울시 마포구 성산동 123-4'를 연속적으로 입력합니다. 문자의 색상은 흰색, [Character] 패널에서 그림과 같이 설정합니다.

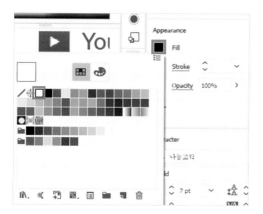

17 툴바에서 [Pen Tool]()을 선택하고 그림과 같이 화살표를 그려줍니다.

18 다음은 예제 파일(facebook.jpg, instagram.jpg, kakao.jpg)을 Place 명령으로 가져온 후 그림과 같이 나열하고 각각 자리에 'YouTube Channel' 문자를 복사합니다.

19 복사한 문자를 각각 '페이스북 주소', '인스타그램 주소', '카카오톡 아이디'로 수정합니다.

[View] 〉 [Guides] 〉 [Hide Guides] 메뉴를 클릭하면 안내선을 숨길 수 있습니다. 단축키는 Ctrl+; 입니다.

20 다음은 완성된 명함의 앞면입니다.

21 다음은 명함의 뒷면을 그려봅니다. 먼저 배경을 만들기 위해 툴바에서 [Rectangle Tool](▢)을 선택하고 그림과 같이 명함 사이즈만큼 드래그하여 그려줍니다. [Fill] 색상은 앞면의 기본 색상과 동일한 빨간색(#e6234b)으로 설정합니다.

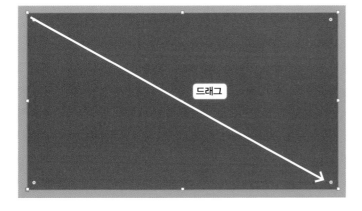

22 그다음 안내선을 이용하여 외곽선에서 7mm 정도 떨어지도록 사각형을 추가로 그려줍니다. 그리고 [Fill] 색상은 'None', [Stroke] 색상은 '흰색'으로 설정하고 두께는 '0.5pt'로 설정합니다.

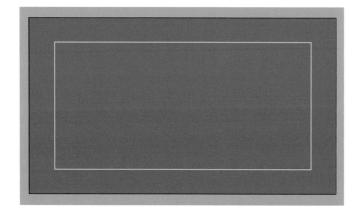

23 Offset Path 기능으로 사각형 라인을 복사합니다. 사각형을 선택하고 [Object] 〉 [Path] 〉 [Offset Path] 메뉴를 클릭합니다. [Offset Path] 대화상자가 표시되면 '−3.5mm' 정도를 입력하고 [OK]를 클릭합니다. 그러면 입력된 값으로 사각형의 윤곽선이 만들어집니다.

 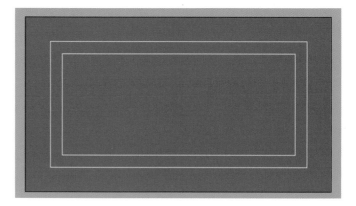

24 한 번 더 적용하여 사각형 라인을 추가하고 앞면에 있던 'SSAM' 로고를 복사하여 그림과 같이 확대 후 배치합니다.

25 그러면 명함 앞뒷면이 완성됩니다. 이처럼 응용하여 개성 넘치는 개인 명함을 만들어 봅니다.

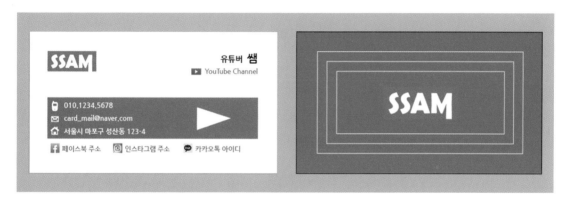

📓 MEMO **Bleed(도련)**

인쇄물을 재단할 때 기계가 한 번에 많은 양을 절단하기 때문에 잘리는 부분에 오차가 발생할 수 있습니다. 오차로 인한 인쇄 사고를 방지하기 위해 배경 작업 시 실제 재단 크기보다 여유롭게 공간을 늘려 작업을 진행합니다. 명함도 마찬가지로 배경에 색상 또는 이미지가 들어갈 때 Bleed를 통해 3mm 정도 미리 여백을 표시하고 배경 작업을 Bleed 크기에 맞춰 진행하는 것이 필요합니다.

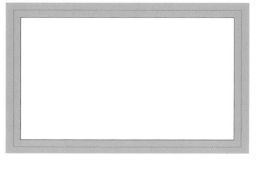

📓 MEMO **명함 출력소로 보내기**

일반 개인들도 온라인 상점을 통해 쉽고 빠르게 명함 출력을 의뢰할 수 있습니다. 한 가지 주의할 점으로 명함에 사용한 글꼴이 출력소에 구비하고 있지 않은 경우 지정한 글꼴 모양으로 출력하기 어렵기 때문에, Create Outlines 기능을 이용하여 문자를 깨뜨린 후 문자를 도형화해야 합니다. 그러면 출력소 글꼴의 유무와 상관없이 선택한 글꼴 모양으로 출력할 수 있습니다.

01. 문자를 모두 선택합니다.

02. 그다음 [Type] 〉 [Create Outlines] 메뉴를 클릭합니다.

03. 확대해서 확인하면 문자에 외곽선이 생긴 것을 확인할 수 있습니다.

티켓 가격 안내문 작성하기

**Image Trace(이미지 추적), Type Tool(문자 도구),
Line Segment Tool(선분 도구), Arrow(화살표),
Export(내보내기)**

강좌
09
난이도
●●●

대표적인 홍보물 작업으로 안내문을 만들어보는 과정입니다. 문자를 입력하고 편집하는 방법에 대해 주의를 기울여야 하는 작업입니다.

[예제 파일 : Sample/4교시/handup.jpg, rocknroll.ai, Ticket—완성.ai]

 학습과제

외부 이미지들을 가져와서 자유롭게 배치하는 방법을 확인하고 문자의 크기와 간격을 조절하는 편집 방법도 확인합니다.

▲ 동일한 글꼴이 없는 경우 임의로 선택하여 진행합니다.

1 새로운 문서를 만들기 위해 Ctrl+N을 누릅니다. [New Document] 대화상자가 표시되면 인쇄용 (Print) 프리셋에서 A4 크기를 선택합니다. 그리고 문서의 이름을 'Ticket'으로 입력한 후 [Create]를 클릭합니다.

 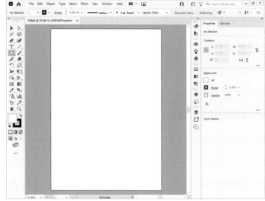

2 이미지를 불러오기 위해 [File] 〉 [Place] 메뉴를 클릭하고 'handup.jpg' 파일을 불러옵니다. 그다음 상단 코너에 맞게 드래그하여 이미지 크기를 조절합니다.

3 불러온 이미지에 포스터 효과를 적용하기 위해 [Window] 〉 [Image Trace] 메뉴를 클릭합니다. [Image Trace] 패널에서 [Auto-Color](🞄) 클릭하고 색상의 단계를 '16'으로 설정하여 적용합니다.

4 다음은 제목 문자를 입력해 봅니다. 툴바에서 [Type Tool](**T**)을 선택하고 다음과 같이 'PENTAPORT TICKET PRICE' 단어를 입력합니다. 그다음 문자 전체를 선택하고 [Properties] 〉 [Character] 패널에서 그림과 같이 글꼴 크기(Set the font size), 행간(Set the leading), 가로 크기 (Horizontal Scale)를 설정하여 문자의 크기 및 간격을 조절합니다.

5 다음은 일부 문자의 크기 및 색상을 조절해 봅니다. 'PENTAPORT'를 선택하고 [Character] 패널에서 글꼴 크기를 '59pt', 행간을 '51pt'로 설정합니다.

6 그다음 문자의 색상을 변경하기 위해 [Window] 〉 [Swatches] 패널을 선택합니다. 새로운 색상 목록을 불러오기 위해 [Swatches] 패널에서 메뉴 버튼을 클릭하고 [Open Swatch Library] 〉 [Nature] 〉 [Flowers]를 선택합니다.

7 그러면 꽃 색상과 연관된 색상표들이 모여 있는 [Flowers] 패널이 표시됩니다. 그림과 같이 'Sunflower' 목록을 선택하면 [Swatches] 패널에 새로운 색상이 추가된 것을 확인할 수 있습니다.

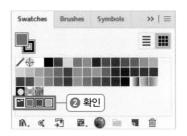

📋 MEMO [Swatches] 패널의 색상표의 크기 조절

[Swatches] 패널 메뉴에서 색상표 섬네일 아이콘의 크기를 변경할 수 있습니다.

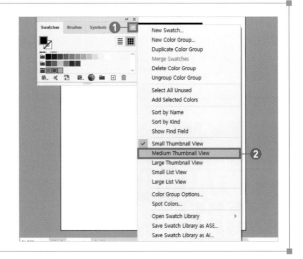

8 Sunflower의 3가지 색상을 메인 색상으로 사용합니다. [Fill] 색상을 '진한 황토색'으로 적용합니다.

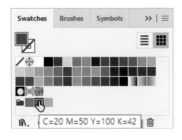

9 다음은 본문 내용을 아래와 같이 입력합니다.

📣 TIP

동일한 모양의 글꼴이 없는 경우 비슷한 글꼴로 선택하여 사용합니다. 또는 네이버에서 나눔서체를 무료로 다운받아 사용할 수 있습니다.

10 입력이 완료되면 문장 전체를 선택하고 색상을 '연한 황토색'으로 적용합니다.

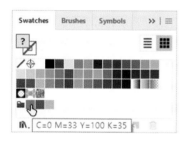

11 다음은 그림과 같이 요금표의 맨 윗줄 제목을 선택하고 글꼴의 크기를 '1pt' 키우고 글꼴의 스타일을 'ExtraBold'로 변경합니다. 그리고 색상은 '짙은 황토색'으로 변경합니다.

12 또한 제목의 제외한 본문 문자도 글꼴의 스타일을 'ExtraBold'로 변경합니다.

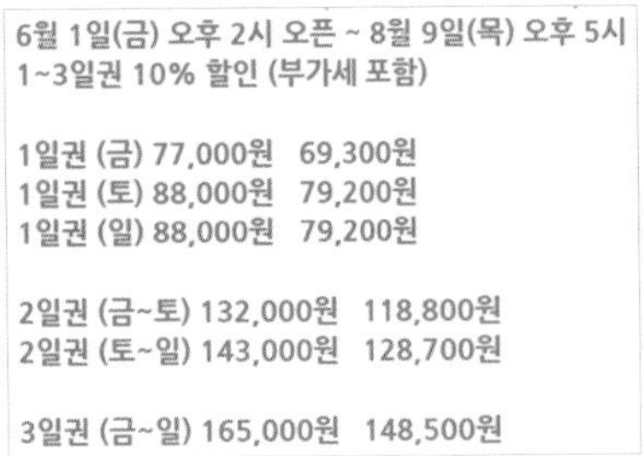

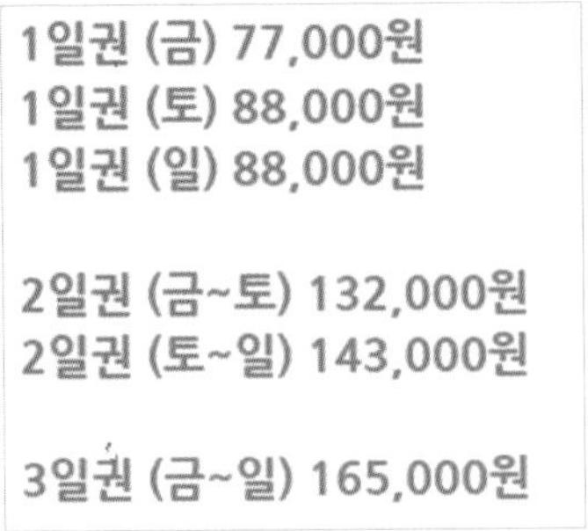

13 다음은 제목과 본문이 시작되는 두 문장의 간격을 조정하기 위해 그림과 같이 선택하고 [Character] 패널에서 행간의 값을 '25pt'로 변경합니다.

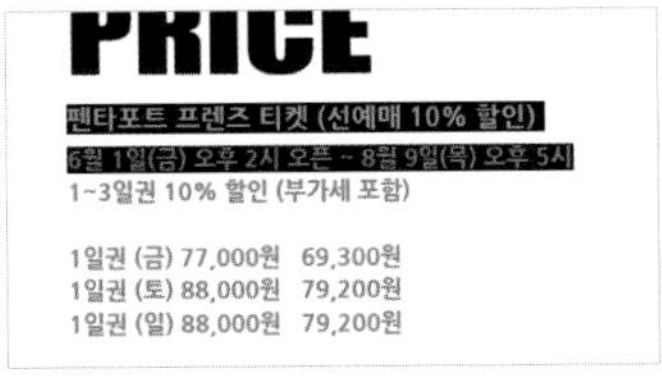

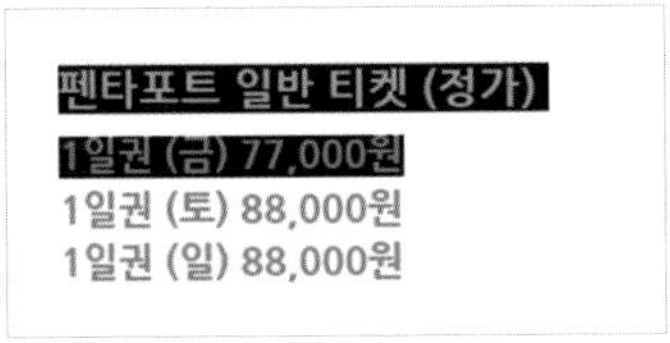

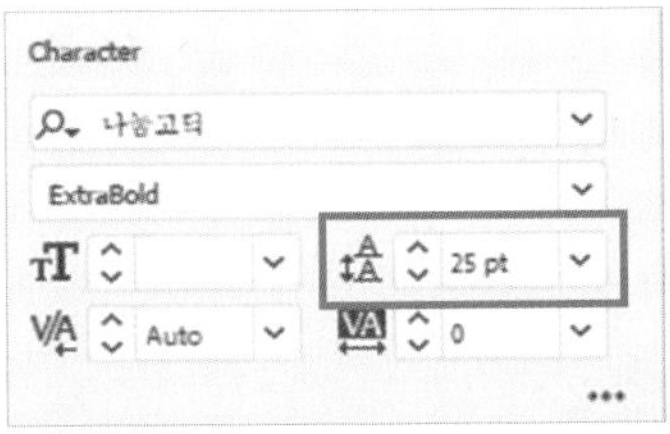

14 다음은 제목 부분을 강조하기 위해 문자 아래쪽으로 선을 추가합니다. 툴바에서 [Line Segment Tool](⁄)을 선택하고 수평으로 유지하도록 Shift를 누른 채 선을 그려줍니다. [Stroke] 색상은 주황색(#e15b10)으로 설정하고 선의 두께는 '1pt'로 적용합니다.

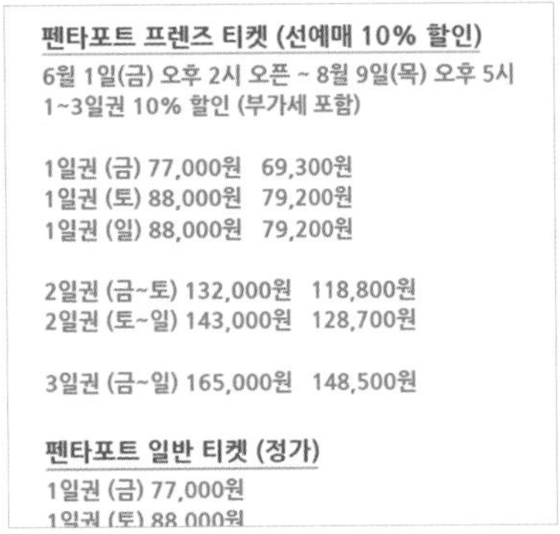

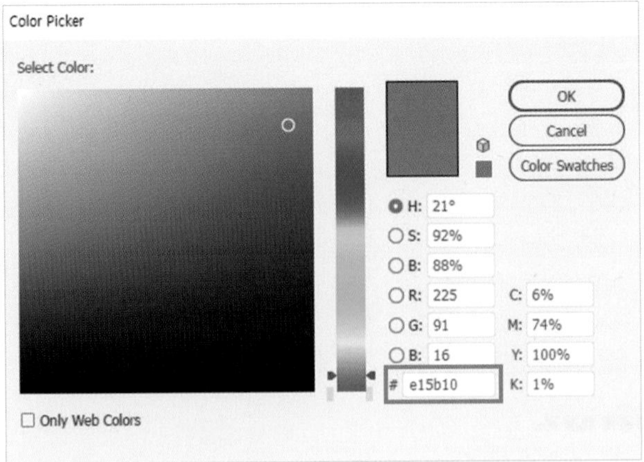

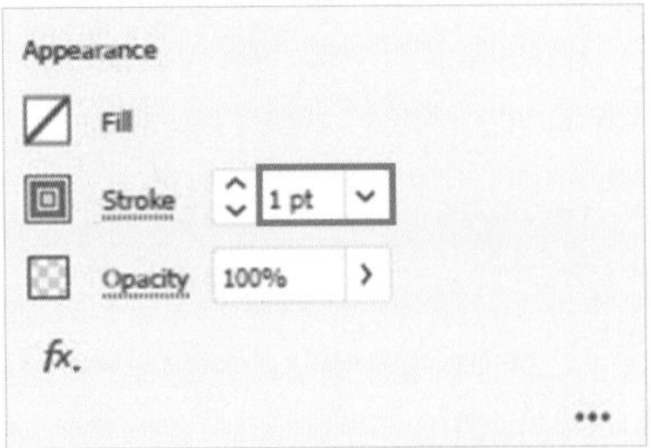

15 다음은 툴바에서 [Type Tool](T)을 선택하고 할인 전 가격과 할인 후 가격의 간격을 10칸 정도 띄워줍니다.

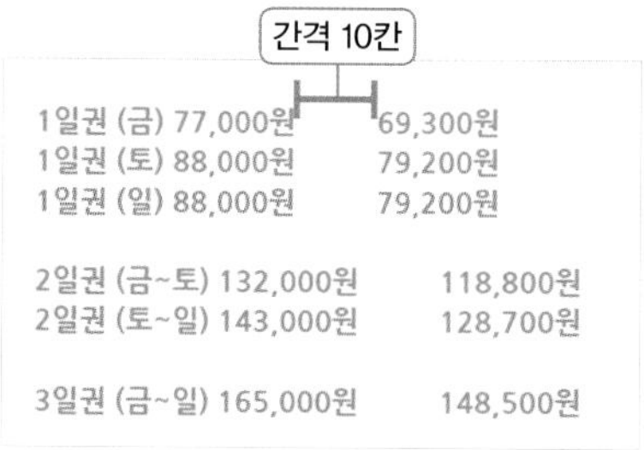

간격 10칸

1일권 (금) 77,000원	69,300원
1일권 (토) 88,000원	79,200원
1일권 (일) 88,000원	79,200원
2일권 (금~토) 132,000원	118,800원
2일권 (토~일) 143,000원	128,700원
3일권 (금~일) 165,000원	148,500원

16 할인 전 가격 위에 두 개의 선을 그려주기 위해 제목 밑에 그렸던 선을 복사하고 길이를 그림과 같이 줄여 완성합니다.

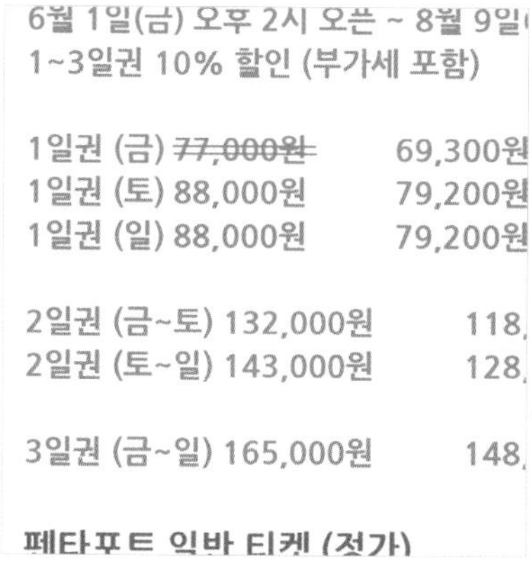

6월 1일(금) 오후 2시 오픈 ~ 8월 9일(
1~3일권 10% 할인 (부가세 포함)

1일권 (금) ~~77,000원~~	69,300원
1일권 (토) 88,000원	79,200원
1일권 (일) 88,000원	79,200원
2일권 (금~토) 132,000원	118,
2일권 (토~일) 143,000원	128,
3일권 (금~일) 165,000원	148,

페타포트 일반 티켓 (정가)

17 모두 복사하여 그림과 같이 할인 전 가격 위에 두 개의 선 작업을 완성합니다.

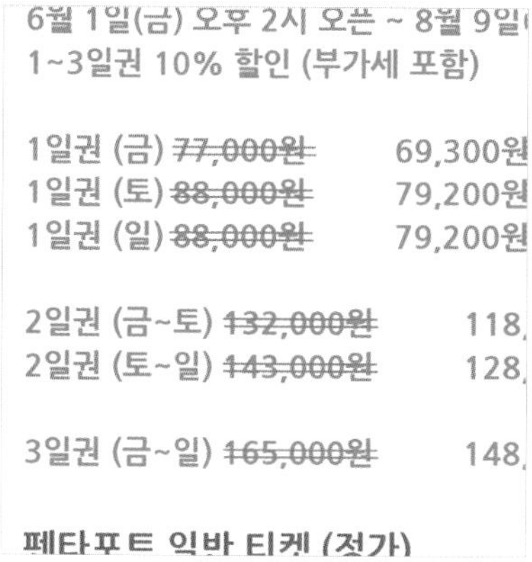

6월 1일(금) 오후 2시 오픈 ~ 8월 9일(
1~3일권 10% 할인 (부가세 포함)

1일권 (금) ~~77,000원~~	69,300원
1일권 (토) ~~88,000원~~	79,200원
1일권 (일) ~~88,000원~~	79,200원
2일권 (금~토) ~~132,000원~~	118,
2일권 (토~일) ~~143,000원~~	128,
3일권 (금~일) ~~165,000원~~	148,

페타포트 일반 티켓 (정가)

18 다음은 가격과 가격 사이에 화살표를 만들어줍니다. 선을 새로 그려주거나 복사한 후 그림과 같이 길이를 조정합니다.

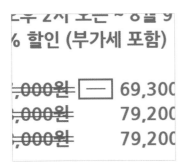

19 그다음 선을 선택하고 컨트롤 패널에서 [Brush Definition]을 클릭한 후 옵션 메뉴에서 [Open Brush Library] 〉 [Arrows] 〉 [Arrows_Standard]를 선택합니다.

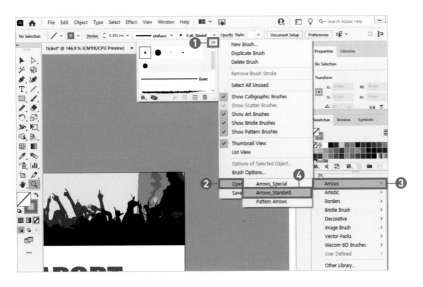

20 그러면 [Arrows_Standard] 패널이 표시되며 'Arrow 1.14' 화살표 브러쉬를 선택합니다.

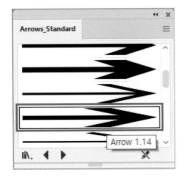
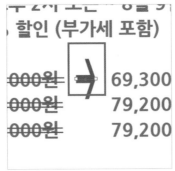

21 화살표의 크기를 조절하기 위해 선의 두께를 '0.25pt' 정도로 설정합니다. 그러면 그림과 같이 알맞은 크기의 화살표가 완성됩니다.

22 툴바에서 [Selection Tool](▶)을 선택합니다. Alt 를 누른 채 화살표를 이동하여 복사하고 다음 그림과 같이 완성합니다.

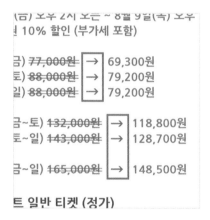

23 그다음 '(부가세 포함)'은 작은 글씨로 표시하기 위해 선택하고 [Character] 패널에서 글꼴 크기를 '7pt'로 변경합니다.

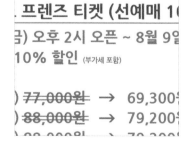

24 제목 앞에 약물 기호를 만들어 봅니다. 툴바에서 [Ellipse Tool]()을 선택하고 그려질 위치를 한 번 클릭합니다. [Ellipse] 창이 표시되면 [Width]와 [Height] 값을 '3mm'로 입력하고 [OK]를 클릭합니다. 그다음 [Fill] 색상은 주황색(#e15b10)으로 설정하고 [Stroke] 색상은 'None'으로 설정합니다.

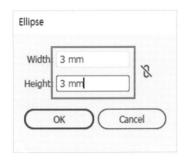

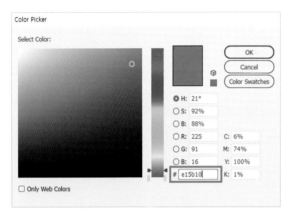

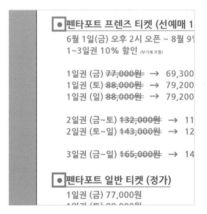

25 다음은 스티커 모양의 오브젝트를 그려봅니다. 툴바에서 [Pen Tool](✏)을 선택하고 그림과 같은 오브젝트를 그려줍니다.

26 [Fill] 색상은 '노란색', [Stroke] 색상은 'None'으로 한 후 오브젝트를 복사합니다.

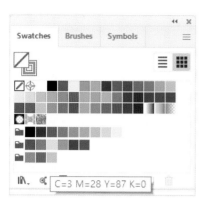  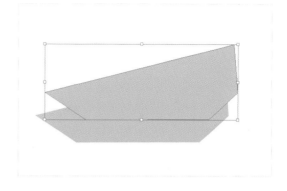

27 복사한 오브젝트의 색상은 회색(#b7b7b7)으로 선택합니다.

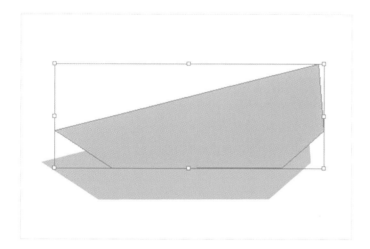 

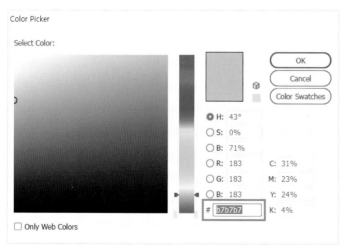

28 회색이 적용된 오브젝트를 노란색 오브젝트 아래로 정렬하기 위해 [Object] 〉 [Arrange] 〉 [Send Backward] 메뉴를 클릭하여 아래로 이동하고 그림과 같이 그림자 모양이 되도록 위치를 조정합니다.

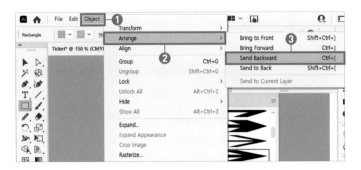

29 오브젝트의 끝부분이 접힌 효과를 적용하기 위해 툴바에서 [Pen Tool]( )을 선택하고 그림과 같이 삼각형 모양의 오브젝트를 그려줍니다. [Fill] 색상은 '흰색'으로 설정합니다.

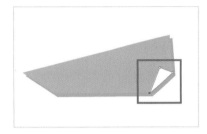

30 스티커 모양의 오브젝트를 모두 선택한 후 [Object] 〉 [Group] 메뉴를 클릭하여 그룹으로 지정합니다.

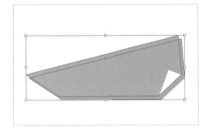
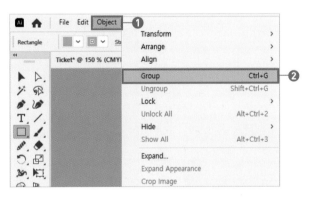

31 스티커 모양의 크기와 위치를 조정한 후 툴바에서 [Text Tool](T)을 선택하고 '기간 연장!'을 입력합니다. 글자의 색상은 '흰색'으로 설정합니다.

32 스티커 모양을 전체 복사하여 그림과 같이 아래 제목쪽으로 이동한 후 문자를 '현장 구매!'로 수정합니다.

33 그러면 그림과 같이 기본 내용 입력이 완료됩니다.

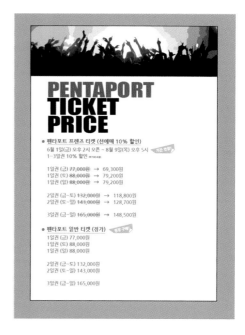

34 다음은 빈 공간 배경에 콘서트 관련 이미지를 추가해 봅니다. Ctrl+O를 눌러 'rocknroll.ai' 파일을 불러옵니다.

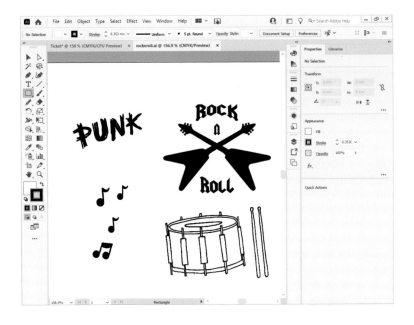

35 불러온 이미지들 중 'Rock n Roll'을 복사한 후 [Object] 〉 [Arrange] 〉 [Send to Back] 메뉴를 클릭하여 맨 아래 위치로 이동합니다.

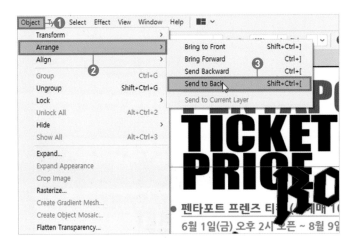

36 색상을 연한 베이지 색상(#f9f3e7)으로 변경하여 배경 이미지를 완성합니다.

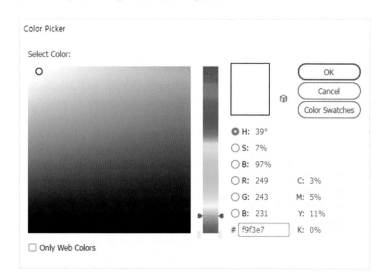

37 그다음 다른 이미지들도 그림과 같이 복사 후 배치하여 작업을 완료합니다.

초대권 만들기

Image Trace(이미지 추적), Type Tool(문자 도구), Polygon Tool(다각형 도구), Star Tool(별모양 도구), Place(가져오기), Expert(내보내기)

초대권과 같은 페이지가 많지 않은 디자인은 일러스트레이터에 가장 적합한 작업이라 할 수 있습니다. 이번 과정에서는 그래픽 효과를 표현하는 방법과 문장을 편집하는 방법을 알아보겠습니다.

[예제 파일] : Sample/4교시/Invitation-완성.ai

학습과제

오브젝트를 조합하여 그래픽 이미지를 만들고 전체 문장을 한 번에 입력한 후 디자인에 맞게 편집하는 방법에 대해 확인합니다.

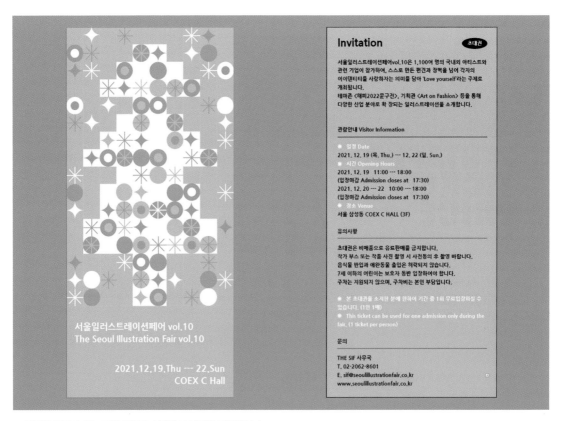

▲ 동일한 글꼴이 없는 경우 임의로 선택하여 작업을 진행합니다.

1 새로운 문서를 만들기 위해 Ctrl+N을 누른 후 이름 : 초대권, [Width] : '80mm', [Height] : '170mm', [Artboards] : '2'로 설정하고 [Create]를 클릭합니다.

📢 **TIP**

초대권의 앞면과 뒷면을 문서 하나에 동시로 만들기 위해 Artboards의 개수를 2개로 설정합니다.

2 배경 이미지를 타일 형태로 만들기 위해 툴바에서 [Rectangle Tool](□)을 선택합니다. 아트보드 상단쪽을 클릭하고 [Rectangle] 창이 표시되면 [Width]와 [Height] 값을 각각 '8mm'로 입력하고 [OK]를 클릭합니다. 그리고 [Fill] 색상은 핑크색(#f6b7b9), [Stroke] 색상은 '검은색'으로 설정합니다.

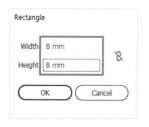

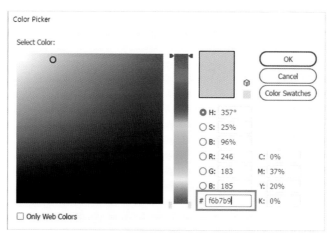

3 스마트 안내선(Smart Guides)(Ctrl+U)이 활성화되어 있는지 확인하고 툴바에서 [Selection Tool] (▶)을 선택하여 사각형을 왼쪽 코너에 일치되도록 이동합니다.

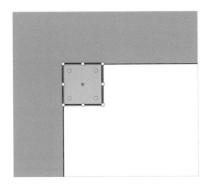

💬 **TIP**

스마트 안내선(Smart Guides)이 활성화되면 오브젝트 이동 시 안내선이 자동으로 표시되어 간격 및 중심 등의 일치 여부
를 쉽게 확인할 수 있습니다.

4 Alt를 누른 상태에서 드래그하여 이동 복사를 합니다.

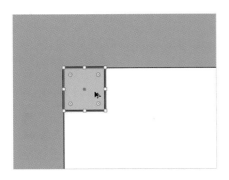
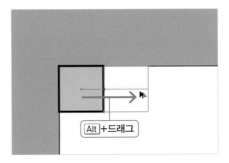

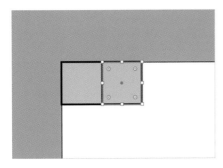

5 동일한 간격으로 연속적인 복사를 적용하기 위해 Ctrl+D를 눌러 그림과 같이 오른쪽 코너 부분까지 일치되도록 복사합니다.

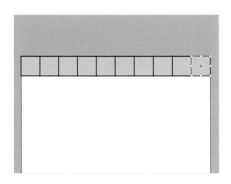

📢 TIP

Ctrl+D 단축키는 [Object] 〉 [Transform] 〉 [Transform Again] 기능으로 바로 전에 적용된 명령을 반복 적용할 수 있습니다.

6 다음은 사각형 전체를 선택하고 Alt 를 누른 채 아래로 드래그하여 그림과 같이 이동 복사합니다.

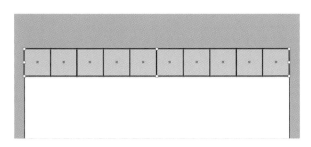

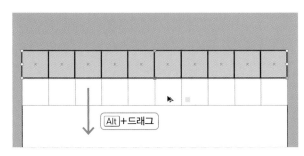

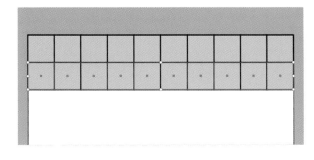

7 마찬가지로 Ctrl+D를 적용하여 세로 방향으로 총 16칸이 되도록 복사합니다.

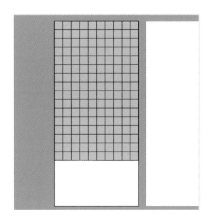

8 다음은 크리스마스 트리 형상을 만들기 위해 크리스마스 트리가 적용될 사각형의 색상을 흰색으로 변경합니다. 툴바에서 [Selection Tool]( )을 선택하고 Shift 를 누른 채 사각형을 선택하여 추가합니다.

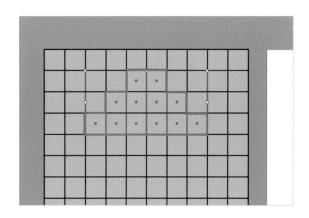

9 [Default Fill and Stroke]를 클릭하여 사각형의 색상을 흰색으로 변경합니다.

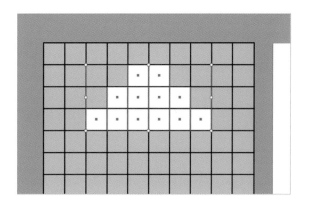
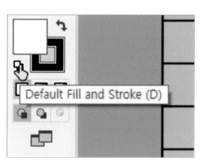

마당의크스 일러스트레이터 CC

10 동일한 방법으로 다음 그림과 같이 크리스마스 트리 모양이 되도록 완료합니다.

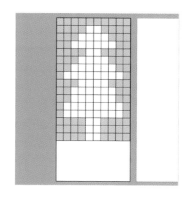

11 다음은 크리스마스 트리에 꾸밀 갖가지 모양을 만들어 봅니다. 먼저 별 모양을 만들어보겠습니다. 4개의 사각형을 복사하여 아트보드 바깥쪽 영역으로 복사합니다.

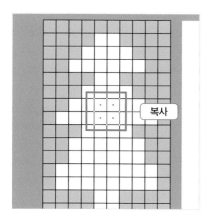

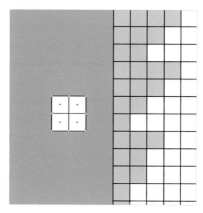

12 툴바에서 [Ellipse Tool](◯)을 선택하고 Alt 를 누른 채 사각형 중심 지점을 클릭합니다. [Ellipse] 창이 표시되면 [Width]와 [Height] 값을 각각 '8mm'로 입력하고 [OK]를 클릭합니다.

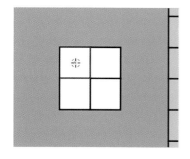

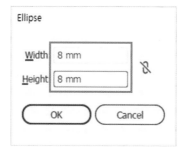

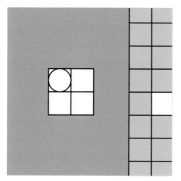

13 그림과 같이 사각형 중심점에 일치시켜 원을 복사합니다.

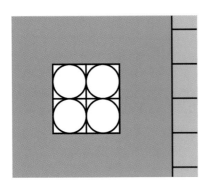

14 전체를 선택하고 [Fill] 색상을 파스텔톤의 파란색(#5ab6e7)으로 적용합니다.

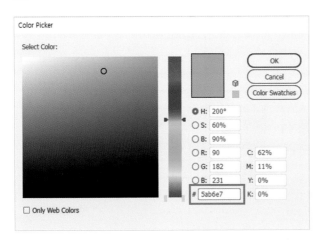
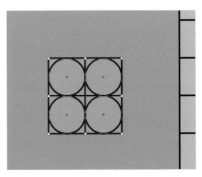

15 [Properties] > [Pathfinder] 패널에서 [More Options]를 클릭하고 [Divide](⬚)를 클릭하여 적용합니다.

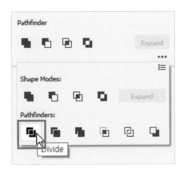
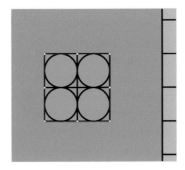

16 툴바에서 [Group Selection Tool](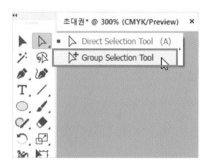)을 선택한 후 그림과 같이 가운데 모양만 남도록 바깥쪽 영역들을 선택하여 삭제합니다.

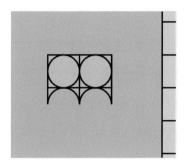

17 다음은 가운데 십자가 모양을 제거하기 위해 [Properties] 〉 [Pathfinder] 패널에서 [Unite](■)를 클릭하여 합쳐줍니다. 그러면 수평 수직선이 사라진 별 모양의 오브젝트가 완성됩니다.

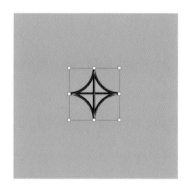

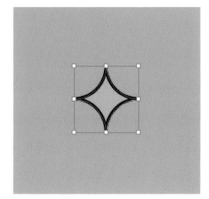

18 [Stroke] 색상을 'None'으로 설정한 후 복사하여 흰색 및 핑크색의 별을 추가합니다.

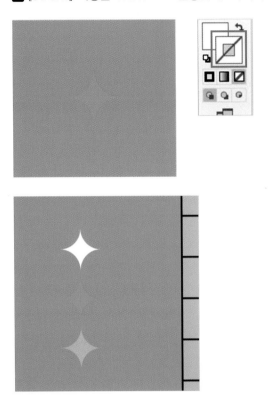

19 다음은 눈 결정체 모양을 만들어 봅니다. 툴바에서 [Line Segment Tool](✏️)을 선택하고 그림과 같이 중심 위치에 수직 방향으로 선을 그려줍니다. 선의 두께는 '1pt'로 설정합니다.

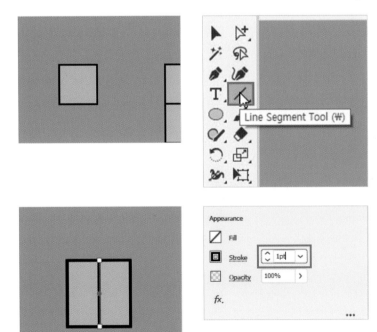

마담의크스 일러스트레이터 CC

20 다음은 선을 45° 방향으로 회전시키는 작업입니다. 선 가장자리로 커서를 이동하면 회전 모양의 아이콘이 표시되는데 그때 `Shift`를 누른 채 오른쪽 방향으로 드래그하면 45° 각도로 회전할 수 있습니다.

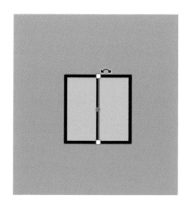 

21 동일한 방법으로 선을 추가로 그린 후 왼쪽 방향으로 회전합니다.

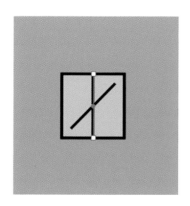 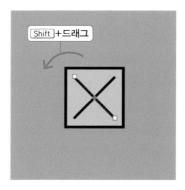

22 다음은 회전 없이 수평 수직 방향으로 중심 부분에 선을 그려줍니다.

23 사각형을 제거한 후 [Object] 〉 [Group] 메뉴를 선택하여 그룹화시켜줍니다.

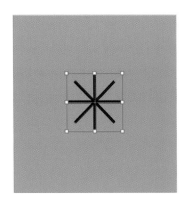 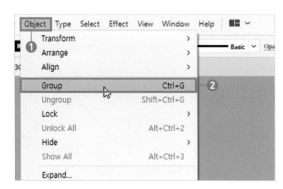

📢 TIP

그룹 기능의 단축키는 Ctrl+G, 그룹을 해제하는 기능의 단축키는 Shift+Ctrl+G입니다. 많이 사용되는 기능이니 기억해두는 것이 좋습니다.

---

24 복사하여 별 모양과 같이 흰색, 핑크색, 파란색의 눈 모양을 완성합니다.

25 다음은 링 모양의 원을 만들기 위해 지름이 8mm와 4mm인 두 개의 원을 그려줍니다. 그리고 색상은 큰 원은 파란색, 작은 원은 핑크색으로 채워줍니다.

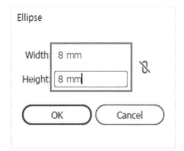

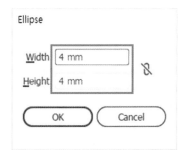

26 마찬가지로 그룹으로 지정한 후 복사하여 그림과 같이 색상을 다양하게 채워줍니다.

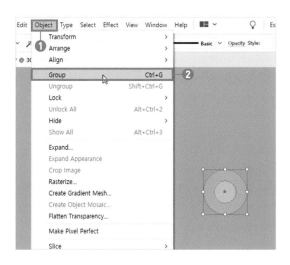

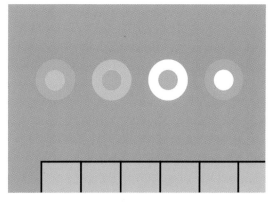

27 그다음은 원과 눈 모양을 결합하여 다음과 같이 크리스마스 트리에 장식할 액세서리 모양을 추가합니다.

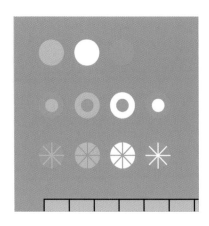

28 그러면 크리스마스 트리에 꾸밀 액세서리들이 완성됩니다. 먼저 사각형으로 이루어진 배경 전체를 선택하여 그룹으로 지정합니다.

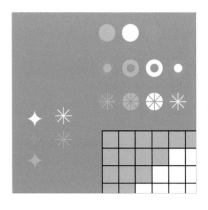
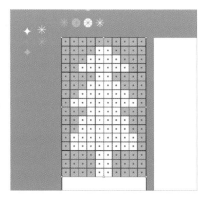

29 그다음 액세서리들을 복사해 가며 자유롭게 배열합니다.

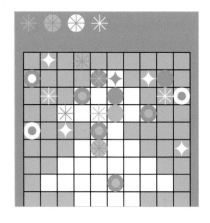
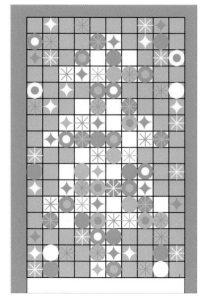

30 깔끔한 배경으로 만들기 위해 그룹으로 지정한 배경을 선택하고 [Stroke] 색상을 'None'으로 설정합니다.

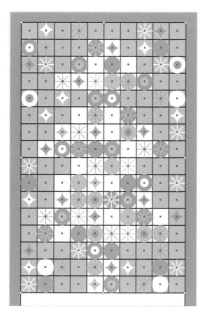

31 다음은 초대권 행사의 제목을 입력하는 작업입니다. 아래쪽 흰색 배경에 사각형을 그린 후 핑크 색상으로 채워줍니다.

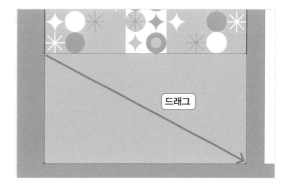

32 그다음 툴바에서 [Type Tool](**T**)을 선택하고 '서울일러스트레이션페어 vol.10 The Seoul Illustration Fair vol.10' 문구와 '2021.12.19.Thu --- 22.Sun COEX C Hall' 문구를 입력합니다.

📢 **TIP**
동일한 글꼴이 없는 경우 임의의 글꼴을 선택하여 사용합니다.

33 그러면 초대장의 전면이 다음과 같이 완성됩니다.

34 다음은 초대장의 뒷면을 만들어 봅니다. 먼저 아트보드의 간격을 조정합니다. [Properties] 〉 [Document] 패널에서 [Edit Artboards]를 클릭합니다. 그러면 아트보드의 바운딩 박스가 표시되며 크기 및 위치를 조정할 수 있습니다. Shift 를 누른 채 오른쪽 방향으로 적당하게 이동합니다.

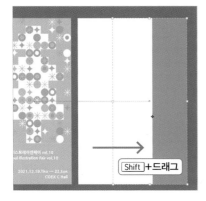

35 그다음 아트보드 크기에 맞게 사각형을 그린 후 핑크 색상을 채워줍니다.

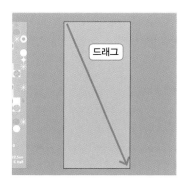

36 다음은 문구를 입력하기 전 글자 및 문장들이 정확한 위치에 구성할 수 있도록 안내선을 이용해 봅니다. [View] 〉 [Rulers] 〉 [Show Rulers] 메뉴를 클릭하여 눈금자를 문서에 표시합니다. 그다음 눈금자를 클릭한 후 드래그하여 안내선을 사각형 외각으로부터 5mm 간격이 되도록 안내선(Guide)을 그려줍니다. 그리고 위쪽으로는 15mm 간격이 되도록 안내선을 추가합니다.

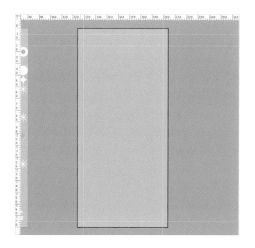

37 맨 왼쪽 상단 위쪽에 'Invitation'을 입력합니다. [Properties] 〉 [Character] 패널에서 그림과 같이 설정합니다.

38 다음은 툴바에서 [Ellipse Tool](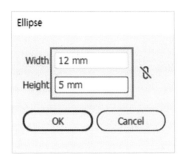)을 선택하고 [Width] : '12mm', [Height] : '5mm'의 타원을 그려주고 [Fill] 색상은 '검은색', [Stroke] 색상은 'None'으로 설정합니다.

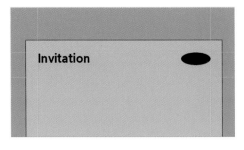

39 그리고 타원 안쪽에 '초대권' 글자를 위치시킵니다.

40 다음은 텍스트 박스를 설정하고 초대장에 대한 내용을 입력합니다. 안내선을 이용하여 왼쪽 상단 코너에서 오른쪽 하단 코너까지 드래그하여 텍스트 박스를 만들어줍니다.

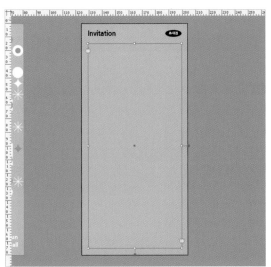

41 다음과 같이 문장을 입력합니다.

서울일러스트레이션페어vol.10은 1,100여 명의 국내외 아티스트와 관련 기업이 참가하여, 스스로 만든 편견과 장벽을 넘어 각자의 아이덴티티를 사랑하자는 의미를 담아 'Love yourself'라는 주제로 개최됩니다.
테마존 <해피2020문구전>, 기획관 <Art on Fashion> 등을 통해 다양한 산업 분야로 확장되는 일러스트레이션을 소개합니다.

관람안내 Visitor Information

일정 Date
2021. 12. 19 (목. Thu.) --- 12. 22 (일. Sun.)
시간 Opening Hours
2021. 12. 19 11:00 --- 18:00
(입장마감 Admission closes at 17:30)
2021. 12. 20 --- 22 10:00 --- 18:00
(입장마감 Admission closes at 17:30)
장소 Venue
서울 삼성동 COEX C HALL (3F)

유의사항

초대권은 비매품으로 유료판매를 금지합니다.
작가 부스 또는 작품 사진 촬영 시 사전동의 후 촬영 바랍니다.
음식물 반입과 애완동물 출입은 허락되지 않습니다.
7세 이하의 어린이는 보호자 동반 입장하여야 합니다.
주차는 지원되지 않으며, 주차비는 본인 부담입니다.

본 초대권을 소지한 분에 한하여 기간 중 1회 무료입장하실 수 있습니다. (1인 1매)
This ticket can be used for one admission only during the fair. (1 ticket per person)

문의

THE SIF 사무국
T. 02-2062-8601
E. sif@seoulillustrationfair.co.kr
www.seoulillustrationfair.co.kr

▲ 줄 바꿈과 글자의 간격을 참고합니다.

Invitation

초대권

서울일러스트레이션페어vol.10은 1,100여 명의 국내외 아티스트와
관련 기업이 참가하여, 스스로 만든 편견과 장벽을 넘어 각자의
이이덴티티를 사랑하자는 의미를 담아 'Love yourself'라는 주제로
개최됩니다.
테마존 〈해피2022문구전〉, 기획관 〈Art on Fashion〉 등을 통해
다양한 산업 분야로 확 장되는 일러스트레이션을 소개합니다.

관람안내 Visitor Information

일정 Date
2021. 12. 19 (목. Thu.) --- 12. 22 (일. Sun.)
시간 Opening Hours
2021. 12. 19 11:00 --- 18:00
(입장마감 Admission closes at 17:30)
2021. 12. 20 --- 22 10:00 --- 18:00
(입장마감 Admission closes at 17:30)
장소 Venue
서울 삼성동 COEX C HALL (3F)

유의사항

초대권은 비매품으로 유료판매를 금지합니다.
작가 부스 또는 작품 사진 촬영 시 사전동의 후 촬영 바랍니다.
음식물 반입과 애완동물 출입은 허락되지 않습니다.
7세 이하의 어린이는 보호자 동반 입장하여야 합니다.
주차는 지원되지 않으며, 주차비는 본인 부담입니다.

본 초대권을 소지한 분에 한하여 기간 중 1회 무료입장하실 수
있습니다. (1인 1매)
This ticket can be used for one admission only during the fair.
(1 ticket per person)

문의

THE SIF 사무국
T. 02-2062-8601
E. sif@seoulillustrationfair.co.kr
www.seoulillustrationfair.co.kr

Character

나눔고딕

Bold

T 7 pt   11 pt
VA 0   VA 0

***

Paragraph

***

42 그다음 소제목인 '일정 Date, 시간 Opening Hours, 장소 Venue' 문장을 앞에서 6단계 정도 간격을 띄운 후 글자의 색상은 흰색으로 변경합니다.

43 약물 표시를 하기 위해 초대장 전면에서 그렸던 눈 모양을 복사합니다.

44 복사한 눈 모양을 선택한 후 [Properties] 〉 [Transform] 패널에서 크기를 [W] : '2mm', [H] : '2mm' 로 조정합니다. 그다음 소제목으로 앞으로 복사하여 배치합니다.

45 그림과 같이 다음 문구도 동일한 방법으로 적용합니다.

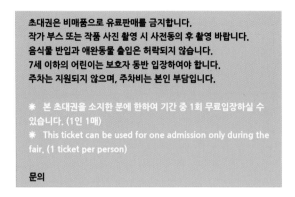

46 다음은 주제별로 구분하기 위해 제목 아래쪽에 선을 그려줍니다. 툴바에서 [Line Segment Tool] ()을 선택하고 그림과 같이 수평 방향으로 선을 그려줍니다. 선의 색상은 '검은색', 두께는 '0.5pt'로 설정합니다.

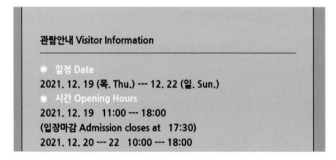

47 동일한 방법을 사용하거나 복사하여 그림과 같은 위치에 선을 추가합니다.

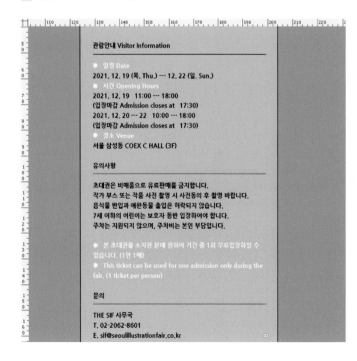

48 그러면 다음과 같이 모든 작업이 완료됩니다.

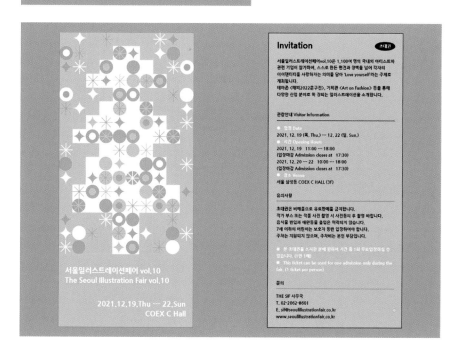

커피숍 머그컵 디자인하기
Type Tool(문자 도구), Pathfinder(패스파인더), Divide(나누기), Group(그룹), Transform(변형)

그림을 그리는 방법은 매우 다양합니다. 디자이너들이라면 효율적이면서도 빠르고 정확하게 그림을 그릴 수 있는 기술이 필요합니다. 머그컵을 디자인하는 과정을 통해 좀 더 효율적이고 정확하게 그리는 방법에 관해 확인해 봅니다.

[예제 파일 : Sample/4교시/hat.ai, coffeeshop-완성.ai]

 학습과제

기본 오브젝트의 활용으로 효율적이고 빠르게 머그컵의 기본 형태를 만들어 봅니다. 편집 시 필요한 기능들의 사용법과 활용법을 알아두도록 합니다.

▲ 자신만의 이니셜로 직접 디자인에 도전해 봅니다.

1 예제 파일(hat.ai)을 불러온 후 툴바에서 [Type Tool](T)을 선택하고 모자 그림 아래쪽에 커피숍 이름으로 사용할 'COWBOY'를 입력합니다. 글꼴은 'Myriad Pro', 크기는 '31pt', 문자의 간격을 '120' 정도로 설정합니다.

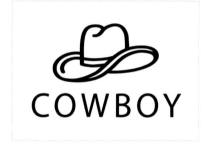

2 아래쪽으로 'COFFEE & PASTRY'를 입력합니다. 글꼴은 'Myriad Pro', 크기는 '9pt', 문자의 간격을 '300' 정도로 설정합니다.

3 다음은 'COFFEE & PASTRY'의 글꼴과 크기를 그대로 사용하기 위해 복사하고 그림과 같이 위쪽으로 이동시킵니다. 그다음 툴바에서 [Type Tool](✎)을 선택하고 'SINCE 1994'로 수정합니다.

4 오브젝트들의 중심을 정렬해 봅니다. 모든 오브젝트를 선택하고 [Window] 〉 [Align] 메뉴를 클릭하여 [Align] 패널을 표시합니다. 그다음 [Align Objects] 〉 [Horizontal Align Center](☰)를 클릭하여 가로 방향으로 중심을 정렬합니다.

 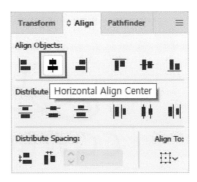

5 이번에는 심볼과 로고의 색상을 밤색(5e3e25)으로 설정하여 변경합니다.

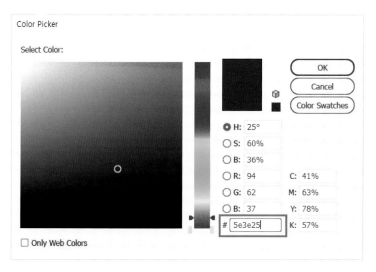

6 흐트러지지 않도록 [Object] 〉 [Group] 메뉴를 클릭하여 로고와 심볼을 그룹으로 묶어줍니다.

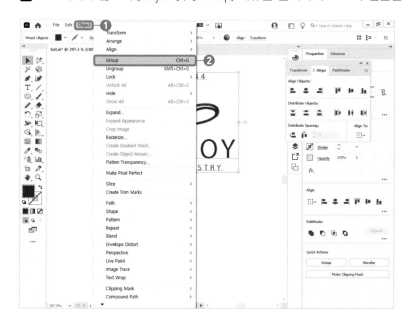

7 다음은 사각형을 기본 모양으로 하여 머그컵을 그려보도록 합니다. 툴바에서 [Rectangle Tool]( ) 을 선택한 후 작업 화면을 한 번 클릭합니다. 그다음 [Width] : '50mm', [Height] : '55mm'로 설정하 고 [OK]를 클릭합니다.

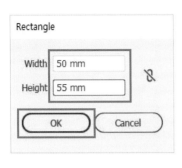 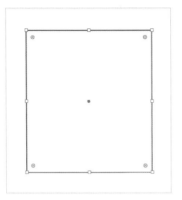

8 아래쪽 사각형 중심에 정점을 추가하기 위해 툴바에서 [Add Anchor Point Tool]( )을 선택하고 그 림과 같이 머그컵 바닥이 될 부분에 정점을 추가합니다.

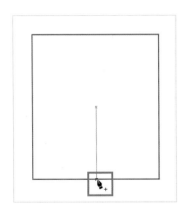 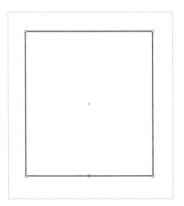

📖 **MEMO 스마트 안내선 설정**

스마트 안내선을 활용하면 중심점, 수평, 수직 등 오 브젝트 특정 지점을 빠르고 정확하게 선택할 수 있 습니다. 스마트 안내선을 설정하기 위해서는 [Edit] 〉 [Preferences] 〉 [Smart Guides] 메뉴를 클릭하여 수정할 수 있습니다.

9 툴바에서 [Direct Selection Tool]( )을 선택한 다음 추가한 정점만 선택하고 아래 수직 방향으로 조금 이동합니다.

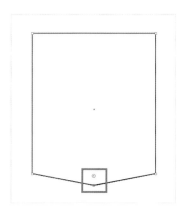

📢 **TIP**

정점 이동 시 [Direct Selection Tool]로 정점을 드래그하여 이동할 수 있지만, 키보드의 방향키를 이용하면 상황에 따라 더욱 편리하게 정점을 이동시킬 수 있습니다.

10 머그컵의 바닥면 모양을 둥글게 만들기 위해 툴바에서 [Anchor Point Tool]( )을 선택합니다. 그다음 추가된 정점을 선택하고 왼쪽 수평 방향으로 드래그하여 그림과 같이 곡선이 되도록 수정합니다.

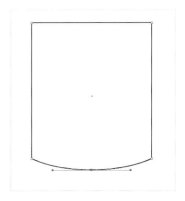

11 다음은 좌우 코너의 각진 모양도 자연스러운 곡선 모양으로 변경해 봅니다. 툴바에서 [Anchor Point Tool]( )을 선택하고 오른쪽 코너의 정점을 클릭 후 수직 아래 방향으로 드래그하여 곡선이 자연스럽게 연결되도록 수정합니다.

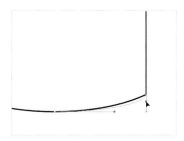
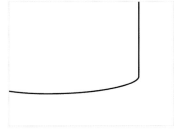

12 그다음은 완성된 오른쪽 모양을 복사하여 왼쪽 면을 완성해보도록 합니다. 툴바에서 [Line Segment Tool]( )을 선택합니다. 머그컵을 반쪽으로 구분하기 위해 [Shift]를 누른 채 위쪽 중간 지점에서 아래 방향으로 드래그하여 선을 그려줍니다.

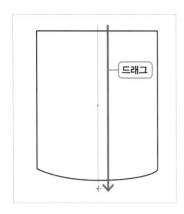
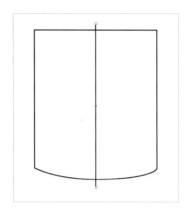

13 그다음 두 오브젝트를 선택하고 [Pathfinder] 패널에서 [Divide]( )를 클릭하여 중심선 모양으로 나눠줍니다.

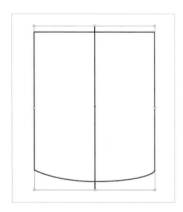
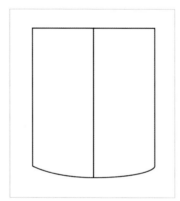

14 왼쪽 면은 불필요하기 때문에 선택한 후 삭제([Delete])합니다.

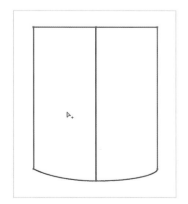
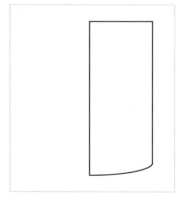

15 삭제하고 남은 오른쪽 오브젝트를 선택하고 [Object] 〉 [Transform] 〉 [Reflect] 메뉴를 클릭합니다.

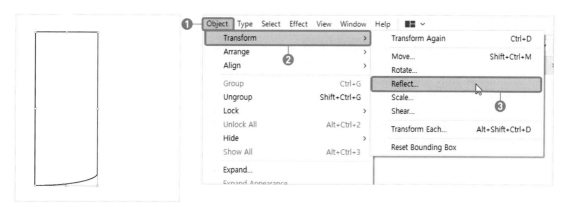

16 [Reflect] 대화상자가 표시되면 [Axis](축)를 [Vertical]로 선택하고 [Copy]를 클릭하여 대칭 복사합니다.

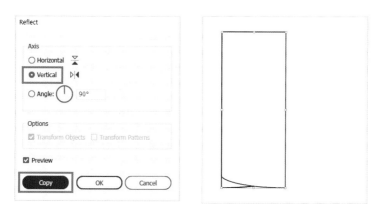

17 복사된 오브젝트를 끝부분이 일치되도록 왼쪽으로 이동시킵니다.

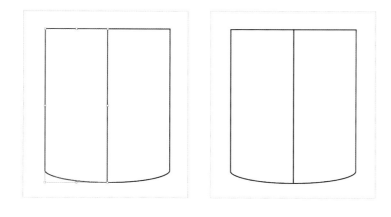

18 다음은 두 오브젝트를 선택한 후 [Properties] 〉 [Pathfinder] 패널에서 [Unite](■)을 클릭하여 하나로 합쳐줍니다.

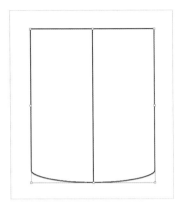
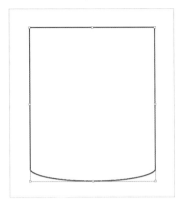

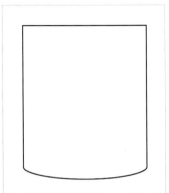

19 다음은 머그컵의 손잡이 부분을 그려봅니다. 툴바에서 [Rounded Rectangle Tool](□)을 선택하고 그려질 위치를 한 번 클릭합니다. [Rounded Rectangle] 창이 표시되면, [Width] : '35mm', [Height] : '35mm', [Corner Radius] : '11mm'로 설정하여 둥근 사각형을 만들어줍니다. 위치는 그림과 같이 중간 부분이 걸치도록 조정합니다.

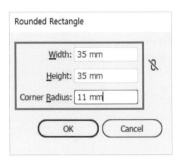
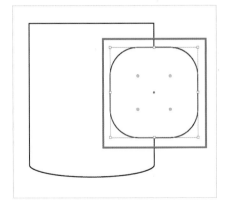

마담인큐 일러스트레이터 CC

20 둥근 사각형의 모양을 축소하여 손잡이 모양을 만드는 과정입니다. [Object] 〉 [Path] 〉 [Offset Path] 메뉴를 클릭하고 [Offset Path] 대화상자에서 [Offset] : '−6mm'로 설정하고 [OK]를 클릭합니다. 그러면 그림과 같이 두께가 6mm인 손잡이 모양이 만들어집니다.

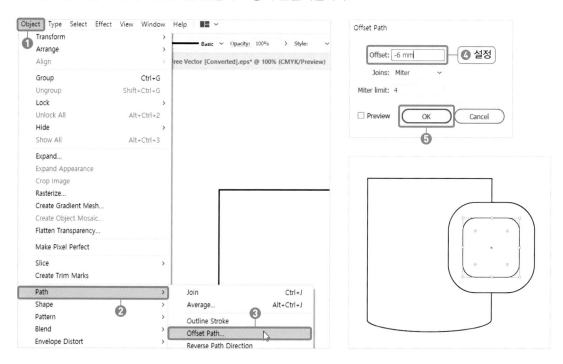

21 큰 둥근 사각형에서 작은 둥근 사각형의 모양을 제거하기 위해 모두 선택한 후 [Pathfinder] 패널에서 [Minus Front]()를 클릭합니다.

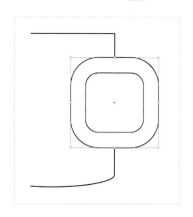

22 그러면 머그컵 손잡이 링 모양이 완성됩니다.

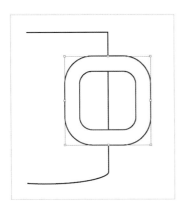

23 다음은 손잡이의 반만 표시해 봅니다. 먼저 [Object] 〉 [Arrange] 〉 [Send to Back] 메뉴를 클릭하여 손잡이 오브젝트를 밑으로 이동시킵니다.

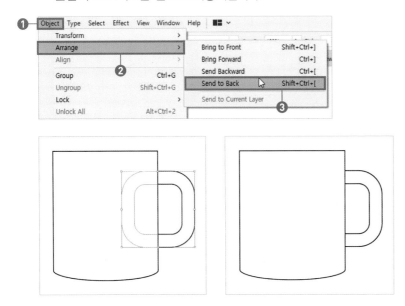

24 손잡이 모양의 왼쪽면을 제거하기 위해 툴바에서 [Line Segment Tool]( )을 선택하고 그림과 같이 겹쳐지는 부분에 수직 방향으로 선을 그려줍니다.

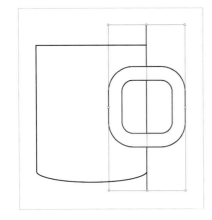

25 그다음 선과 손잡이 오브젝트를 선택하고 [Pathfinder] 패널에서 [Divide]()를 클릭합니다. 그다음 왼쪽 손잡이 링 부분을 선택하여 삭제합니다.

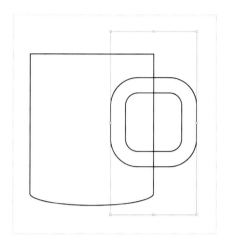

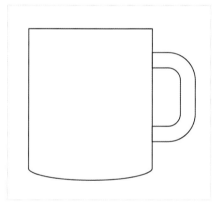

26 머그컵 연결되는 부분 색상의 변화를 주기 위해 툴바에서 [Line Segment Tool]( )을 선택하고 그림과 같이 수직 방향으로 선을 그려줍니다. 그다음 [Pathfinder] 패널에서 [Divide]( )를 적용하여 손잡이의 면을 나눠줍니다.

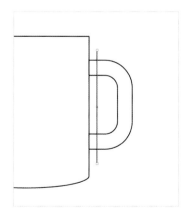

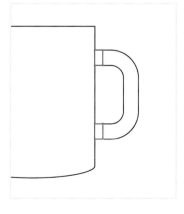

27 그다음 [Fill] 색상을 연한 핑크색(#fef1e6)으로 선택하고 손잡이 끝부분에 적용합니다.

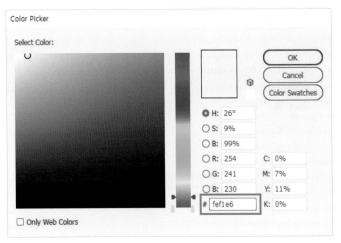

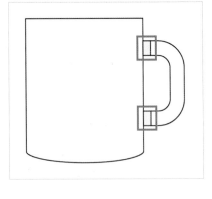

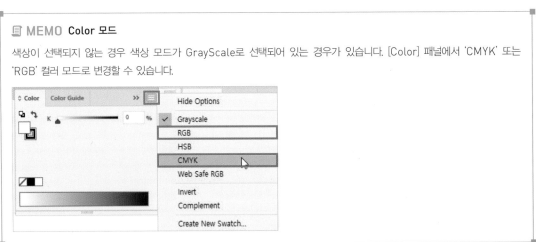

📖 **MEMO** Color 모드

색상이 선택되지 않는 경우 색상 모드가 GrayScale로 선택되어 있는 경우가 있습니다. [Color] 패널에서 'CMYK' 또는 'RGB' 컬러 모드로 변경할 수 있습니다.

28 다음은 배경에 색상을 입혀봅니다. 툴바에서 [Rectangle Tool](🔲)을 선택하여 문서 크기와 동일하게 사각형을 그려줍니다. 색상은 핑크색(#f9e8de)으로 채워줍니다.

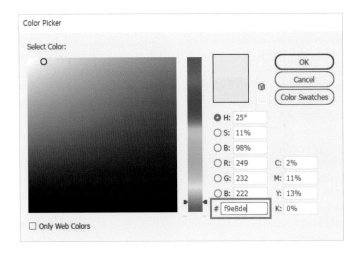

29 그다음 [Object] 〉 [Arrange] 〉 [Send to Back] 메뉴를 클릭하여 배경 사각형의 위치를 맨 뒤로 변경합니다.

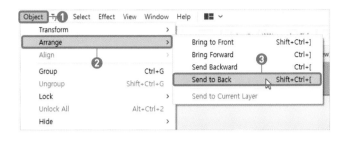 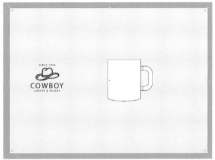

30 그다음 배경 사각형의 [Stroke] 색상을 'None'으로 설정하고 [Object] 〉 [Lock] 〉 [Selection] 메뉴를 클릭하여 작업 화면에 고정하도록 합니다.

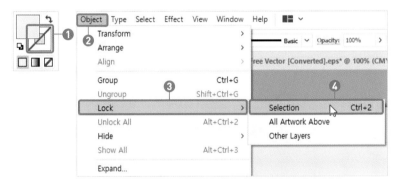

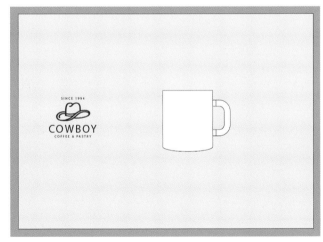

31 머그컵과 손잡이 오브젝트를 모두 선택한 후 [Stroke] 색상을 'None'으로 변경합니다.

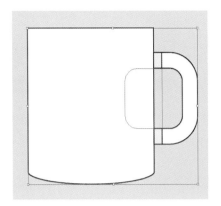 

32 로고를 몸통 중앙에 위치시켜 머그컵 디자인 작업을 완성합니다.

커피숍 BI 디자인하기
Rounded Rectangle(둥근 사각형 도구), Transform(변형), Transform Again

커피숍에 어울리는 BI 디자인 작업을 진행해 봅니다. 기본 오브젝트를 이용하여 형태를 편집하는 다양한 방법을 응용하고 확인해 봅니다.

[예제 파일 : Sample/4교시/coffeeshop.ai, coffee-완성.ai]

학습과제

기본 오브젝트를 활용하여 좌우 모양이 대칭인 오브젝트를 그리는 방법에 대해 연구해 봅니다.

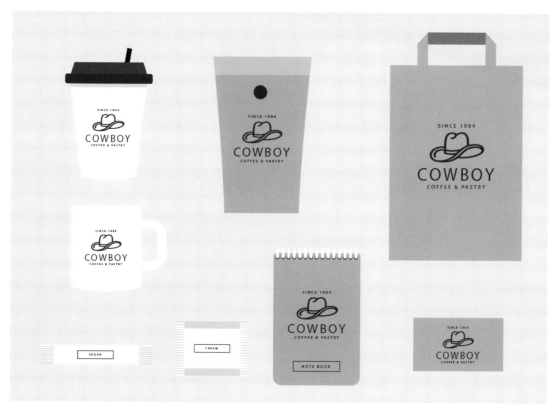

▲ 따라하기 과정에 포함되지 않은 부분도 완성해 봅니다.

1 먼저 커피숍 메모장을 그려봅니다. 예제 파일을 불러온 후 툴바에서 [Rounded Rectangle Tool]( ) 을 선택하고 작업 화면을 한 번 클릭합니다. 그러면 [Rounded Rectangle] 창이 표시되며 각각 [Width] : '62mm', [Height] : '92mm', [Corner Radius] : '4.5mm'로 설정하고 [OK]를 클릭합니다.

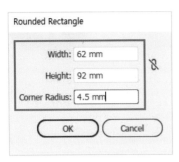

2 그러면 다음과 같이 둥근 사각형이 만들어집니다. [Fill] 색상은 '흰색', [Stroke] 색상은 'None'으로 선택합니다.

3 위쪽 라운드의 크기를 변경하기 위해 [Window] 〉 [Transform] 패널을 선택합니다. [Link]를 해제하고 위쪽 좌우 라운드 값을 각각 '1.5mm'로 설정하여 적용합니다.

4 [Fill] 색상은 황토색(#ddb659), [Stroke] 색상은 'None'으로 적용합니다.

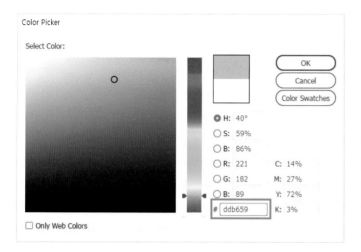

5 다음은 노트 스프링 모양을 만들어 봅니다. 툴바에서 [Rounded Rectangle Tool]( )을 선택하고 작업 화면을 한 번 클릭합니다. [Rounded Rectangle] 창에서 [Width] : '2mm', [Height] : '7.2mm', [Corner Radius] : '1mm'로 설정하고 [OK]를 클릭합니다. [Fill] 색상은 '흰색', [Stroke] 색상은 'None'으로 선택합니다.

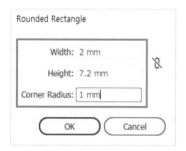
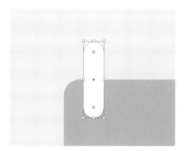

6 다음은 노트에 구멍에 뚫려있는 모양을 만들어 봅니다. 툴바에서 [Ellipse Tool]( )을 선택하고 스프링 모양 아래쪽을 한 번 클릭합니다. [Ellipse] 창에서 [Width] : '2.5mm', [Height] : '2.5mm'로 설정하고 [OK]를 클릭합니다. 그다음 [Fill] 색상은 진한 갈색(#3a261a), [Stroke] 색상은 'None'으로 적용합니다.

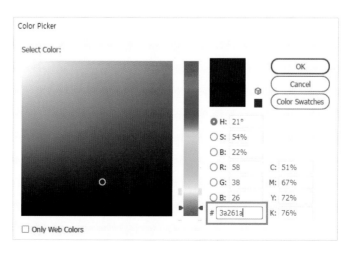

7 그려진 원을 스프링 보다 아래쪽에 위치시키기 위해 [Object] > [Arrange] > [Send Backward] 메뉴를 클릭합니다.

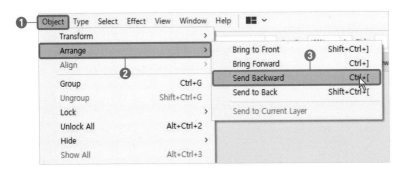

8 스프링과 원 모양을 함께 선택한 후 [Object] 〉 [Group] 메뉴를 클릭하여 그룹으로 지정합니다.

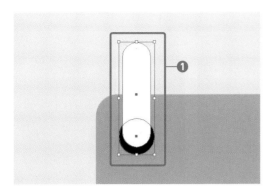
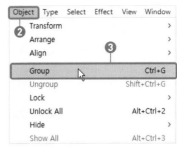

9 다음은 Move 기능을 활용하여 일정한 방향으로 연속 복사하는 방법입니다. 스프링과 원 모양을 동시에 선택하고 [Object] 〉 [Transform] 〉 [Move] 메뉴를 클릭합니다.

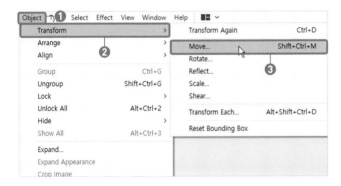

10 [Move] 대화상자에서 [Distance] : '4mm', [Angle] : '0°'로 설정하고 [Copy]를 클릭합니다. 그러면 오른쪽 수평 방향으로 거리 4mm 만큼 떨어진 곳에 오브젝트가 복사되는 것을 확인할 수 있습니다.

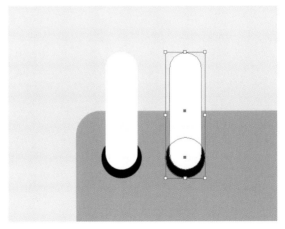

📢 **TIP**

[Horizontal] : '4mm', [Vertical] : '0mm'는 [Distance] : '4mm', [Angle] : '0°'와 동일한 값이며 가로/세로 변화 값을 입력하여 방향 및 거리를 조절할 수 있습니다.

11 동일한 방향과 간격으로 복사를 반복하기 위해 [Object] 〉 [Transform] 〉 [Transform Again] 메뉴를 클릭합니다. 그러면 바로 전에 적용되었던 Move 기능이 동일한 값으로 바로 적용되는 것을 알 수 있습니다.

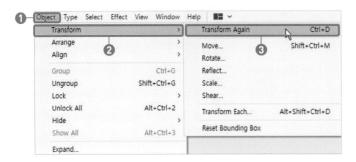
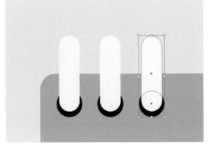

12 Transform Again 기능의 단축키인 Ctrl + D 를 12번 더 눌러 그림과 같이 노트 스프링 모양을 완성합니다.

13 다음은 앞선 강좌에서 작업했던 커피숍 로고를 중앙에 복사하여 위치시켜줍니다.

14 툴바에서 [Rectangle Tool](▢)을 선택하고 [Width] : '33mm', [Height] : '7mm' 짜리 사각형을 만들어줍니다. 그다음 [Fill] 색상은 'None', [Stroke] 색상은 로고와 같은 짙은 갈색(#5e3e25), [Stroke]의 두께는 '1pt' 정도로 설정하고 그림과 같이 아래쪽에 위치시킵니다.

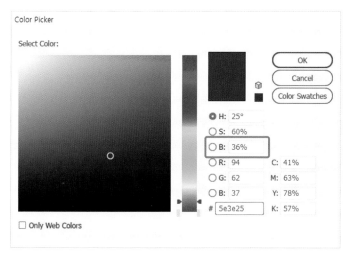

15 'SINCE 1994'를 복사하여 사각형 안으로 이동한 후 'NOTE BOOK'으로 변경하여 최종 완성합니다.

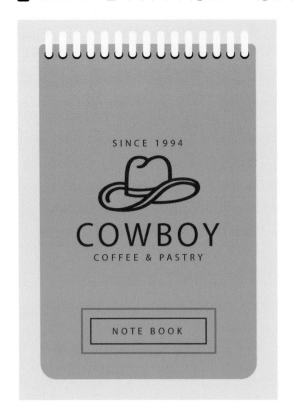

NOTE 앞선 과장에서 배웠던 기능들을 활용하여 다음과 같이 추가 패키지 구성을 완성해 봅니다.

▲ 테이크 아웃 컵

▲ 테이크 아웃 컵 포장지

▲ 설탕 포장지

▲ 크림 포장지

▲ 커피숍 명함

▲ 커피숍 종이백

CD 앨범 재킷 만들기

Rectangle Tool(사각형 도구), Ellipse Tool(원형 도구), Polygon Tool(다각형 도구), Arrange(정렬), Effect(효과), Roughen(거칠게 하기), Create Outlines(윤곽선 만들기), Outline Stroke(윤곽선)

강좌
13
난이도
●●●

CD 앨범 재킷을 만드는 과정을 통해 기본 오브젝트를 바탕으로 편집하는 방법과 일러스트레이터 Effect 기능을 활용하여 형태를 변형하는 방법을 알아보겠습니다.

[예제 파일 : Sample/4교시/CDjacket-완성.ai]

학습과제

일러스트레이터를 잘 사용하기 위해서는 기본 오브젝터의 모양을 바탕으로 다양한 형태로 변경하는 방법을 알고 있어야 합니다. 문자를 윤곽선으로 변경하고 형태를 편집하거나 Effect 기능들을 사용하여 형태를 변형하는 방법에 대해 확인합니다.

▲ 패스를 편집하면 다양한 효과를 적용할 수 있습니다.

1 CD 앨범 재킷의 크기는 가로 세로 130mm, [Color Mode]는 'CMYK', 문서 이름을 'CD 앨범 재킷'으로 입력하여 새로운 문서를 만들어줍니다.

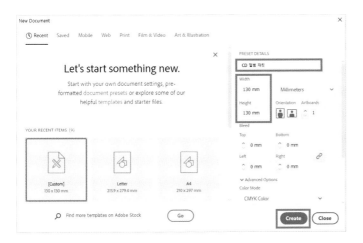

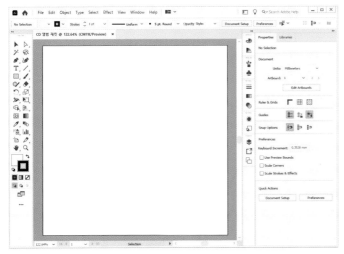

2 AKMO 알파벳 모양의 메인 이미지를 만드는 과정입니다. 먼저 'A' 알파벳 모양을 만들기 위해 툴바에서 [Polygon Tool](⬡)을 선택합니다. 그다음 작업 화면을 한 번 클릭하고 [Polygon] 창에서 [Radius] : '15mm', [Sides] : '3'으로 설정한 후 [OK]를 클릭합니다. 그러면 정삼각형이 그려지며 [Fill] 색상은 '흰색', [Stroke] 색상은 '검은색', [Stroke]의 두께는 '1pt'인 기본값으로 적용합니다.

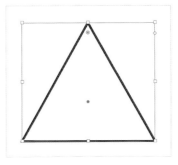

3 삼각형의 가로 길이 및 세로 길이를 동일하게 만들기 위해 [Properties] 〉[Transform] 패널에서 [W]
와 [H]를 각각 '25mm'로 설정합니다.

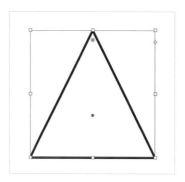

4 다음은 삼각형 오른쪽에 사각형을 하나 만들어줍니다. 툴바에서 [Rectangle Tool](▢)을 선택하고
삼각형 오른쪽 작업 화면을 한 번 클릭합니다. [Rectangle] 창에서 [Width] : '25mm', [Height] :
'25mm'로 설정하고 [OK]를 클릭합니다. 사각형이 만들어지면 그림과 같이 오른쪽에 나란히 놓이도록
위치를 조정합니다.

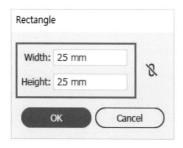
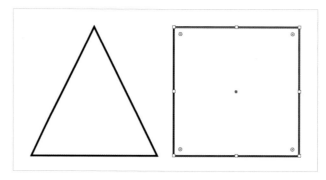

5 그다음 사각형을 다음 그림과 같이 2개를 복사하여 배치해줍니다.

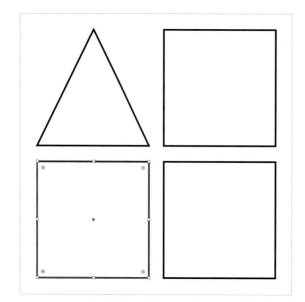

6 사각형을 'K' 알파벳 모양으로 변경하는 과정입니다. 툴바에서 [Add Anchor Point Tool](✐)을 선택하고 그림과 같이 사각형의 오른쪽 변 중간 지점을 클릭하여 정점을 추가합니다.

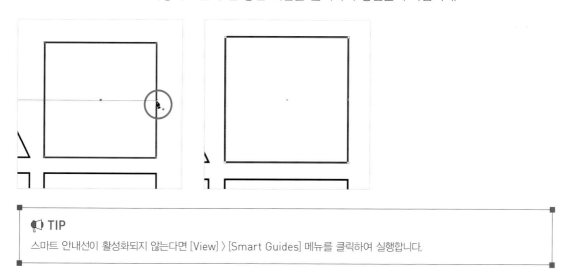

📢 **TIP**

스마트 안내선이 활성화되지 않는다면 [View] > [Smart Guides] 메뉴를 클릭하여 실행합니다.

7 툴바에서 [Direct Selection Tool](▷)을 선택하고 추가한 정점을 클릭한 후 Shift 또는, 스마트 안내선을 활용하여 사각형 중앙 부분으로 이동시킵니다.

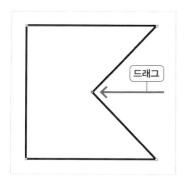

드래그

📢 **TIP**

정점을 선택한 후 키보드의 방향키(← ↑ ↓ →)를 이용하면 신속하고 정확하게 이동시킬 수 있습니다.

8 다음은 'M' 알파벳 모양을 만들어 봅니다. 'K' 알파벳 모양과 동일한 방법으로 [Add Anchor Point Tool](✏️)로 위쪽 중간 지점에 정점을 추가합니다.

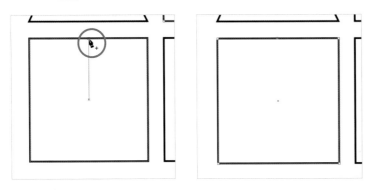

9 동일한 방법으로 추가된 정점을 선택하고 사각형 중앙 지점으로 이동하여 모양을 완성합니다.

10 다음은 'O' 알파벳 모양입니다. 기존 사각형 모양을 이용하여 만들어 봅니다. 오른쪽 아래 사각형을 선택한 후 [Object] 〉 [Path] 〉 [Offset Path] 메뉴를 클릭합니다. [Offset Path] 대화상자가 표시되면 [Offset]을 '-8mm'로 설정합니다.

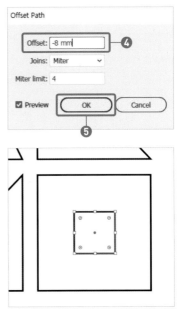

마담의크스 일러스트레이터 CC

11 그다음 사각형 모서리 부분을 라운드로 수정해 봅니다. 사각형을 선택한 후 [Properties] 〉
[Tranform] 패널에서 [More Options]를 클릭합니다. 그다음 [Corner Type]을 'Round'로 설정하
고 [Radius]를 '3mm'로 입력합니다. 사각형의 모든 코너를 모두 동일하게 적용합니다. 작은 사각형도
[Radius]를 '2mm'로 하여 동일하게 적용합니다.

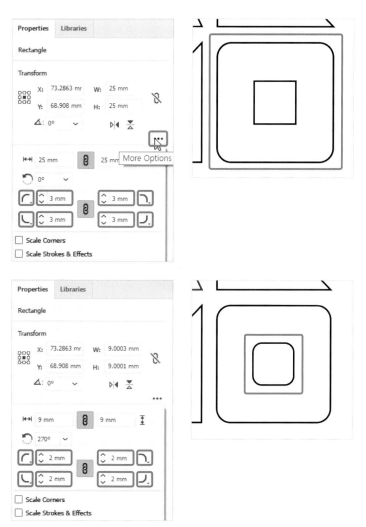

12 겹쳐진 부분을 제거하기 위해 위아래 사각형 모두 선택하고 [Pathfinder] 패널에서 [Minus Front]
(🗗)를 클릭합니다. 그러면 겹쳐진 부분이 제거된 라운드 사각형이 완성됩니다.

13 다음은 삼각형 모양의 플레이 아이콘을 만들어 봅니다. 툴바에서 [Polygon Tool]( )을 선택하고 [Radius] : '3mm', [Sides] : '3'으로 설정하여 삼각형을 만듭니다. 그다음 시계 방향으로 90도 회전합 니다.

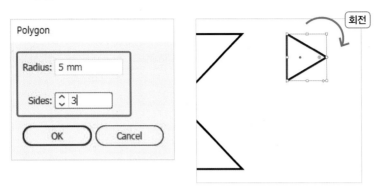

14 [Fill] 색상은 'None'으로 변경하고 [Stroke] 두께를 '5pt'로 설정합니다.

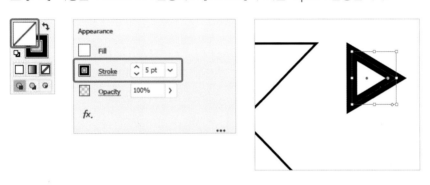

📢 **TIP**

다음 과정에서 진행되는 Outline Stroke 적용 시 [Fill] 색상이 채워져 있을 경우 외곽선 모양과 면 모양으로 분리되어 오 브젝트가 생성됩니다. 면 모양의 오브젝트는 다음 과정에서 필요 없기 때문에 [Fill] 색상을 'None'으로 변경하는 진행하는 것입니다.

마담의크스 일러스트레이터 CC

15 [Object] 〉 [Path] 〉 [Outline Stroke] 메뉴를 클릭하여 삼각형의 형태를 수정합니다.

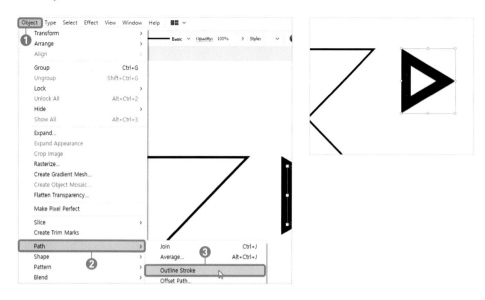

16 다음은 앨범의 제목을 입력해 봅니다. 툴바에서 [Type Tool](**T**)을 선택하고 그림과 같이 'AKMO PLAY'를 작성합니다. [Character] 패널에서 글꼴은 'Bank Gothic Light BT', 크기는 '24pt' 정도로 설정하고 메인 그림 폭 안에 들어가도록 문장의 전체 크기 및 위치를 조정합니다.

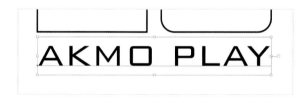
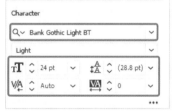

17 문자의 높이를 높여주기 위해 박스를 직접 조절하거나 [Properties] 〉 [Transform] 패널에서 [H]를 '10'으로 설정하여 적용합니다.

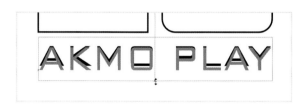

18 다음은 문자들의 모양을 편집하기 위해 문자의 속성을 제거하고 윤곽선 형태로 변경합니다. [Type] 〉 [Create Outlines] 메뉴를 클릭합니다. 그러면 기본 문자의 속성이 제거된 독립적인 오브젝트로 변경된 것을 확인할 수 있습니다.

19 [Object] 〉 [Ungroup] 메뉴를 클릭하여 문자의 그룹을 해제하고 'A'를 선택합니다.

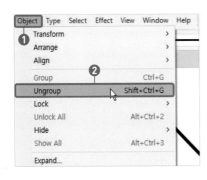

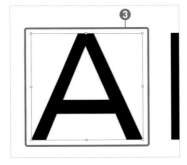

20 [Fill]과 [Stroke] 색상은 그림과 같이 [Swap Fill and Stroke]()를 클릭하여 전환합니다.

📢 **TIP**

[Fill]과 [Stroke]의 색상을 전환하지 않고 [Fill] 색상이 채워진 상태에서 패스를 삭제하게 되면 면 잔상이 남게 되어 마치 패스가 지워지지 않은 상태처럼 느낄 수 있습니다. 그래서 패스 제거 유무를 확실하게 하기 위해 [Fill]은 'None' 상태로 유지하고 [Stroke] 색상을 채운 후 작업을 진행합니다. 물론 전환하지 않은 상태에서 잘려진 패스 선을 연결하면 면 잔상도 함께 사라지게 됩니다.

21 'A'를 편집하기 위해 툴바에서 [Direct Selection Tool](▷)을 선택하고 문자 가운데 부분을 드래그하여 선택합니다. 그다음 Delete를 눌러 제거합니다.

22 끊긴 부분을 연결하기 위해 툴바에서 [Direct Selection Tool](▷)을 선택하여 연결할 두 정점을 선택합니다. 그다음 [Object] 〉 [Path] 〉 [Join] 메뉴를 클릭합니다.

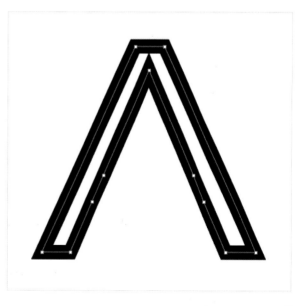

📢 TIP

[Pen Tool]로도 끊긴 정점을 클릭하면 쉽게 연결할 수 있습니다.

없어도 되는 불필요한 정점들은 정리하는 것이 좋습니다. 툴바에서 [Delete Anchor Point Tool]로 정점을 삭제하여 정리할 수 있습니다.

23 다시 [Swap Fill and Stroke](↰)를 클릭하여 변경되기 전 상태로 설정합니다.

24 다음은 'PLAY' 단어 중 'A'만 선택하여 삭제합니다.

25 삭제한 단어를 대체할 삼각형 모양은 이미 그려놓은 플레이 아이콘을 복사하고 알맞은 크기로 조절합니다.

26 다음은 Effect 기능을 활용하여 문자 및 그림들이 프리 드로잉 효과를 적용해 봅니다. 크기에 따라 적용되는 크기가 다르기 때문에 먼저 'AKMO PLAY'만 선택합니다. 그다음 [Effect] 〉 [Distort & Transform] 〉 [Roughen] 메뉴를 클릭합니다.

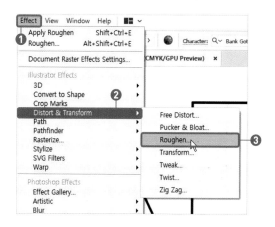

27 [Roughen] 대화상자에서 [Preview]를 체크한 후 [Options] 값을 조정합니다. [Size] : '2%', [Detail] : '10/in' 정도 설정합니다. 그러면 외곽선에 굴곡이 생기면서 손으로 필기한 듯한 자연스러운 형태의 문자가 만들어집니다.

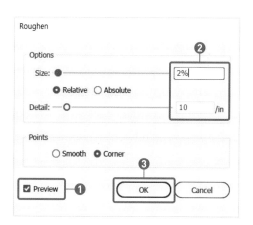

📢 **TIP**

오브젝트의 크기에 따라 변화의 범위가 달라질 수 있어 크기별로 적용하는 것이 필요합니다.

28 다음은 메인 그림인 'AKMO' 오브젝트를 선택한 후 동일하게 [Effect] 〉 [Distort & Transform] 〉 [Rounghen] 메뉴를 클릭합니다. [Roughen] 대화상자에서 [Preview]를 체크한 후 [Options] 값을 조정합니다. [Size] : '0.5%', [Detail] : '13/in' 정도 설정합니다.

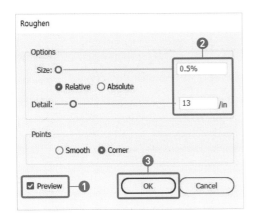 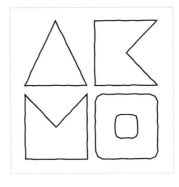

29 다음은 플레이 버튼 이미지도 동일한 명령를 적용합니다. [Size] : '2%', [Detail] : '15/in' 정도로 설정합니다. 그러면 기본적인 전체 형태가 완성됩니다.

 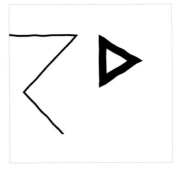

30 다음은 파랑 바탕의 배경을 만들어 봅니다. 툴바에서 [Rectangle Tool](▢)을 선택하고 문서 전체 크기에 맞게 드래그하여 사각형을 그려줍니다. [Fill] 색상은 '#4355a1', [Stroke] 색상은 'None'으로 설정합니다.

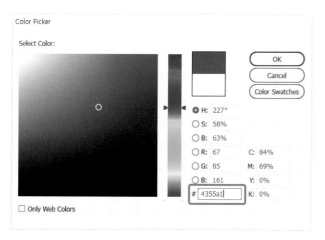

31 [Object] 〉 [Arrange] 〉 [Send to Back] 메뉴를 클릭하여 사각형을 맨 밑으로 이동합니다.

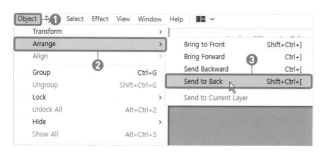

📋 **MEMO** 배경 고정하기

편집 작업 시 배경 이미지가 이동되지 않도록 [Object] 〉 [Lock] 〉 [Selection] 메뉴를 클릭하여 고정하면 선택 작업이 수월해집니다.

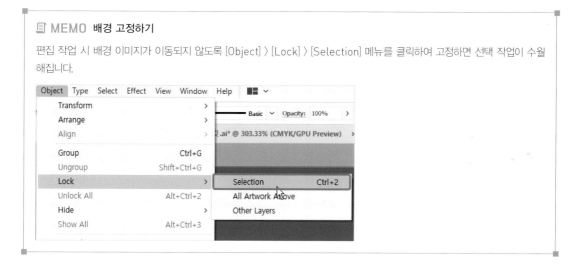

32 다음은 메인 글자인 'AKMO'를 선택합니다.

33 그다음 [Fill] 색상은 하늘색(#8cabda)으로 채워주고 [Stroke]는 흰색에 가까운 연한 하늘색(#edf1f9)으로 설정합니다.

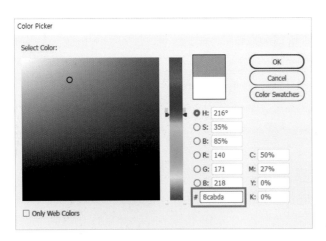

◀ [Fill] 색상

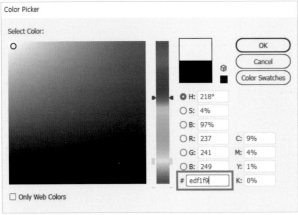

▲ [Stroke] 색상

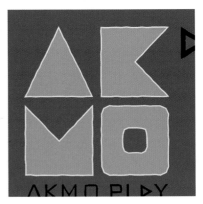

마담의크스 일러스트레이터 CC

34 그다음 플레이 아이콘과 'AKMO PLAY'를 선택하고 [Fill] 색상은 연한 하늘색(#edf1f9), [Stroke] 색상은 'None'으로 설정합니다.

35 다음은 테두리 라인을 만들어 봅니다. 배경 이미지를 선택하고 [Object] > [Path] > [Offset Path] 메뉴를 클릭합니다. 그다음 [Swap Fill and Stroke](🔄)를 클릭하여 [Fill]과 [Stroke]의 색상을 교체합니다.

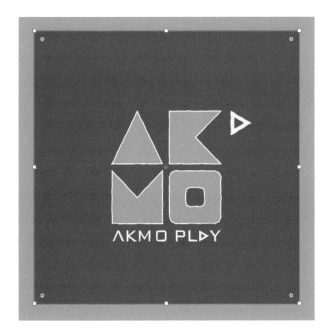

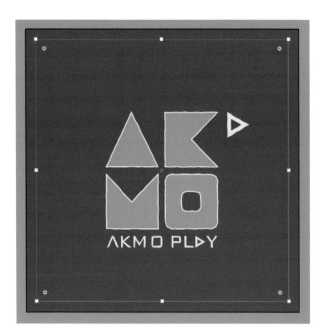

36 [Window] 〉 [Graphic Styles] 메뉴를 클릭하고 [Graphic Styles] 패널 메뉴에서 [Open Graphic Style Library] 〉 [Artistic Effects]를 선택합니다.

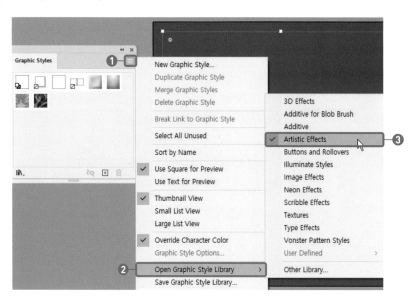

37 [Artistic Effects] 패널에서 'Chisel' 스타일을 선택하여 적용합니다.

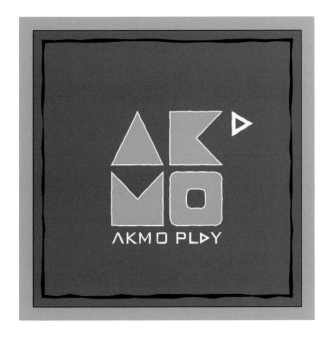
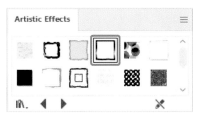

38 [Stroke]의 두께는 '1pt' 정도로 설정하고 [Fill] 색상은 'None', [Stroke] 색상은 연한 하늘색(#edf1f9)으로 적용합니다. 다시 한 번 전체적인 크기와 위치를 조정하여 작업을 완료합니다.

4교시

· Summary ·

강좌 01 | 이미지 채색하기 - Image Trace(이미지 추적), Live Paint Bucket(라이브 페인트 통),
Eraser Tool(지우개 도구)

Image Trace는 그림 및 사진들을 활용하여 자신만의 창의적인 작품을 만들 필요가 있을 경우 유용하게 사용
할 수 있습니다. 또한 [Live Paint Bucket]으로 빠르고 쉽게 색상을 적용하는 방법에 대해서도 꼭 알아둡니다.

강좌 02 | 깜찍한 앵무새 그리기 – Rectangle Tool(사각형 도구), Ellipse Tool(원형 도구)

많은 디자이너가 기본 오브젝트를 바탕으로 모양을 편집하여 작업 진행합니다. 오브젝트 모양으로 변경하는
기능들의 사용 방법을 꼭 익혀두도록 합니다.

강좌 03 | 달콤한 수박 일러스트 – Ellipse Tool(원형 도구), Expand Appearance(모양 확장),
Outline Stroke(윤곽선),

브러쉬 모양을 외곽선으로 변경하여 다양한 형태의 모양을 쉽게 표현할 수 있다. 이번 예제를 통해 아트웍을
표현하는 방법과 Expand Appearance 기능에 대해 확인합니다.

강좌 04 | 팝업 광고 만들기 – Rectangle Tool(사각형 도구), Create Outline(외곽선 만들기),
PANTONE Color(펜톤 칼라), Free Transform Tool(자유 변형 도구),
Stroke 패널(획 패널)

CG 디자인은 한 번 만들어 놓으면 언제든지 그대로 사용하였거나 변형하여 사용할 수 있는 장점이 있습니
다. 또한 규칙으로 정해놓은 색상 차트를 이용하여 색상을 적용하는 방법을 확인해보며 패스를 형태를 변경
하는 방법에 대해서도 알아봅니다.

강좌 05 | SNS용 홍보물 포스터 만들기 – Image Trace(이미지 추적), Type Tool(문자 도구),
Polygon Tool(다각형 도구), Star Tool(별모양 도구), Place(가져오기),
Expert(내보내기)

이미지를 작업에 맞게 변환하고 문자를 입력하는 방법에 대해 확인해 봅니다.

강좌 06 | 비즈니스 카드 만들기 – Place(가져오기), Type Tool(문자 도구),
Offset Path(패스 이동), Symbols(심볼), Create Outlines(윤곽선 만들기)

일러스트레이터는 명함을 제작하거나 출력하는 곳에서 많이 사용됩니다. 명함 출력을 하는 업체라면 대부분
은 일러스트레이터 파일(*.ai)을 요구할 것입니다. 이번 과정을 통해 직접 디자인한 명함을 만들어보고 직접
출력사에 의뢰하여 사용합니다.

마담 인규스 일러스트레이타 CC

강좌 07 | 티켓 가격 안내문 작성하기 — Image Trace(이미지 추적), Type Tool(문자 도구),
Line Segment Tool(선분 도구), Arrow(화살표), Export(내보내기)

페이지가 많지 않은 간단한 홍보물 작업은 일러스트레이터만으로도 충분히 작업할 수 있습니다.

강좌 08 | 초대권 만들기 — Image Trace(이미지 추적), Type Tool(문자 도구), Polygon Tool
(다각형 도구), Star Tool(별모양 도구), Place(가져오기), Expert(내보내기)

획일적인 작업을 많이 하게 되는 경우라면 시간을 줄일 수 있는 효율 높은 방법이 필요합니다. 많은 작업 경
험을 통해 습득할 수 있지만 일러스트레이터에서 제공하는 다양한 기능들을 잘 이해하고 사용할 수 있다면
그 또한 작업 시간을 줄일 수 있는 방법 중에 하나일 것입니다.

강좌 11 | 커피숍 머그컵 디자인하기 — Type Tool(문자 도구), Pathfinder(패스파인더),
Divide(나누기), Group(그룹), Transform(변형)

그림을 그리는 방법은 매우 다양합니다. 디자이너들이라면 효율적이면서도 빠르고 정확하게 그림을 그릴 수
있는 기술이 필요합니다.

강좌 12 | 커피숍 BI 디자인하기 — Rounded Rectangle(둥근 사각형 도구), Transform(변형),
Transform Again

커피숍에 어울리는 BI 디자인 작업을 진행해 봅니다. 기본 오브젝트를 이용하여 형태를 편집하는 다양한 방
법을 응용하고 확인해봅니다.

강좌 13 | CD 앨범 재킷 만들기 — Rectangle Tool(사각형 도구), Ellipse Tool(원형 도구),
Polygon Tool(다각형 도구), Arrange(정렬), Effect(효과), Roughen(거칠게 하기),
Create Outlines(윤곽선 만들기), Outline Stroke(윤곽선)

일러스트레이터 Effect 기능을 활용하여 형태를 변형하는 방법을 알아봅니다.

마담의크스와 함께하는
일러스트레이터를 마스터하는 **43가지 방법**

마담의크스 일러스트레이터 CC

1판 1쇄 발행   2021년 4월 6일

저   자 | 마담의크스 카페, 네모 기획
발 행 인 | 김길수
발 행 처 | ㈜영진닷컴
주   소 | (우)08507 서울특별시 금천구 가산디지털1로 128
              STX-V 타워 4층 401호
등   록 | 2007. 4. 27. 제16-4189

©2021. ㈜영진닷컴

ISBN | 978-89-314-6355-2

YoungJin.com **Y.**
영진닷컴

'점잇기 & 컬러링북' 시리즈

점잇기는 1,000개의 점으로 이루어진 도안의 1번부터 1,000번까지 번호를 따라
순서대로 점을 이으면 훌륭한 예술 작품이 완성됩니다.
어린 시절 느꼈던 즐거움을 통해 스트레스를 해소하고, 집중력도 강화할 수 있습니다.

**점잇기&컬러링북
인물편**

토마스 패빗 저 | 12,000원
96쪽

**점잇기&컬러링북
동물편**

토마스 패빗 저 | 12,000원
96쪽

**점잇기&컬러링북
도시편**

토마스 패빗 저 | 12,000원
96쪽

**점잇기&컬러링북
명화편**

토마스 패빗 저 | 12,000원
96쪽

**점잇기&컬러링북
세계 불가사의편**

토마스 패빗 저 | 12,000원
96쪽

**점잇기&컬러링북
마블편**

토마스 패빗 저 | 14,000원
96쪽

**점잇기&컬러링북
스파이더맨편**

토마스 패빗 저 | 14,000원
96쪽

**점잇기&컬러링북
가디언즈 오브 갤럭시편**

토마스 패빗 저 | 14,000원
96쪽

**점잇기&컬러링북
어벤져스편**

토마스 패빗 저 | 14,000원
96쪽